TAPARELLI D'AZEGLIO

DE LA COMPAGNIE DE JÉSUS

EXAMEN CRITIQUE

DES

GOUVERNEMENTS REPRÉSENTATIFS DANS LA SOCIÉTÉ MODERNE

Traduit de l'italien

PAR LE P. PICHOT, S. J.

TOME IV

ADMINISTRATION OU ÉCONOMIE PRATIQUE

FORCE ARMÉE — POUVOIR JUDICIAIRE — EPILOGUE

EXAMEN D'UN OPUSCULE DE MONTALEMBERT

PARIS

P. LETHIELLEUX, LIBRAIRE-ÉDITEUR

10, RUE CASSETTE, 10

EXAMEN CRITIQUE

DES

GOUVERNEMENTS REPRÉSENTATIFS

DANS LA SOCIÉTÉ MODERNE

IV

EXAMEN CRITIQUE

DES

GOUVERNEMENTS REPRÉSENTATIFS

DANS LA SOCIÉTÉ MODERNE

Traduit de l'italien

PAR LE P. PICHOT, S. J.

TOME IV

ADMINISTRATION OU ÉCONOMIE PRATIQUE

FORCE ARMÉE — POUVOIR JUDICIAIRE — EPILOGUE

EXAMEN D'UN OPUSCULE DE MONTALEMBERT

PARIS

P. LETHIELLEUX, LIBRAIRE-ÉDITEUR

10, RUE CASSETTE, 10

PRINCIPES
DES GOUVERNEMENTS MODERNES

APPLICATION

CHAPITRE PREMIER

L'Administration dans la pratique

§ I

ÉCONOMIE SOCIALE A LA MODERNE

SOMMAIRE : 954. Idée moderne de la société. — 955. La société moderne vit d'égoïsme et d'antagonisme.— 956. Infamie de pareils principes. — 957. Application du principe utilitaire à la société. — 958. Principes adoptés même par certains écrivains honnêtes. — 959. Théorie qui autorise la concussion. — 960. La raison, c'est que chacun doit se rendre heureux. — 961. Cela est vrai de tous les fonctionnaires à tous les degrés.— 962. Cela est vrai aussi pour le peuple souverain. --963. Oppression des petits. — 964. Paradoxe apparent. — 965. Tyrannie du nombre, tyrannie plus étendue et plus durable. — 966. Les hommes transformés en choses. — 967. Même aux yeux de certains catholiques. — 968. Épilogue. — 969. Transition. — 970. Division.

954. — Nous avons considéré jusqu'ici la richesse et l'économie en général à la lumière des trois principes utilitaire, philosophique ou naturel, chrétien ou surnaturel. Il est temps de nous restreindre au sujet spécial

que nous avons entrepris de traiter et d'étudier la richesse et l'économie en nous renfermant dans les limites de la société civile. Dans ce but, nous rappellerons brièvement ce que nous avons démontré avec étendue; et nous chercherons quelles formes prennent dans la société la richesse et l'économie sous l'influence des trois principes susdits.

Qu'est-ce que la société d'après le principe épicurien ? Pour le xviii⁰ siècle, la société était une création de l'homme. Puisant dans l'action de ses organes le sentiment et la connaissance de ses besoins, l'homme avait résolu de s'associer, afin de les satisfaire plus facilement. S'étant rencontré avec d'autres animaux, ses pareils, ils avaient fait entre eux un pacte d'union avec une autorité; ils avaient ainsi créé cette machine étonnante qu'on appelle « la société ». — Telle était l'idée du xviii⁰ siècle.— Au xix⁰ siècle tous ces songes creux de pacte social sont tombés en discrédit parmi les publicistes. Mais le principe épicurien règne encore dans beaucoup d'esprits, qu'ils en aient conscience ou non; et il y conserve cette idée que la société est fondée sur le besoin et sur le désir du plaisir. — Romagnosi nous dit bien que naturellement l'homme est porté à la vie sociale; mais qu'il y serait poussé seulement, par la sensibilité, par le désir de la jouissance et par ce calcul « qu'il se procurera en société une plus grande quantité de plaisirs qu'en vivant solitaire ». La théorie de l'infortuné Rossi (1) est semblable, quoique moins immorale : « L'homme stimulé par l'amour du plaisir,

(1) Rossi, *Cours d'Écon. polit.*, tome I, lec. 2.

dit-il, désireux de chercher des jouissances, ne tarde pas à reconnaître qu'en faisant des épargnes et en appliquant à la production ce qu'il a épargné il augmente sa richesse. C'est ainsi que la richesse s'accroît par le travail et par le capital.

955. — L'homme a besoin de la société parce qu'il aime le plaisir ; mais il n'y aurait pour lui ni société ni protection, s'il ne contribuait pas au bien des autres. Aussi par amour de soi-même, il se résout à respecter les droits d'autrui, à subir les lois d'un ordonnateur suprême. En vue de son propre intér.., il lui accorde et l'autorité, afin qu'il le dirige lui-même, et le concours de ses forces, afin qu'il maintienne dans l'ordre tous les associés. Ainsi la société sera composée de personnes unies en vue d'obtenir le plus d'aide possible les uns des autres, mais donnant chacune le moindre concours qu'elle pourra, et par conséquent, comme le dit Romagnosi, vivant dans un perpétuel antagonisme dont la force d'éloignement est toujours contrebalancée par l'autorité modératrice... De là sans doute, à cause des passions individuelles, un danger de luttes incessantes ; mais il sera neutralisé par la force supérieure du pouvoir et l'approbation que donneront à celui-ci tous les associés.

956. — Avant de poursuivre notre étude, permettez-moi, cher lecteur, de vous proposer une expérience.

Seriez-vous de ces philosophes utilitaires qui, malgré la droiture de leur esprit, osent adopter des principes sociaux aussi sauvages ? Si oui, venez avec moi au sein de cette société qui vous honore comme un de ses citoyens, et d'un cœur intrépide proclamez en face de tous la formule qui résume votre théorie : « Chers con-citoyens, je vous jure sur mon honneur que je ne vous aime pas, sinon en vue de mon propre intérêt; que je ne vous rends aucun service, si ce n'est parce que j'en attends un plus grand de vous ; et si je n'avais l'espoir de faire avec vous un commerce lucratif, soyez certains que je serais pour vous un sauvage, un oppresseur, un voleur, un homicide. J'aime un père, une mère, un frère, un ami, oui, mais je vous déclare qu'en les aimant je ne cherche qu'une chose : jouir... Et si cet espoir de la jouissance m'était enlevé, je ferais tout pour les ensevelir dans le même tombeau. — Qu'en dites-vous, cher et bon lecteur? Votre logique vous poussera-t-elle à faire cette proclamation pratique de votre théorie? Ou plutôt, ne frissonnez-vous pas de honte et d'indignation à la vue des conséquences qui en découlent? Car, en réalité, cette proclamation est logique, dès que vous admettez dans sa rigueur le principe des utilitaires. Et vous devriez la faire sans rougir, puisqu'il n'y a rien de honteux à suivre la loi naturelle et les conclusions de la logique. Oui, telle devrait être votre profession de foi ; car, selon la théorie de l'être social de Romagnosi, se procurer le plus de jouissance possible sans rien sacrifier au bien commun, voilà le devoir et le droit de tout homme vivant, maître ou serviteur, supérieur ou sujet, citoyen ou étranger. Cette conséquence est d'une telle évidence que l'auteur l'exprime formellement : « Il est absurde, dit-il, que l'individu sacrifie quelque chose au bien commun ; l'exiger serait une tyrannie. »

957.—Et maintenant quelle forme la richesse sociale et la science qui en est la règle prendront-elles dans une société pénétrée de ces principes? La richesse en général n'est autre chose qu'un moyen de jouissance et de félicité : la richesse sociale un moyen de jouissance et de félicité sociale. — Et comme le principe universel, qui doit diriger l'individu dans l'usage des richesses, se réduit à cet aphorisme : « s'enrichir indéfiniment pour jouir toujours davantage », l'économie sociale suivra le même principe et l'appliquera à tout un peuple : faire que la nation s'enrichisse toujours plus afin qu'elle puisse progresser toujours dans une vie pleine de délices.

958. — Inutile de vous prouver longuement que ce principe est admis et en théorie et en pratique : car tout économiste, surtout du siècle dernier, vous dira que la science économique, sachant comment se produit, se distribue, circule et se consomme la richesse, a pour première règle de l'augmenter toujours davantage. — De plus, que cet accroissement ait pour fin le plaisir, rien n'est plus certain. Vous l'apprendrez non seulement des écrivains du troupeau d'Epicure, aujourd'hui méprisés et bannis, mais encore de certains auteurs modérés et naturellement honnêtes, lesquels par ailleurs s'efforcent d'éviter les dernières conséquences de leur théorie. Il faut signaler sur ce point Sismondi chez qui l'on rencontre assez souvent des pages inspirées par la probité naturelle. Or, lisez les premiers chapitres de son Economie politique, vous y trouverez que le législateur doit procurer à tous et à chacun d'égales jouissances,

c'est-à-dire favoriser le développement des commodités de la vie, faire participer chaque citoyen aux plaisirs de la vie matérielle. N'est-ce pas l'idée et la loi fondamentale de l'Economie sociale des Utilitaires : faire que la Société s'enrichisse et jouisse toujours plus?

959. — Mais cette fonction publique à qui appartient-elle? A l'administrateur. Or, l'administrateur est homme comme tous ses semblables; il est donc obligé d'augmenter ses propres richesses et ses jouissances. — Et parce que, pour cette race d'hommes, la félicité a pour loi de jouir beaucoup en se fatiguant très peu, plus ils pourront, en se servant des bras de leur prochain, attirer à leur caisse personnelle les richesses des autres, et mieux ils auront accompli le devoir naturel qui nous pousse à rechercher la félicité. Or, qui ne voit combien un administrateur est puissant pour cela? N'a-t-il pas, comme l'on dit, tous les moyens d'attirer l'eau à son moulin? Nous avons déjà cité la parole d'Helvétius : elle revient bien ici : « Tout l'art d'un bon gouvernement, dit-il, consiste à faire passer l'argent de la caisse des gouvernés dans la caisse des gouvernants. » Et ce mot trouve ici non seulement sa démonstration philosophique, mais encore sa sanction morale : puisque le gouvernant est obligé d'être heureux, et, par suite, l'honneur étant sauf, de s'enrichir toujours davantage. — Il n'est donc plus question de conscience. Car, on le sait, l'honneur est un mot très élastique.

960. — En vain donc veut-on que l'économie publique soit obligée d'administrer pour le bonheur de tous les citoyens. Ce sera chose impossible, tant que régnera

la honteuse morale du moi : Le moi au pouvoir ne fera parvenir à ses sujets que le superflu de ce qu'il touchera sur la fortune publique. Il ne leur accordera rien sans exiger en retour un avantage ou une jouissance. Si bien qu'un plaisant, considérant les théories anglaises, se prit à dire « qu'on aurait atteint l'idéal de l'Economie, lorsque le Roi, renfermé seul dans son palais, pourrait, en touchant le ressort d'un mécanisme, mettre en mouvement toutes les machines anglaises, faire pleuvoir à ses pieds toutes les marchandises fabriquées dans son royaume et nager au sein des délices que lui procurerait une si colossale richesse ».

961. — Oui, cher lecteur, voilà proprement la morale du moi au pouvoir. Et parce que l'égoïsme au pouvoir ne peut être seul, mais a besoin d'autres égoïsmes qui l'aident dans l'administration, comptez bien que chacun des fonctionnaires jusqu'au dernier degré revendiquera et le droit et le devoir de tendre aux plus grandes jouissances possibles. Examinez maintenant, si vous le pouvez, quelle sera dans une société épicurienne la dilapidation des deniers publics.

962. — Ce que nous avons dit regarde toute société pénétrée de cet esprit d'égoïsme sensuel, fût-elle gouvernée par un seul de ces Epicuriens affamés. Mais en quel abîme tomberons-nous si, pour obtenir un gouvernement représentatif à la moderne, on proclame partout le peuple souverain? Vous verrez alors en un instant surgir 4 à 8 millions d'égoïsmes vivants et prêts à absorber le trésor de la nation, en s'écriant : « J'ai droit au bonheur et je dois me le procurer, parce que je suis

homme ; j'ai le droit et la force de me le procurer parce que je suis le peuple souverain. » Vous le voyez donc : voilà le socialisme autorisé philosophiquement à administrer la richesse publique ; voilà Babeuf et Proudhon, les lois agraires et le Saint-simonisme. Et de quel droit oserons-nous refuser à tant de malheureux l'unique moyen de parvenir au bonheur : la richesse? C'est bel et bien de rappeler qu'il faut respecter dans les autres la propriété et les fruits du labeur. Mais n'est-il pas admis entre nous que, dans le commerce social, tout se réduit à obtenir de mes semblables le plus de bien et de travail que je pourrai en ne leur donnant de mon côté que le moins possible?

963. — Etre appelé à gouverner n'est donc rien autre chose, dans le système utilitaire, qu'être appelé à s'enrichir et à jouir aux dépens du public, c'est-à-dire aux dépens de ceux qui ne peuvent prétendre ni aux richesses ni aux jouissances, aux dépens du pauvre peuple qui ne gouverne point... Efforcez-vous, cher lecteur, de bien comprendre cette proposition : elle est aussi claire en théorie qu'il est clair que l'homme doit chercher sa félicité dans les richesses et que ce devoir sera toujours très fidèlement rempli par tous ceux à qui leurs fonctions en donnent la facilité ; elle est aussi claire en pratique qu'il est clair que les fonctionnaires publics vivent de leurs appointements et qu'ils feront tout pour se les procurer aussi élevés que possible.

964. — Si vous avez bien saisi la vérité de mon assertion, vous expliquerez un fait qui, à première vue, semblerait un paradoxe et une contradiction. Le fait est

celui-ci : dans la polyarchie, la multitude est d'ordinaire plus opprimée et plus malheureuse que sous le despotisme d'un seul maître. A première vue, cela paraît une anomalie par cette raison, répètent les Utilitaires, qu'avec le gouvernement du grand nombre, la multitude qui est le grand nombre sera naturellement heureuse. Or, le gouvernement qui fait le bonheur d'un grand nombre d'hommes ne vaut-il pas mieux que le gouvernement qui fait le bonheur d'un seul? — Toutefois une polyarchie oppressive est mille fois plus horrible que la tyrannie d'un seul. Et Cromwel, Napoléon ont paru suscités pour relever et guérir l'humanité broyée par les Puritains et les Jacobins. La cause de ce phénomène est du reste très claire. Les hommes qui composeront leur polyarchie seront toujours peu nombreux en comparaison de toute la nation. Mais pour s'enrichir et jouir toujours davantage aucun de ces gouvernants ne le cédera en avidité ni en égoïsme à un unique despote.

965. — Une nation gouvernée par une polyarchie utilitaire devra donc subir des centaines et des milliers de tyranneaux, qui tous s'efforceront d'accroître leur richesse pour augmenter leur jouissance. De plus la tyrannie d'un seul despote accable d'ordinaire les principaux de ses sujets, ceux qui l'entourent, et elle cesse avec sa mort, mais la tyrannie des institutions polyarchiques dure et s'immortalise avec les institutions. La tyrannie d'Henri VIII et d'Elisabeth est morte avec ces deux monstres; l'oppression de l'Irlande catholique par le Parlement anglais persiste depuis trois siècles; elle

en viendra, grâce à l'avidité insatiable des landlors, à faire couler dans sa misérable cabane les dernières gouttes de sueur de l'Irlandais affamé (1). Voilà donc personnifié dans ses conséquences inévitables le principe utilitaire aux mains d'un grand nombre d'heureux gouvernants.

966. — Cette convention de l'égoïsme, ce contrat social est si profondément enraciné dans l'économie moderne qu'il a fait des hommes eux-mêmes une richesse matérielle. Beccaria, en plaidant pour l'abolition de la peine de mort, n'apporte-t-il pas cet argument « qu'on pourrait utiliser les condamnés en les employant aux travaux forcés »? J.-Jacques Rousseau n'a-t-il pas assigné la multiplication des hommes et des richesses comme le double but de l'économie sociale? comme s'il eût dit : multipliez les moutons et les veaux afin que la viande ne manque pas sur votre table. Sismondi enseigne que les dépositaires de l'autorité accroîtront la somme de félicité sur la terre en multipliant le nombre de leurs sujets! Étonnez-vous, après de telles doctrines, qu'un despote tel que Napoléon ait qualifié ses soldats de chair à canon, et que tout récemment Anacharsis Clootz ait réduit toute la vertu de l'homme à se rendre utile et pour se rendre utile à se faire athée (2).

967. — Cette idée de l'homme utile est désormais si enracinée dans l'esprit public que vous entendrez à tout

(1) Voir l'hist. d'O'Connel.
(2) Plus les hommes sont raisonnables et plus ils seront vertueux, c'est-à-dire utiles à la société. Donc la religion est une maladie sociale qu'on ne saurait guérir trop tôt? La République universelle, page 30. V. Écho du Mont-Blanc, 20 fév. 1851.

moment de bons catholiques eux-mêmes calculer la valeur d'une institution civile, voire même religieuse sur la base de ses avantages matériels. On demandera la suppression des couvents de contemplatifs, parce qu'ils ne sont pas utiles; on se lamentera sur les dépenses qu'entraîne le culte catholique, avec ses illuminations, avec ses jours de fête... « A quoi tout cela peut-il servir? Ils vous diront que l'Église elle-même est déchue de son premier esprit, puisqu'au lieu de construire des voies ferrées et des palais de cristal, elle en est encore à publier des dogmes et des jubilés. Dans le système utilitaire, toutes ces plaintes sont logiques; car si l'homme est fait pour jouir, et si pour jouir il faut être riche, celui qui est chargé de la félicité sociale doit accroître la richesse; et après en avoir pris pour lui-même le plus possible, il mettra encore à contribution dans le même but la vie et toutes les forces des autres... Le reste serait au moins peine perdue et gaspillage de temps.

968. — Résumons toute la théorie de la richesse publique dans une société modernisée par les idées protestantes, et essentiellement utilitaires. La richesse est un moyen de jouir ou d'être heureux pour la société comme pour l'individu; donc la société comme l'individu sont obligés de s'enrichir toujours plus : Ceux qui sont chargés d'administrer feront donc tout pour s'enrichir d'abord eux-mêmes et ensuite la société : mais comme il y a beaucoup de gouvernants et d'administrateurs, le trésor public se dépense en honoraires pour les nombreux fonctionnaires et en travaux dont les avantages profiteront surtout aux classes aisées;

le peuple sera un troupeau bon à multiplier et à exploiter dans la mesure des besoins et avec le moins de dépenses possibles. Dans les gouvernements où la stabilité des institutions perpétue l'aristocratie des puissants, l'oppression *du peuple* est elle-même perpétuelle, jusqu'au jour où, devenu lui-même puissant et éclairé par les mépris, ce peuple se réveille, se secoue et du haut des barricades demande en *souverain* de s'asseoir lui aussi au banquet social.

969. — Si je devais faire un traité d'économie politique, j'opposerais à cet affreux tableau la peinture d'une nation administrée d'après le principe catholique. Et puisque, dans le catholicisme, les grands aussi bien que le peuple ne regardent la richesse que comme un moyen de vivre ; puisque tout homme est également respectable, parce qu'il est le frère et l'ami de ce Dieu qui jugera et les grands et les petits ; puisque la multiplication des hommes dépend de la libre volonté de ceux qui sont unis par la sainteté du mariage, et que le gouvernement n'a pas à provoquer cette multiplication pour son utilité, mais ne doit chercher qu'à rendre heureux les vivants, vous verriez la société prendre cette forme naturelle que nous avons décrite au chapitre précédent ; partout se rétablirait cette tranquillité de l'ordre, cette paix si facile à obtenir, quand l'homme est persuadé qu'il est sur la terre non pour jouir, mais pour travailler et souffrir en vue du bonheur céleste.

970. — Mais je veux seulement ébaucher le tableau de l'administration dans les sociétés nouvelles. Ce que j'ai dit suffit pour faire comprendre l'économie *so-*

ciale à la moderne. Nous en verrons les applications :

1° Dans la démolition sociale, 1er moyen que prend la réforme pour régénérer la société : spoliation universelle ; 2° dans les constitutions propres à régénérer les peuples ; aristocratie de parti, paupérisme ; 3° enfin dans les budgets de cette nouvelle administration ; budgets constitutionnels.

§ II

L'ÉCONOMIE DANS LA DÉMOLITION SOCIALE OU SPOLIATION UNIVERSELLE

SOMMAIRE : — 971. L'économie moderne équivaut à une démolition de l'édifice social. — 972. La démolition procède peu à peu. — 973. Elle passe en temps opportun par tous les degrés. — 974. Abolition civile de l'Église. — 975. Économie qui y correspond. — 976. Diverses applications du principe.— 977. Démolition de la monarchie ; liste civile. — 978. Destruction des Provinces. — 979. L'économie moderne et la centralisation. — 980. Des *mots* substitués à la justice.— 981. Destructions des sociétés inférieures, commune, etc. — 982. Et de la famille. — 983. Abolition du fidéi-commis. — 984. L'économie moderne dans la famille. — 985. L'erreur de David Hume sur l'identité individuelle. — 986. Elle serait le dernier mot du communisme. 987. A tous ses degrés. — 988. Preuve par le fait.

971. — Quel est le principe fondamental de l'économiste et de l'administrateur? Celui-ci : je dois rendre riche la société.

Mais qu'est-ce que la société selon les idées nouvelles? C'est cette chose qui passe de la forme ancienne à la forme moderne et devrait aboutir, après plusieurs évolutions, à la ruine totale, si la logique pouvait triompher du Créateur et des instincts de la nature. Cela est impossible ; voilà pourquoi l'idée moderne brise seulement les organismes naturels, d'abord le principe d'autorité suprême ; puis successivement la Province, la commune, la famille : c'est l'anarchie. Mais cette anarchie elle-même fait sentir l'impérieuse nécessité d'un organisme social. Et de là une association ou plutôt une multiplication des partis qui luttent tantôt ouvertement et tantôt en secret pour conquérir la majorité, s'emparer légalement du pouvoir, devenir les maîtres de la société et s'en partager les dépouilles : N'est-ce pas là le moyen de jouir et d'être heureux ?

972. — On le comprend du reste : il n'en est pas de la société comme d'une masse d'eau en ébullition ou d'un bloc de glace qui se fond... Celle-ci passe tout entière par tous les degrés du thermomètre. La pauvre société moderne ne passe point régulièrement et toute d'un bloc par les degrés de l'opinion.

L'opinion publique, cette idole encensée par le monde moderne, a reçu le coup de mort, le jour où l'on a tué dans la société l'unité des principes catholiques. Car finalement et en réalité, qu'est-ce que cette opinion, une fois qu'on ne tient plus compte ni des vérités premières ni des institutions naturelles ? C'est par degrés un amoindrissement et j'allais dire un avilissement de doctrines qui de négation en négation aboutissent à une complète anarchie... Dans cette marche, une négation nouvelle traite de rétrogrades celles qui l'ont précédée et d'ultra-démocrates les négations auxquelles la société n'est pas encore préparée. Seule l'opinion nouvelle est l'opinion publique, l'opinion des sages.

973. — Aussi point de système économique qui n'ait, en son temps, ses organes plus ou moins publics, tant

qu'un parti n'a pas triomphé des autres, tant qu'il n'a point réussi à étouffer la voix de la réaction. Cependant en vous présentant ici dans un certain ordre logique, les conséquences du principe protestant et de l'individualisme, je ne prétends pas que l'ordre chronologique et l'ordre logique se correspondent; la logique seule ne suffit pas à faire triompher les partis. Mais j'aurai tenu ma promesse, si je montre que, de fait, la tendance des sociétés modernes nous apparaît dans l'administration telle qu'elle doit découler de la théorie.

974. — Quel est le principe de nos modernisants ?

Celui-là même qui, par la bouche de Luther, ouvre l'ère moderne; celui de l'indépendance religieuse ou de la liberté de conscience; celui par conséquent qui implique la négation de la religion catholique et de toutes ses lois. Un gouvernement proclame licite et permis à tout citoyen de violer la parole qu'il a jurée à l'Eglise? Ne proclame-t-il pas par là même qu'à ses yeux l'Eglise n'est pas certainement une institution divine, ayant le droit de soumettre tous les hommes à son autorité? Car comment concilier les deux propositions suivantes : « Je crois que tous les citoyens sont soumis à l'Eglise et par une obligation indépendante de leur volonté et en vertu de leur promesse; — je crois que tous ces citoyens sont affranchis et de cette obligation et de cette promesse? Le droit à l'indépendance entraîne donc nécessairement l'abolition civile de l'Eglise.

975. — Mais si l'Eglise n'a pas d'existence civile, si elle n'est pas, aux yeux du public, une société réelle, elle n'a pas le droit de posséder et tous les biens qui lui appartenaient hier sont aujourd'hui sans maître.

Or, à qui reviennent les biens abandonnés? Au fisc, sous le régime des idées monarchiques, et à la nation, sous le règne des idées de démocratie. L'histoire de la société moderne, à ses débuts, est trop fameuse et trop connue pour qu'il soit besoin de nous y arrêter : Henri VIII a commencé seul les spoliations : elles ont continué jusqu'à nos jours. Et si quelques-uns, parmi les pouvoirs modernes, n'ont pas totalement dépouillé l'Eglise, par un reste de pudeur ou par un calcul d'intérêt, ils ont érigé en « axiome », comme si la proposition était évidente par elle-même : « Que les biens ecclésiastiques sont des biens nationaux. »

976. — D'un autre côté, aux yeux des différents progressistes, l'Eglise peut être considérée ou comme une société morte, qui naguère avait naturellement certains droits, ou comme une société tolérée à qui on concède la permission de posséder, ou enfin comme une société de filoux et d'escrocs qui dépouillent injustement le prochain. L'existence de l'Eglise a été, dans le passé, plus ou moins légale. Mais on pourra selon l'une ou l'autre de ces hypothèses dépouiller la société religieuse de ses biens. On agira envers elle comme on agit envers des larrons... et l'on donnera ses richesses tantôt à l'Etat, héritier *ab intestat*, ou à la commune en tant qu'elle représente les donateurs, ou à des rejetons supposés, ou à des malheureux, donataires présumés, selon la pieuse intention du défunt... Celui-ci a-t-il légué ses biens à des religieux? On présume qu'aujourd'hui il désignerait des gens mariés. A-t-il laissé des immeubles ou des rentes pour les pèlerins? on déclare que de notre temps,

ceux-ci sont les émigrants politiques. A-t-il bâti un collège pour des religieux? on prétend que l'éducation morale de la jeunesse doit se faire aujourd'hui en mettant sous ses yeux les exemples de Catilina, tels que les dépeint le chaste Salluste. Ces substitutions si variées montrent combien sont élastiques les théories de l'économie libérale : elles ouvrent à nos lecteurs un horizon sans bornes pour interpréter une foule de faits bien connus.

977. — A la seconde phase de l'évolution moderne, l'indépendance religieuse se transforme en indépendance politique... On proclame que le souverain n'a d'autre autorité que celle qu'il reçoit de ses sujets dont il est le serviteur. De ce principe sort aussitôt « la liste civile, salaire attribué par le peuple souverain à son mandataire, et voilà les biens de la couronne transformés en biens de la nation ». — Ici encore les faits sont notoires et ne demandent pas d'explication.

978. — L'unité monarchique dissoute, on détruit l'organisme provincial, dernier débris de ces unités indépendantes qui dans la plus grande partie de l'Europe avaient pris à leur naissance la forme féodale. Car, selon la remarque de Guizot, la féodalité fut un vrai progrès par rapport à la barbarie des anciens Germains... Et si, sous ce régime politique, des abus avaient subsisté, une sage réforme, opérée sous la direction de l'Eglise, avait déjà commencé qui eût, sans aucun doute, achevé de perfectionner la société.

979. — Mais vint l'hérésie. Avec sa furie habituelle, elle s'empressa, pour la guérir, de tuer la société ma-

lade... Et l'opération fut expéditive. Sans en examiner les titres, on déclara injustes tous les privilèges des provinces; au nom de l'égalité on abolit, dans ces provinces, toute législation, coutume, forme organique ou usage traditionnel. Puis on déclara (la chose allait de soi) que tous les droits des Provinces étaient transférés à l'État. Mais l'État, cher lecteur, vous savez ce que c'est? C'est un gouffre sans fond. Il engloutit les biens de l'Eglise, les biens de la couronne, tous les droits et privilèges des provinces... Et par là même il sanctionne authentiquement le principe de l'économie moderne... Ce principe qui pousse finalement au communisme et pourrait se formuler ainsi : « Une fois posé que la raison indépendante peut condamner comme fausses les vérités admises par les ancêtres, elle peut du même coup déclarer nuls et injustes tous les droits qui en sont sortis comme de leur source. Or, un bien injustement acquis peut et doit retourner à la société. Donc la société peut revendiquer ce qui a été possédé en vertu de droits anciens, aussitôt que l'opinion nouvelle les a taxés d'injustice et de nullité. A bas donc les coutumes des provinces; à bas les privilèges et conventions de toute sorte : car de quel droit, je vous prie, les ancêtres pouvaient-ils soumettre leurs descendants au joug de la servitude? »

980. — Cette formule générale, vous le voyez, n'est autre que celle qui a envahi le droit des gens « au nom des nationalités ». Le monde, pendant 50 siècles, a respecté les traités comme des « lois internationales ». N'importe, s'écrient les Italianissimes, l'Italie ne se

contente pas de réformes; elle veut sa nationalité. Elle sera, dites-vous, illégale? Peut-être. Mais si contraire qu'elle soit aux traités, elle est voulue par la nature (1). Et toute guerre sera sainte, qui sera une guerre d'indépendance. Le point de départ, on le voit, est toujours celui-ci : on change les idées et la langue, afin de violer le droit impunément.

981. — La province étant détruite, on en vient naturellement à la dissolution des sociétés inférieures, sociétés municipales, etc. On brûle les châteaux; on dissipe les trésors de la commune; on met même en question l'existence de la commune au moyen de la loi agraire, loi dont les oisifs sont si friands et qui plus d'une fois déjà a commencé le partage de certains droits communs, par exemple celui de pâture entre des particuliers (2).

982. — De la commune l'économie moderne descend à la famille. Elle soulève les fils contre les pères, crie très haut que tous, aînés et cadets, ont également le droit de jouir, et qu'ils ont foulé aux pieds les sentiments de la nature ces aïeux qui ont légué à l'un de leurs enfants les jouissances avec d'abondantes richesses et aux autres les souffrances avec la pauvreté.

983. — Pourtant ne serait-il pas utile à une famille d'avoir un soutien et un refuge? Et le maintien de l'unité dans la société domestique ne vaudrait-il pas mieux pour les cadets que la division indéfinie de l'héritage

---

(1) Farini, l'État Romain, t. I, p. 100.
(2) En blâmant les injustices, nous ne blâmons point les réformes, nous l'avons dit; inutile de le répéter.

paternel? L'illustre professeur Orioli est de ce sentiment. Pour moi ne l'ayant pas suffisamment étudiée, je n'ai point d'avis arrêté en cette matière. Je désirerais, je l'avoue, vous donner ici en quelques mots une idée de son important ouvrage sur le Fidéicommis. Mais le temps me fait défaut. Je vous exhorte donc à recourir à l'auteur lui-même, vous priant seulement de remarquer que l'abolition des Fidéicommis est une des sept maximes proclamées évidentes par l'économie moderne. « Tous ont un droit naturel à jouir également; donc à s'enrichir et à se partager également l'héritage paternel; donc le Fidéicommis a été une injuste institution; et le premier propriétaire n'a pas été maître de disposer de son bien. C'est le principe du communisme. S'il peut imposer des obligations à son héritier immédiat, au moins ses petits-fils et arrière-descendants ne sont-ils pas liés par les dispositions extravagantes de leurs ancêtres. Donc point de transmission de droits dans les familles, donc point d'unité successive dans la société domestique, puisque toute unité sociale est essentiellement constituée par l'unité de droit (1). »

984. — Vous le voyez ; l'abolition du Fidéicommis dans sa brutalité révolutionnaire (et Orioli ne la confond point avec une sage réforme) n'est pas autre chose que l'économie moderne arrivée à la destruction du principe même de l'organisme social, à la dissolution du plus sacré de tous les liens, l'unité et l'autorité de la famille. Et cela, au nom du droit inaliénable qu'ont

(1) Voir p. I, c. I.

tous les hommes de jouir également sur cette terre (1).
L'Eglise, la Monarchie, la Province, la Commune une
fois désorganisées, l'individualisme économique s'est
introduit dans la famille après l'individualisme moral.
Avec Beccaria on a aboli le bien de la famille, parce
que l'on a dit avec lui : la république, la nation, n'est
pas composée de familles, mais d'individus — et d'individus qui ont un droit égal à la jouissance.

985. — Un point manque encore à l'individualisme,
c'est que l'on fasse triompher dans l'opinion publique
la doctrine de David Hume sur l'identité du moi. En
effet, puisque ce philosophe mettait en doute si le moi
d'aujourd'hui est bien vraiment le moi d'hier, cela donnerait à l'économiste moderne le moyen de réduire l'art
du vol et du pillage à l'unique formule du droit individuel. Par exemple : voulant détruire l'inégalité dans la
famille, il dit : « Les ancêtres n'avaient pas le droit de
disposer de leur bien au désavantage de leurs descendants. Ce qui revient à dire : ils n'ont pas eu le droit
paternel de propriété — où encore ils n'ont pas été les
pères de la famille vivante aujourd'hui. De même le
communiste pourrait demander à tout propriétaire :
« Comment démontrez-vous que vous êtes le même qui
a cultivé ce champ et construit cette maison ? Les
anciens n'étaient pas exercés à l'analyse. Ils croyaient

(1) Il sera bon d'observer ici que dans l'Empire d'Autriche l'œuvre de
restauration politique qui vient de s'accomplir a commencé par rendre
à l'Église sa liberté et qu'elle a eu en même temps un autre effet, celui
de rendre légalement possibles les Fideicommis. — Cette note fait allusion au Concordat que l'Empereur François Joseph avait passé avec
Pie IX, au début de son règne.

sottement et sans aucune preuve à un certain instinct d'identité personnelle. Or, cet instinct peut bien n'être qu'un simple préjugé... Et de ce préjugé ils faisaient découler le prétendu droit de propriété, au moyen duquel on enrichit le paresseux et on affame l'homme de peine. Mais la faim et la fatigue de ce dernier est chose plus certaine que l'identité du premier. Donc à l'homme de peine bien mieux qu'à celui-ci appartiennent ou le champ ou la matière qu'il travaille de ses mains.

986. — Je ne sache pas que Proudhon ait jamais voulu recourir à ces théories abstruses de David Hume. Mais qu'il plaise à un sophiste comme Lamennais, Lamartine ou Cousin de les vulgariser au moyen de clubistes sectaires, elles pourront, malgré leur stupidité, remporter un triomphe d'un jour. Dans les cafés, sur les places publiques, dans les cercles et cabarets, on entendra des charlatans gagés proclamer solennellement qu'à la lumière du progrès on a découvert que l'homme d'aujourd'hui n'est pas certainement l'homme d'hier. Et ils ajouteront : « Donc tout propriétaire d'hier appuie aujourd'hui son droit sur un titre incertain et commet un vol au détriment de la société tout entière. »

987. — Voilà le communisme dans l'individu fondé sur le même principe que le communisme dans la famille et dans la société. C'en est fait de l'idée des biens de famille et des devoirs entre les nations quand la génération d'aujourd'hui n'est plus certaine de son unité avec ses ancêtres ; car elle ne leur est plus rattachée par des droits et par des devoirs. De même s'évanouit la propriété de l'individu, du moment que l'on met en

doute l'identité de l'homme d'aujourd'hui avec l'homme d'hier. On trouve des sophistes pour séparer les unes des autres les générations successives dans un même peuple; pour dissoudre la famille et émietter la propriété. Des sophistes aussi se trouveront pour anéantir socialement l'individu et le priver de toute sorte de droits. N'est-ce pas du reste ce que fait Proudhon? Il est vrai; les communistes n'ont pas besoin pour cela de la métaphysique. Ce qu'il faut prêcher, écrivait à Weitling Maximilien Hepp, c'est la nécessité de la vengeance contre un ordre social fratricide qui nous écrase sous ses pieds depuis si longtemps. Si le communisme n'appelle point à son aide la métaphysique anglaise, le socialisme ne dédaigne pas de recourir aux sottises de la philosophie tudesque. L'une et l'autre d'ailleurs aboutissent également à dépouiller l'homme individuel de tout droit de propriété. Au lieu de dire; personne ne possède parce que personne aujourd'hui n'est sûr d'être celui-là même qui a cultivé cette terre, on dit : tous possèdent tout, parce que nous sommes tous une seule divinité. Extravagance qui l'emporte d'autant plus sur le scepticisme anglais qu'il est plus difficile à la nature humaine de se diviniser que de se replonger dans son néant.

Et cependant le panthéisme, malgré ses énormités, a été reçu dans la vieille Europe. Il l'a été dans une nation qui s'en est faite la maîtresse. Et il a été enseigné chez elle non point par quelques plébéiens mal équilibrés, ignorants; mais par la fleur de ses sages. Ils l'ont proposé non pas comme l'objet d'une pure spéculation, mais comme la base de la vie réelle du genre humain, comme le principe de la vie pratique et sociale. Après cela serait-il étonnant qu'on introduisît aussi comme règle de la vie réelle le moi phénoménal de David Hume et que l'on consommât dans l'humanité, par l'anéantissement de tous les droits individuels, cette spoliation universelle commencée par l'Église, continuée logiquement par la monarchie, la province, la commune et enfin par la famille. Les lecteurs comprennent par ce qui vient d'être dit que, s'il s'agit de détruire, l'idée première de la prétendue renaissance demeure toujours fidèle à elle-même, aussi bien dans l'administration que dans le reste de l'organisme social. Aussi n'est-ce pas aux hommes que l'on doit s'en prendre, quand on voit poussée jusqu'à la fureur la manie de surcharger le peuple de taxes et d'impôts. Ce sont là les conséquences forcées de la nécessité logique. Et personne ne peut échapper aux dents de cet engrenage une fois qu'il a été pris dans le mouvement.

988. — Nous venons d'exposer la théorie de la démolition protestante : les faits la mettront en pleine évidence. Nous en choisirons qui se passent actuellement (1852) aux deux extrémités de l'Italie. Là deux régimes opposés produisent dans l'administration de la richesse publique, comme dans les autres branches du gouvernement, des effets tout contraires. Ils se font donc connaître par leurs fruits... En les comparant, nous donnerons à la vérité de notre théorie tout son éclat, puisque la logique des faits et des chiffres est absolument inattaquable.

Mes lecteurs me rendront, j'espère, cette justice qu'en expliquant la nature et les propriétés des gouvernements représentatifs j'ai toujours eu soin de faire parler les faits ; chose d'autant plus facile, j'en conviens, que l'activité des politiques modernes multiplie à l'infini ses expériences. Toutefois, je le reconnais sincèrement, d'ordinaire les faits et les chiffres que j'ai allégués ont fourni des preuves plutôt négatives que positives ; des arguments propres à faire ressortir l'erreur capitale qui fonde le gouvernement sur l'indépendance native de l'homme et par suite sur la souveraineté du peuple. Mais quand il s'agit du système opposé, les preuves par les faits sont moins abondantes et moins obvies. Cela pour deux raisons très naturelles : la première, c'est que l'esprit de toutes les nations européennes est plus ou moins imprégné des doctrines hétérodoxes, et que celles-ci produisent leurs tristes effets, même au grand déplaisir des gouvernements honnêtes. La seconde, c'est que là où ces doctrines ne portent pas encore leurs fruits, la marche des affaires est tranquille, les mécontents n'ont point lieu de se plaindre publiquement ni de réclamer des réformes. — Il en est des habitants de ces contrées comme d'hommes bien portants. Ceux-ci ne parlent point d'infirmités, ils ne donnent aux médecins aucune occasion de disserter clinique ou pathologie. Au contraire, que leur santé soit ébranlée ou perdue, alors ils font entendre des lamentations proportionnées à leur péril.

Mais nous avons aujourd'hui sous les yeux un fait qui confirme positivement notre théorie, et nous ne voulons pas négliger l'enseignement capital qui en ressort. Il mettra dans un jour plus vif non seulement la vérité, mais encore l'explication de nos doctrines. Nous l'avons fait remarquer plus d'une fois, nos lecteurs voudront bien se le rappeler : « Le propre des institutions formées sur l'idée moderne, c'est de détruire les organismes sociaux naturels, par exemple : la famille, la commune, etc.; et de leur substituer, grâce au despotisme protestant, une centralisation bureaucratique, vrai fléau de l'Europe depuis 1793 jusqu'à nos jours. On le conçoit du reste, cette centralisation est on ne peut plus chère aux maîtres du pouvoir, ou plutôt aux sectaires. Ils comprennent à merveille combien il leur importe de rattacher toutes les forces vives de l'Etat à un seul point central; car du moment que, par la cabale ou par un coup d'audace, ils viennent à s'en emparer, la nation entière est sous leur dépendance.

N'est-ce pas là l'état de la Suisse? Au nom de l'unité, des esprits brouillons l'ont si bien enchaînée qu'elle frémit, se tord et s'agite sous le poids de ces chaînes... Mais ses bras sont pris dans l'engrenage ; impossible de les dégager. N'est-ce pas aussi d'après le même principe que les sectaires se montrent si chauds partisans des nationalités? La chose est vraisemblable : car s'ils parvenaient à rattacher à quelques grands centres toutes les races européennes, ils s'empareraient de ces centres. Et alors la Jeune Europe pourrait envoyer avec la rapidité de l'électricité ses ordres despotiques de la Neva au Tage, du Danube à la Tamise et tyranniser ainsi toute la famille de Japhet. Voilà donc un

des caractères les plus évidents, un des intérêts capi-
taux, un des moyens les plus puissants de la prétendue
génération moderne : le centralisme et la nationalité.

Tout contraire était l'ancien esprit catholique : il était
essentiellement familial et communal dans son origine,
dans ses caractères, dans ses intérêts, dans ses institutions, dans ses moyens de gouvernement. Il accordait
à la famille et à la commune la jouissance pleine et
entière des droits qui leur sont indispensables pour défendre leurs propres intérêts ; il les subordonnait sans
doute au bien public ; mais d'ailleurs il ne leur demandait, pour y concourir, que les sacrifices nécessaires
et leur laissait le plus de spontanéité possible... Tel
fut le grand moyen de prospérité sociale légué par le
Moyen-âge à ces peuples dont plusieurs aujourd'hui
regardent l'Angleterre et l'Amérique comme le type de
la civilisation et des libertés modernes... Les fanatiques et vaniteux admirateurs de ces peuples ont cru
les avoir imités, parce qu'ils en avaient reproduit le
mécanisme matériel. Hélas ! ce n'était là qu'un corps
sans âme; ils en avaient étouffé l'esprit. Les vraies
bases de la constitution politique anglaise, écrit Har-
thausen, ne consistent pas dans ces formes constitutionnelles même avec le pouvoir de se contrebalancer
réciproquement. Elles consistent dans la constitution
de la maison et de la famille, constitution qui repose
sur les principes vigoureux de la morale; elles consistent dans la constitution des communes, constitution
solide et harmonieuse, née des coutumes, des usages
populaires et de la vie domestique. Aussi le manque de

ces institutions domestiques et municipales et bien plus encore de l'esprit qui doit les animer a-t-il rendu impraticable chez tout autre peuple l'application de la constitution britannique. (Constitutionnel de Florence, 30 janvier 1852.) En fait les Français possèdent à peine quelques traces de ces institutions municipales qui, chez nous en Angleterre, sont des écoles de discussion politiques... les Français sont presque totalement privés des libertés réelles des paroisses et des communes. Et si Louis Napoléon vient à les rétablir avec l'organisation des corporations paroissiales, il y aura toujours à craindre que l'esprit inquiet et turbulent de la nation ne concentre ses forces contre le pouvoir et ne devienne un foyer inextinguible de continuelles révolutions. Ce que ces auteurs disent de l'Angleterre est applicable à l'Amérique. Cet immense État est sorti des familles des premiers colons ; il s'est formé par l'union des différentes provinces ; et il retient encore très profonde l'empreinte de l'esprit de la famille et de la commune. Cet esprit est chez lui la source de toutes ces libertés après lesquelles soupirent tant d'autres nations.

Mais pourquoi, me demanderont ici mes lecteurs, les libertés domestiques et municipales sont-elles si propres à rendre un peuple heureux et à lui donner la conviction qu'il est libre politiquement; tandis que les nations qui paraissent jouir de la liberté politique se plaignent sans cesse de leur servitude et voudraient briser leur frein? La raison en est aussi évidente que simple. L'homme ne désire point ce qui lui est inutile; il ne se plaint pas d'un mal qu'il ne sent point. Or, à part quelques ambitieux, à qui une instruction peu chrétienne et peu conforme à leur condition a fait envisager les pouvoirs publics non comme un moyen de procurer le le bien commun, mais comme une proie bonne à saisir, le peuple ne voit d'ordinaire aucun désavantgge dans son impuissance politique. Quant aux pouvoirs publics, si parfois il les exerce, il ne s'en sert que pour défendre ses propres intérêts, c'est-à-dire ceux de la famille et de la commune.

En cela, je dois le dire pour rendre hommage à la vérité, le vulgaire est beaucoup plus raisonnable que les ambitieux sophistes qui se sont attribué la mission de l'éclairer. Pourquoi y a-t-il dans la société des juges, des soldats, des administrateurs, des législateurs? A-t-elle dévolu ces fonctions politiques à quelques citoyens déterminés, parce que tout autre moyen de vivre leur eût fait défaut, et que de la sorte un bon nombre de personnes ont chaque jour leur pain assuré?

Non! Elle nomme des législateurs et des juges pour que les droits des citoyens soient clairement établis; des soldats pour qu'ils soient défendus, des administrateurs pour que les deniers de l'Etat soient employés avec une sage économie aux travaux publics. Les pouvoirs politiques sont donc un moyen de faire régner l'ordre dans la société : d'où il suit qu'il est parfaitement raisonnable que le peuple, la fin une fois obtenue, se montre indifférent au moyen, tandis qu'il est déraisonnable et ridicule de l'inquiéter sur les moyens, dans le temps même où il est maître de la fin. Ce serait dire à un homme bien portant : « Prenez cette purgation ou cet émétique. » Que vous répondrait-il : « Je n'ai, Dieu merci, ni douleur de tête, ni embarras d'estomac. Donnez vos recettes à ceux qui souffrent ou de constipation ou d'inappétence et laissez-moi tranquille tant que je jouirai de la santé. » Or, toute pareille fut souvent la réponse du peuple à ses prétendus réformateurs, avant qu'il eût été séduit, c'est-à-dire éclairé : « Je suis en sécurité par rapport à mes droits, à ma personne, à mes biens... Qu'ai-je besoin de changer de gouvernement ? Allez porter vos contrats sociaux et vos lois constitutionnelles aux peuples agités et malades; mais ne venez pas nous faire croire que nous sommes malades pour nous débiter vos remèdes et vider notre bourse. »

Qu'une société soit au contraire dans le désordre et que les officiers publics s'acquittent mal de leurs fonctions, que le peuple ignore ou voie foulés aux pieds par des juges ses vrais droits civils; que les personnes n'y soient plus en sécurité contre les voleurs, ni la fortune publique contre les malversations du fisc, alors ce peuple, jadis si tranquille, réclame à grands cris des droits politiques. Alors se glisse dans son cœur la soif des réformes; la société malade réclame des remèdes. Elle voudrait voir changé l'exercice des fonctions publiques. Mais, hélas ! ici souvent elle se trompe : au lieu de recourir aux vrais sages et aux vrais moyens, dont la connaissance surpasse l'intelligence du vulgaire, elle se jette au-devant des premiers hâbleurs venus et elle leur donne sa confiance. Ainsi font les gens du petit peuple : malades, ils s'empressent d'acheter les fioles du premier charlatan qui promet de les guérir. — Remarquons-le bien : ce mouvement du peuple est naturel : mais il a le malheur de n'être pas guidé par la raison, à la lumière de laquelle il devrait toujours marcher. D'instinct le peuple sent que l'ordre politique, destiné à former et à maintenir l'unité sociale, est subordonné à l'ordre civil, duquel découle naturellement le bonheur des particuliers. Ce bonheur fait-il défaut, il en infère que l'ordre politique est déconcerté... mais il se trompe en ce qu'il place le remède à ses maux dans le choix qu'il fera lui-même et des médecins et des médecines.

Dans un certain sens cet adage : « vox populi, vox Dei », voix du peuple, voix de Dieu, est donc vrai. Le peuple est raisonnable de ne pas s'inquiéter de droits politiques, lorsque tout marche régulièrement dans l'ordre civil : c'est une sottise de préférer les moyens à la fin. Il est raisonnable lorsqu'il attribue aux fautes des gouvernants le mauvais état de l'ordre civil et les souffrances des citoyens. Car les hommes politiques, magistrats, soldats, administrateurs, n'existent que pour procurer aux citoyens un bon gouvernement et leur assurer la tranquille jouissance de tous leurs droits civils. Jusqu'ici la voix du peuple est la voix de Dieu, parce qu'elle est la voix de la raison. Et pour que des séditieux produisent dans un peuple cette persuasion constante et générale qu'« il ne peut être heureux que s'il possède des droits politiques », il faut que les gouvernants manquent à leur devoir et ne maintiennent pas l'ordre civil. Faites en sorte que, sur ce terrain, les droits des citoyens soient respectés : qu'ils puissent administrer leurs biens; gouverner en maîtres leur maison; compter sur la fidélité conjugale et avoir toute liberté pour l'éducation de leurs enfants; donnez-leur le minimum d'impôts au lieu de les en accabler; procurez-leur la facilité des communications avec les pays voisins, la sécurité dans leurs voyages, la liberté pour leurs réunions commerciales ou même pour d'honnêtes délassements; avant tout protégez leur foi et leurs liens de famille; alors n'ayez aucune crainte. Le citoyen de la Calabre ou celui des Abruzzes ne se remueront guères pour que le ministre s'appelle Medici ou Santangelo; l'habitant de la Sardaigne ou de la Savoie pour qu'il se nomme Revel ou Cavour. En fait, à quels efforts, à quelles promesses, à quelles machines n'a-t-on point recours pour traîner aux élections les habitants de la campagne? Il y a quatre ans que le peuple reçoit sans discontinuer l'enseignement politique. Or, qu'avez-vous vu, il y a quelques jours, à Cagliari? Par trois fois les électeurs ont été convoqués: par trois fois ils ont manqué à l'appel.

Du reste, bien naïf qui s'étonnerait de leur insouciance. Jadis ils étaient heureux sans représentation; aujourd'hui qu'ils sont représentés, les faits s'ajoutent aux faits pour leur montrer l'inutilité de toutes ces prétendues garanties, à l'ombre desquelles devait reposer inviolable la sainteté de leurs droits? Voyez, dans nos jours mauvais, l'exemple de la Savoie : et dites si jamais un peuple constitutionnel fit entendre des réclamations plus énergiques? Depuis longtemps, disait-elle, dans les récentes doléances de la municipalité de Chambéry, nous ne cessons de demander la fondation d'une Université, l'usage de notre langue dans les actes publics, des fabriques d'armes, la liberté de l'enseignement, et par-dessus tout la pleine jouissance de nos droits religieux. Eh bien ! qu'avons-nous obtenu? Rien. Vous au moins, mes députés et mes fils, rappelez-vous que vous devez défendre votre mère. Refusez résolument à ceux qui veulent m'opprimer la sanction d'un traité qui achève-rait ma ruine. »

Ainsi parlait la Savoie. Et qu'ont obtenu ses députés? Rien. Eussent-ils été unanimes dans leur vote, que pouvaient 14 voix d'un côté contre 100 de l'autre? Ce-pendant le peuple souverain se flattait de l'accord de ses représentants et la libre Savoie, dans le libre Piémont, en vertu du libre statut et de ses garanties, se retirait triste et abattue : la majorité de la Chambre était contre elle.

Nous ne condamnons ici ni les députés ni les minis-tres…Nous souhaitons même qu'on accorde aux uns et aux autres la plus large absolution : on verra mieux alors que l'iniquité commise contre ce peuple est un effet nécessaire non pas de la méchanceté des hommes, mais de l'esprit sectaire des institutions. Les ministres doivent viser au bien général de l'Etat ; les députés au plus grand bien possible de leurs provinces respectives. Si donc la province de Savoie, plus montagneuse que les autres, étrangère par sa langue, placée aux confins du royaume, et gardant encore un caractère particulier à cause de son ancienne soumission à la France, si la Savoie, disons-nous, a des intérêts totalemen différents de toutes les autres provinces, elle devra totalement être sacrifiée, à moins que députés et ministres ne fassent une loi pour elle. Une loi pour elle! Mais, lecteurs, y pensez-vous. Ce serait la plus lourde de toutes les erreurs sous le régime moderne. La loi doit être commune comme les citoyens; les provinces doivent être égales devant la loi! Donc; la conclusion est rigoureuse: Donc que la Savoie parle italien, qu'elle envoie ses fils à l'Université de Turin, qu'elle tire de ses rochers ce que le Piémont tire de ses plaines verdoyantes; donc qu'elle s'habille et s'arme à l'italienne, qu'elle reçoive l'éducation de la bouche d'émigrés, la philosophie de Gioberti et l'hérésie de Nuyts. Telle est la conséquence du système.

Ces faits en démontrent le vice intrinsèque.

Mais je dois tenir ma promesse, et rapporter aussi quelques faits pour prouver positivement la vérité de ma théorie. Je les prendrai dans le *Journal des Deux-Siciles*, n° du 2 avril 1852 (1).

Ici je ferai de l'histoire et non un panégyrique... Et pourtant il en serait digne ce prince (2) si profondément catholique qui un jour, en vrai fils de l'Eglise, avait ouvert généreusement ses Etats au Pontife exilé... Il nous conviendrait d'être à son endroit moins avare d'éloges qu'un Gladstone ou que le « Risorgimento » (Réveil).

(1) Nous ne pouvons prendre ces faits dans l'histoire contemporaine de France: puisque, depuis plus de 100 ans, la France, affolée de libéralisme, aime mieux gémir sous le joug d'une centralisation ruineuse que de revenir à son organisme naturel et de recouvrer sa vraie liberté. *(Note du traducteur.)*
(2) François II.

Mais non, point de panégyrique. Il y en a un du reste qui surpasse tous les autres : celui des œuvres. *Laudent eam in portis opera ejus* ».

Autre observation utile à faire mieux comprendre les faits allégués. Alors qu'en certains pays l'esprit inquiet des réformateurs criait à l'obscurantisme, alors qu'il réclamait et une grande cour des comptes, et des assemblées provinciales et des voies ferrées et les bateaux à vapeur, etc., etc., le très arriéré et très obscurantiste royaume de Naples possédait déjà tous ces avantages. Il avait, en particulier depuis la fin de 1816, des conseils de district et des conseils de province parfaitement établis. Ces derniers se réunissaient annuellement, et, pendant 20 jours, l'administration de l'intendant était examinée à fond. Le conseil ouvert, il se retirait afin de ne gêner en rien la liberté des avis. Puis l'on discutait les principaux intérêts de la province, et d'un commun accord on rédigeait les requêtes à présenter au roi pour le bien public. On le comprend : lorsqu'une province se montre prête à faire des dépenses qui lui incombent, le roi n'a aucun intérêt à rejeter de justes demandes. Sans doute il arrive parfois qu'un ministre cupide ou mal conseillé fait passer des milliers de ducats de la caisse d'une province dans celle d'une autre province, dans celle peut-être qui a englouti les 60 millions du fameux comte Revel. Mais ces accidents ne sont point inconnus dans les États de type moderne. Ils y prennent même des proportions un peu plus colossales. Il faut ici considérer l'institution en général. Or, par la nature même de sa composition, le conseil provincial est propre à donner satisfaction aux désirs de la province; il a pour membres des résidents, il délibère sur place, il fixe l'attention de ses membres uniquement sur les affaires provinciales, et ceux-ci délibèrent sous les yeux de toute la province. Dans ce système il n'y a point à craindre que les habitants des plaines de la Pouille s'opposent à la construction d'un port à Pouzzoles ou à Gallipoli; que Caserte et Catanzaro usurpent pour leurs jardins les fonds assignés à Lecce ou bien à Atri pour y bâtir des hospices et des orphelinats. Ici chaque province examine ses propres besoins et propose, pour y donner satisfaction, ses propres ressources, mais en les proportionnant à la situation de son trésor. L'Etat n'a rien à donner à la province, il n'a aucun intérêt à rejeter ses demandes.

Ce n'est donc pas merveille, si, d'un côté, dans le royaume de Naples, les provinces sans représentants ont obtenu quasi poste pour poste une réponse favorable à leur supplique — et si, de l'autre côté, dans le royaume de Sardaigne, les provinces *avec leurs députés et leurs mandataires* ont à peine obtenu, après quatre ans, que leur vœu fût présenté et débattu à la Chambre. — Puis quelle activité communiquée à tous les organes de l'administration! Je ne veux pas être indiscret; sans quoi, je citerais ici tout au long les actes nombreux des conseils provinciaux, leur approbation et leur exécution presque complète dans les dix mois qui ont suivi la demande faite au roi, — tandis qu'il fallut trois années à la centralisation parlementaire pour promettre le bonheur au peuple, rejeter ses demandes et lui défendre à la fin les rassemblements... Pour être court, je relèverai seulement les plus importantes des décisions provinciales citées dans le *Journal officiel* du 2 avril. On les divise en plusieurs catégories : religion, instruction, travaux publics, agriculture et commerce, bienfaisance, hygiène et moyens préventifs, enfin une série de travaux divers accordés aux différentes provinces. A cette activité, l'on ne reconnaît guère ce royaume des deux Siciles que certaines feuilles nous dépeignent comme indolent, parce qu'il n'est pas rebelle, et comme ennemi du progrès, parce qu'il n'abuse point de la parole? Je l'avoue, je remets ces faits en lumière d'autant plus volontiers que je réparerai une omission due à la mauvaise foi habituelle du « Risorgimento ». Cette feuille, s'abaissant jusqu'à la répugnante perfidie de la presse démocratique, fait cette observation dans le compte-rendu du *Journal officiel*, n° du 2 avril : « Les améliorations matérielles en faveur de certaines provinces entrent pour quelque chose dans les dispositions royales. Mais la part la plus considérable est faite aux intérêts spirituels. » Mensonge envenimé d'un sarcasme! Si les intérêts spirituels obtenaient de fait une part beaucoup plus grande que les intérêts matériels, aucun homme impartial ne pourrait en faire un crime au gouvernement napolitain. Son rôle consiste à approuver les vœux des provinces. Nous le constatons de plus en plus; le « Risorgimento » voudrait pousser le gouvernement à vexer la conscience des provinciaux lorsque leurs demandes visent l'ordre spirituel plutôt que l'ordre matériel. Nous ne craignons rien du roi et de ses ministres.

Leur préférence des biens spirituels ne peut être ébranlée. Toutefois devons-nous dire que, de toutes les décisions et mesures approuvées par le pouvoir royal, la dixième partie seulement se rapportent aux intérêts spirituels. Le « Risorgimento » aurait dû tromper tout à fait la bonne foi de ses lecteurs. Il aurait dû dire que les conseils provinciaux et la couronne n'ont accordé de fonds qu'en faveur des intérêts spirituels.

Heureusement nous lisons nous aussi le *Journal officiel*. Et nous en donnons ici un extrait un peu plus approchant de la vérité que celui du journal subalpin.

« Une nouvelle église à Reggio ; un ordre religieux établi à St-Clément ; églises à restaurer et à rebâtir à Moliso. Nombreuses pensions à des étudiants pauvres, subsides au collège de Reggio, pour achat de machines à l'Institut des jeunes filles, à Salerne pour le mobilier ; nouvelle maison d'éducation pour des jeunes filles à Chieti ; une autre à Avellino ; agrandissement des collèges royaux de Cosenza, Lucera, Salerne et Teramo ; fondation de chaires professorales à Salerne et Maddaloni ; élévation au titre de lycées des collèges de Chieti et de Lecce ; 3000 ducats de pension annuelle assignés à ce dernier ; nettoyage du vieux port de Baia ; amélioration de ceux de Bari et d'Ortona ; constructions de ports nouveaux à Pouzzole, Salerne, Paola, Cotrone, Santa Venere, Gallipoli, Mola, Manfredonica et Pescara ; ponts sur les rivières de la Selce, d'Alento, Mincarto, Crati, Busento ; fleuves endigués dans la Principauté intérieure, dans les Calabres, les Abruzzes ; marais desséchés sur le littoral de la Pouille, près de Sora. Une caserne à Cosenza, des chemins dans les Abruzzes, dans la Calabre, etc.; caisse de secours à Naples; école nautique à Gaëta; plusieurs banques, en particulier à Bari; caisse d'escompte à Gérace, et à Palma...; embarcadère à Giulia; puits artésiens en Calabre; jardins (agrarii) à Caserte et Catanzaro; agrandissement de l'asile des enfants exposés à Lecce; d'un hôpital à Salerne et à Cotrone, d'un orphelinat à Reggio; fondation d'un orphelinat et d'une école agraire à Avigliano, d'un hospice pour les pauvres à Lecce, avec un revenu de 2381 ducats; augmentation des dots aux enfants pauvres de Sulmona; un hôpital de femmes à Salerne, un hôpital civil à Licastro; un hôpital de district à Campagna; des orphelinats à Atri, Eboli, Casoria; dans toute commune de la terre de Labour un hôpital ou au moins une pharmacie gratuite pour les pauvres; un lazaret à Ortona; des cimetières partout où il en manque; un établissement d'eaux minérales à Telese; un dépôt pour les archives provinciales à Potenza et un conseil d'édiles à Chieti. — Outre ces provisions, beaucoup d'autres ont été ordonnées qui regardent l'administration générale du royaume : nous n'en parlons pas; elles n'ont point de rapport direct avec les conseils de province. Du reste, l'énumération des premières suffit pour démontrer ce que nous avons avancé.

Et maintenant, cher lecteur, réfléchissons un peu : que ne doit pas ressentir un peuple et quel attachement ne doit-il pas vouer à son propre gouvernement, lorsqu'il voit ses désirs les plus justes et ses besoins les plus pressants si bien et si promptement satisfaits? —

Croyez-vous qu'il voudrait échanger son heureuse condition contre le plaisir de suspendre fréquemment le travail dont il vit, et de laisser sa charrue immobile dans le sillon, afin de courir au chef-lieu du district et de jeter dans l'urne le nom qu'un embaucheur lui a dicté sur la table d'un cabaret, surtout s'il sait que le verre de vin de l'embaucheur devra se payer par une augmentation de dix ou douze francs d'impôts? Ceux qui s'estiment heureux aujourd'hui d'une semblable surtaxe ne peuvent comprendre que le peuple de ce royaume soit si indifférent aux félicités des régimes représentatifs. Des avocats sans cause, des médecins sans clients, en tête à tête ou dans les discussions privées d'une salle de conseil, préfèrent, il est vrai, les tempêtes retentissantes du Parlement et la gloire d'y pérorer à vide, aux applaudissements de leur parti. Se faire un nom dans toute l'Europe, devenir ministres responsables, travailler à ce *bien public* dont ils sauront si bien profiter au profit de leur bourse, tout cela n'est-il pas suffisant pour contrebalancer les avantages que chaque province retirait de ses conseils et de son organisme municipal? Oui, mais malheureusement le peuple ne peut compter ni sur la renommée, ni sur les portefeuilles. Quant au bien public, il sait qu'il le paiera très cher. Il peut donc, sans se contredire, bien plus, en restant parfaitement raisonnable, préférer un gouvernement qui lui octroie églises, hospices, ports, collèges, institutions agraires, chemins, etc..., enfin tout ce qui répond le mieux aux plus pressants de ses besoins. Mais, dira quelqu'un, tous ces progrès dépendent de la volonté d'un seul homme — et si bon qu'il soit, il n'est pas éternel.

Jolie réplique, avouez-le, et très facile à juger à la lumière des faits contemporains. Car, combien a duré en France l'éternité des constitutions de 1814 et de 1831 ? Combien l'éternité de la République ? Combien l'éternité des ministres à Turin, et celle de la Chambre démocratique ? Or, le changement des Chambres et des ministres n'amène-t-il pas le changement de politique et souvent d'administration ?

Donc, venir nous parler du peu de durée d'un gouvernement, parce qu'il dépend de celui dont dépend toute vie royale, est vraiment une objection qui fait pitié, surtout quand il apport aux yeux de tous que l'éternité des gouvernements dans la société moderne est aussi mobile que le souffle de l'opinion et les caprices de la foule. Nous le concédons cependant ; chez un peuple profondément pénétré de la justice, de la foi et de la piété catholiques, un gouvernement représentatif pourrait être absolument viable, comme s'exprime « l'Economiste », et même, ajoutons-nous, honnête et utile : oui, si ce gouvernement veut sincèrement procurer le bien public, c'est-à-dire pour tous les citoyens la tranquille jouissance de leurs droits ; si, d'un côté, il se renferme dans la solution des questions qui regardent les relations des provinces, l'unité nationale et les relations internationales, si, de l'autre, il laisse aux membres inférieurs du corps social, à la province, à la commune, à la famille, le soin de pourvoir par eux-mêmes à des besoins que seuls ils peuvent sentir, juger et satisfaire ;

s'il en est ainsi, disons-nous, il pourra supprimer ces inutiles mais coûteux voyages que doivent faire les deniers publics pour aller à la capitale sur les ailes du budget et retourner ensuite en Savoie sur les ailes des harpies. Il pourra, selon les désirs de cette province, lui donner une Université, des professeurs catholiques français, les manufactures et les routes nécessaires; enfin un clergé, sorti en grande partie des classes populaires, lesquelles seront ainsi soulagées et par les honoraires qu'il percevra et par les aumônes qu'il distribuera. Oui, tout cela est vrai. Mais il ne s'en suit point que nous devions préférer, vu l'état moral de la société, les ministres et députés non catholiques au gouvernement monarchique. Il y a, sans parler d'autres raisons, trop de différence entre les résultats donnés par les premiers et les résultats effectués par le second. Que voyons-nous en effet? A une des extrémités de l'Italie, un peuple tranquille, parce qu'il est satisfait dans ses désirs; et, à l'extrémité opposée, un peuple frémissant, parce que ses demandes n'ont obtenu pour réponse que l'état de siège et une aggravation de charges. Là, pour réduire les plaignants au silence, l'on bannit des journalistes, l'on condamne des journaux, catholiques bien entendu; l'on fait jouer les menaces de la chute du cabinet; ici, tout ce que les provinces ont obtenu dans l'année courante est publié, à la veille des nouveaux conseils provinciaux, comme si le gouvernement voulait animer les populations à demander avec une confiance toute filiale ce qui peut mieux répondre à de nouveaux besoins. Avouez-le: le fait parle de lui-même, il ne peut guère donner à un peuple l'idée sérieuse de tenter du régime constitutionnel. Si les lois de ce régime avaient quelque efficacité pour procurer le bien public, elles devraient placer toutes les provinces dans la condition des Etats particuliers qui composent la confédération américaine. En Amérique, le Congrès est chargé de pourvoir au bien universel de la République; mais il laisse à chaque Etat le droit et le devoir d'administrer ses intérêts particuliers, et l'Etat en agit de même à l'égard des villes et des communes. Or, combien s'en faut-il qu'on puisse décerner pareil éloge aux Etats du continent! Ceux-ci ont emprunté à la France la funeste habitude de pénétrer dans les recoins les plus secrets des communes, des provinces; d'imposer leur législation à tout municipe, à toute famille, de les saisir dans toute leur vie et presque à chaque instant. Et que donnent-ils en compensation aux citoyens qu'ils dépouillent de leurs droits? Un bulletin de vote que ces citoyens abusés iront en foule jeter dans l'urne électorale, afin d'exercer ainsi leur souveraineté.

L'administration du Royaume de Naples, grâce à la belle institution d'un double conseil, arrive à des résultats tout opposés. Les conseils provinciaux ne s'occupent point des relations avec la Suède ou avec l'Indoustan, assez peu connues probablement des pharmaciens, médecins et notaires de la Calabre et de la Basilicate. Ils délibèrent sur les moyens de construire des chemins, des ponts, d'établir des collèges, de recueillir les mendiants et les infirmes dont ils ont sous les yeux la misère... En cela ils sont certainement plus habiles que les économistes ou les statisticiens de la capitale. Doivent-ils, afin de pourvoir à de telles nécessités, engager les intérêts des communes et des districts? Le conseil de district, qui précède d'ordinaire celui de la province, leur fournit alors tous les renseignements nécessaires. Ainsi, sous un gouvernement monarchique, les provinces règlent par elles-mêmes tout ce qui touche à leurs intérêts propres avec une liberté, non égale sans doute, mais bien semblable à celle des États de la Confédération américaine.

Je ne prétends pas dire par là que le royaume de Naples soit exempt de toutes les influences hétérodoxes qui ont envahi les nations de l'Europe, là surtout où domine dans toute sa force le philosophisme français. Ce reproche, nous en admettons la vérité... Mais c'est une objection qui se tourne en faveur de notre doctrine. Car si, entre le catholicisme et l'organisation de la famille et de la commune, il n'y avait pas une intime connexité, on ne verrait pas ce catholicisme faire renaître et développer chez les peuples, malgré les vices de l'administration, les tendances naturelles de la famille et de la commune; ces tendances seraient ruinées même chez les catholiques, comme elles l'ont été dans d'autres nations par l'action délétère de l'hérésie.

Sans doute ces biens dépendent de la vie d'un prince qui n'a pas voulu pour lui du rôle de roi fainéant, titre de mépris attribué jadis aux derniers Mérovingiens, mais aujourd'hui célébré comme la gloire la plus pure des chefs de nations, selon l'adage bien connu : « Le roi règne et ne gouverne pas. » Ces biens dépendent encore de la bonne volonté d'un ministre qui a compris que, pour guérir la fièvre révolutionnaire, il n'y avait point de remède plus efficace que d'assurer aux citoyens la jouissance de leurs droits civils et provinciaux : car alors ces citoyens estimeraient inutiles et funestes des droits politiques...; puisque, grâce à leur inexpérience, ces droits deviendraient la proie des ambitieux.

Oui! les biens dont jouissent, à l'ombre de leurs orangers et comme dans un autre Eden, les populations du Sud de l'Italie, dépendent des hommes que la Providence a choisis comme instrument de sa bonté. — Mais la tranquillité de la France, la prospérité de l'Allemagne, la nouvelle direction de l'Angleterre... ne dépendent-elles pas aussi du libre arbitre des hommes?

Faisons donc abstraction des hommes : considérons les institutions et jugeons-les d'après les faits. Alors nous serons convaincus qu'il vaut mieux pour les peuples posséder les biens dont nous avons parlé, malgré l'instabilité inhérente à toute chose humaine, que de gémir sous une loi identique et inexorable qui, nivelant individus, familles, communes, provinces et ramenant tout à une monotonie contre nature, réduit finalement tout le monde à l'unité de l'oppression. — Mais assez sur ces ruines produites par l'hérésie dans l'administration de la société.

Voyons maintenant comment le même esprit hétérodoxe s'entend à réédifier d'après son nouveau plan.

§ III

ARISTOCRATIE DE PARTIS

989. — Ailleurs nous avons exposé la genèse philosophique de la réforme au point de vue social. Ce n'est en définitive qu'un grand duel. Jadis, en l'absence de toute autorité, l'orgueil germanique sortant de ses forêts a fondu du haut des Alpes sur les populations tranquilles de la chrétienne Italie…, et il nous a appris à nous assassiner légalement, n'ayant personne à qui recourir pour obtenir justice. — Autant en a fait la civilisation moderne dans la société. Elle a affranchi les individus. Puis, les trouvant trop faibles dans leur isolement, elle les a groupés en factions; d'où finalement autant de personnalités morales que de partis. Mais entre ces partis, lequel sera juge? Aucun; tant qu'ils n'auront pas, par la majorité des votes, créé le souverain. Et cette majorité, comment se forme-t-elle? Nous l'avons dit. Par la ruse qui séduit, par la force qui terrorise, par l'or qui achète les âmes vénales, par des subtilités qui trompent les esprits, par une éloquence qui échauffe les têtes, par des sophismes mensongers, par

des espérances traîtresses, et par le crédit bruyant et tyrannique des réputations.

990. — En somme, chacun des partis met en œuvre toutes les forces physiques et morales de l'homme. Le plus fort l'emporte — et le suffrage décide en faveur, non pas de celui qui a plus de droit, mais de celui qui a plus de moyens pour prévaloir. Mésaventure, direz-vous, commune à tous les régimes. — Oui; j'en conviens, mais dans la société de régime moderne, la mésaventure est réputée principe, et le fait est reconnu comme un droit. — Dans cette société, on dit ouvertement à chaque citoyen : « Voulez-vous sauver vos droits ? Défendez-les, trouvez des amis, augmentez-en le nombre, apprenez-leur à vaincre. Si vous réussissez, vous aurez raison, si vous succombez, vous aurez tort. — N'est-ce pas là le langage même que le juge tenait à un accusé lorsque, le renvoyant au jugement de Dieu, il lui ordonnait de défendre sa cause l'épée à la main. Triomphez, lui disait-il, et vous aurez raison; mais si vous succombez, vous aurez tort

Qui pourrait croire que cette législation stupide et sauvage est pourtant, selon la Réforme, la base même du droit politique. « La loi a été votée par la majorité, donc elle est juste et il faut lui obéir. » Et remarquez-le bien, cette base du droit social n'est pas, comme le duel moderne, l'erreur d'une raison irréfléchie ; c'est une conséquence rigoureuse du principe d'indépendance. D'ailleurs rien d'étonnant, selon les doctrines historiques de Guizot, que les sociétés et les particuliers défendent de la même manière leurs droits respectifs. Car cet auteur a rempli nombre de pages pour nous prouver que les gouvernements représentatifs étaient fils de l'indépendance germanique, comme Gerdil nous avait montré l'usage du duel sortant de la même source. Le même père communique à ses enfants une même physionomie, et l'esprit de chaque société forme à son image toutes ses institutions, celles surtout dont il est exclusivement le père. Ce n'est donc pas merveille que le duel et les gouvernements représentatifs modernes, tant vantés par les hérétiques, portent la même empreinte de sauvage ignorance : tous deux sortent de la même nation... et tous deux disent à la société comme aux individus : « La raison ne nous fournissant plus le moyen de discerner le droit, nous devons le soumettre à une sorte de jugement de Dieu, nous devons l'abandonner au hasard de la force. »

991. — Cette conclusion est logique, mais seulement quand on la tire du principe de l'indépendance, source de toute barbarie. Car ailleurs nous ne sommes pas les ennemis irréconciliables des gouvernements représentatifs. Nous n'enseignons point qu'ils ont été, comme Romulus et Rémus, nourris par une louve. Nous avons montré (t. I, c. 3) à nos lecteurs comment, au Moyen-âge, l'influence catholique avait su combiner et harmoniser les organes de régimes analogues. Mais, le principe catholique rejeté et la sauvage indépendance ressuscitée avec l'idée payenne, il est nécessaire que ces régimes en reçoivent l'empreinte, qu'ils en reprennent l'esprit. Et ils en sont venus à dire aux partis non moins qu'aux individus : « Votre droit, c'est votre force. »

Abattre et dépouiller les autres partis, tel est le premier principe d'économie politique dans une société de régime moderne ; car elle est fondée sur l'intérêt ; et elle dit à chaque parti comme à chaque individu : vous enrichir et jouir le plus possible, par conséquent tirer des autres le plus que vous pourrez en leur cédant le moins ; c'est là pour vous non seulement un droit, mais un devoir, puisque la nature nous fait un devoir de tendre au bonheur. On doit donc viser à dépouiller les autres partis pour élever et enrichir le sien. Et quiconque n'est point étranger à l'histoire sait très bien que les faits sont d'accord avec cette maxime sortie des forêts. A qui sont allés les biens de l'Église, à qui les apanages des princes, à qui les revenus des provinces et des communes par le canal des impôts, à qui les commandements militaires, les portefeuilles de ministres, les chaires de l'enseignement, la perception des douanes, etc., etc ?

992. — D'un autre côté, nous le savons, entre plusieurs partis en lutte, la victoire ne peut appartenir qu'à un seul. A lui seul aussi le droit de dépouiller les autres. Et ce droit, ce n'est pas seulement un Brofferio qui le proclame à la Chambre, dans la chaleur d'un discours ; c'est un Gioberti qui le consigne gravement dans un livre. Il s'adresse aux Jésuites, c'est-à-dire à ceux qui rejettent les principes modernes et leur rappelant le mot de Brennus. « Qu'ils se résignent, dit-il, à ne point jouir de leurs droits constitutionnels : ils ont mérité ce châtiment en s'opposant à la constitution. » On le voit ; tout parti vainqueur pourra toujours raisonner

de même et appliquer la même peine au parti vaincu. C'est le « væ victis » qui devient l'axiome et la règle de l'administration publique.

993. — Appliquons maintenant cette formule à une force économique très connue et que le vulgaire désigne par ce proverbe. « L'eau va toujours à la rivière. »

Qu'est-ce que cela signifie ? sinon que le riche, avec tous les moyens dont il dispose, va toujours en s'enrichissant et en s'élevant de plus en plus, tandis que le pauvre trouve dans sa misère présente le germe indestructible d'une misère toujours croissante. Et cela est vrai, vous le comprenez, non seulement de la richesse matérielle, mais de la réputation, du pouvoir, du savoir, des amitiés et de tous les autres moyens d'acquérir une influence morale, principalement quand ces moyens sont mis en œuvre avec cette union, cette habileté et ce secret qui distinguent les partis. On y calcule toutes les démarches, on y met en jeu toutes les ressources. D'où il suit que le parti vainqueur est dans les meilleures conditions pour se soutenir, tandis que le parti vaincu est exposé à toutes les oppressions.

994.— Telle est l'explication, facile du reste, de cette tyrannie légale, plus ou moins dure, sous laquelle gémissent les honnêtes catholiques de tous les pays. Ils sont destinés à devenir les Ilotes des temps modernes, comme le sont déjà les Irlandais en Angleterre, ou en Suisse les partisans du Sunderbund. Défendez-vous, si vous le pouvez, douces victimes de la grande idée réformatrice, défendez-vous. Voilà le seul moyen de mettre en sécurité vos droits de citoyens. Défendez-vous ? Mais

comment ? Par la force armée ? Non. Car ne fussions-
nous pas liés par notre conscience, que nous le serions
bientôt par vos gendarmes. Par des remontrances ? Nous
savons trop qu'on n'en tiendra aucun compte. Au Parlement, par les suffrages des députés ? Mais si tout le Parlement est anglican, quels suffrages seront favorables
à la cause de l'Irlande ? Si la confédération est tout
entière radicale, quelle protection sera accordée au
Sunderbund ? Tout dépendra donc du parti vainqueur
et tout tournera à son profit.

995. — Voilà donc constituée une nouvelle aristocratie et une nouvelle influence parlementaire. Grâce à
elle, le puissant tend toujours à monter ; le faible toujours à descendre ; le premier est maître de toutes les
richesses de l'Etat et le second victime de ceux qui le
gouvernent au nom de cet Etat. Ici, n'objectez pas les
futures élections : car si le parti qui est au pouvoir a un
avantage, c'est d'abord celui de préparer et de diriger le
suffrage universel. Avantage si bien établi qu'il est plus
facile de s'en emparer de force et sur les barricades que
de le conquérir légalement par le vote. L'Irlande ne tra-
vaille-t-elle pas depuis plus de deux siècles à obtenir
une réparation que la France de 1848 s'est procurée en
quelques heures de tumulte ? Certes, je suis loin d'approuver ce dernier peuple, et j'envie bien plutôt la gloire
du premier. Mais le fait est indéniable ; et il répond en
tout point à la théorie. Sur le champ de bataille de la
légalité, toutes les chances de la victoire sont pour le
parti qui triomphe. Quant aux partis vaincus, l'économie politique ne connaît pour eux d'autre règle que

celle-ci : « Ou résister avec le danger d'une défaite très probable, ou se soumettre avec la certitude d'être dépouillé. » Tel est surtout le sort des catholiques, vu qu'ils sont plus pacifiques, plus patients, et moins amis des fraudes électorales. Cependant, ça été en substance, à toutes les époques, la condition des peuples soumis par un conquérant. En effet, d'où sont venues les Castes chez les Perses, les Egyptiens, les Indiens ou toute autre nation ? Un peuple conquérant a fait peser son joug sur la tête du peuple conquis, répond César Cantu. Le premier a formé la caste des maîtres ; le second, celle des esclaves. Si donc la victoire parlementaire n'est pas autre chose, entre deux partis adverses, que le triomphe du plus puissant, il est logique et naturel, d'après le principe des Utilitaires, que l'asservissement du parti vaincu se prolonge et se perpétue, et que les vainqueurs deviennent toujours plus riches et plus dominants. Sans doute un O'Connel peut accidentellement mettre au service des premiers son génie, sa magnanimité, toutes les ressources de la légalité, sa science, sa constance : Mais la chaîne qui étreint l'ilote irlandais est de fer ; elle ne se rompra point. Pour lui, il n'y a qu'un moyen de reconquérir sa liberté ; fuir en Amérique.

996. — Ici vous découvrez sans doute une cause et peut-être la première de ce phénomène social, qui, sous le nom de paupérisme, s'est infiltré peu à peu dans les sociétés modernes. Le paupérisme, on le sait, ne doit pas être confondu avec la pauvreté ordinaire. Celle-ci a existé de tout temps ; elle résulte tantôt de la cherté des vivres, tantôt de l'affaiblissement des forces chez les

travailleurs, etc. Le paupérisme est cette pauvreté progressive qui, au milieu de l'abondance, réduit les travailleurs à des privations d'autant plus grandes qu'ils se fatiguent davantage. Je n'étudierai point toutes les causes de cette épouvantable maladie sociale : mais je ne croirai point me tromper si je l'attribue en grande partie à l'esprit moderne et aux vices qu'il communique aux régimes constitutionnels.

997. — Considérez bien la nature de cette plaie, si vous voulez comprendre toute l'influence de sa cause. Où trouvez-vous le paupérisme? Là où règne l'abondance et dans les nations réputées les plus riches de l'Europe; ou pour parler plus justement là surtout où domine l'aristocratie de la richesse. Jetez un coup d'œil sur l'Angleterre, le Nord de la France, la Hollande, les cantons les plus prospères de la Suisse. Qu'y voyez-vous? Le commerce et l'industrie si florissants que vous seriez tenté de croire que, dans ces contrées, le peuple nage dans l'abondance. Eh bien! Il en va tout autrement : car le paupérisme y fait des progrès et y exerce une tyrannie capable de vous soulever le cœur. Bientôt je citerai le tableau comparatif de Villeneuve-Bargemont. Vous constaterez en le lisant que, lorsque l'Italie compte un pauvre sur vingt-cinq habitants, l'Espagne un sur trente, dans les Pays-Bas il y en a un sur sept et en Angleterre un sur six; de façon que, d'après certains préjugés acceptés naïvement par quelques Italiens, la plus riche nation du monde serait celle où la sixième partie des citoyens est obligée de vivre d'aumône. Encore, remarquez-le bien, les plus pauvres sont précisément

ceux dont le travail est le plus dur et le plus continu.

998. — Nous examinerons bientôt les causes particulières de ce fléau des sociétés modernes. Je m'en tiens pour le moment à cette réflexion : quand le paupérisme s'est une fois établi chez un peuple, il n'y a pas de raison pour qu'il en sorte ou même y suspende ses ravages. Mais alors, direz-vous, comment se fait-il que, dans les tempêtes politiques, le parti vainqueur est toujours formé par les hommes de la lie du peuple? Car, c'est bien ce qu'on a vu plusieurs fois en France depuis cinquante ans. C'est vrai. Mais le triomphe une fois assuré, voici ce qui arrive. De cette tourbe victorieuse, émergent quelques hommes très peu nombreux; ils se transforment en chefs ; ils gouvernent et font si bien qu'ils cessent promptement d'être pauvres. Les autres, c'est-à-dire presque tous, restent dans la foule et continuent de pâtir. D'ailleurs en dehors de ces cas de rébellion et de désordre, ce n'est jamais le malheureux qui commande; vous le savez bien. Par conséquent, les lois ne le défendront qu'autant que cela sera nécessaire pour sauvegarder les intérêts du riche ; car le riche est le législateur et le législateur, selon les principes des Utilitaires, travaille et doit travailler pour son intérêt personnel. Voilà donc que le paupérisme trouve, dans le régime même des sociétés modernes, une base solide et une garantie de perpétuité ; puisque le parti prédominant, grâce aux principes généralement admis, a non seulement la force mais le droit de se perpétuer par tous les moyens honnêtes ou déshonnêtes.

999. — Avant d'étudier en particulier le paupérisme,

je dois prévenir une objection qui pourrait se présenter d'elle-même à l'esprit. J'ai dit plus haut : le paupérisme, très favorisé il est vrai par le régime constitutionnel, est pourtant, à proprement parler, le fruit naturel de la Réforme protestante. J'ai voulu par là rester strictement dans mon sujet : « les gouvernements représentatifs. » Cependant, comme cette accusation pourrait sembler mal fondée à quelques-uns, mes lecteurs me permettront de mettre ici dans un paragraphe ma pensée en pleine lumière.

§ IV

Sommaire : — 1000. Preuve de fait. — 1001. Statistique de la mendicité. — 1002. Considérée dans l'industrie. — 1003. Depuis trois siècles. — 1004. Ce qui explique le paupérisme anglican. — 1005. Preuve de raison. — 1006. En répudiant le catholicisme. — 1007. Qui produit l'amour du travail et l'esprit de sacrifice. — 1008. Et en lui substituant l'idée épicurienne. — 1009. La réforme amène et condamne le peuple à la pénurie. — 1010. En vertu même de ses principes économiques. — 1011. Pénurie qui croît avec le labeur. — 1012. Augmentation colossale des richesses privées. — 1013. Augmentation blâmée, mais en vain, par les utilitaires. — 1014. Ils sont inconséquents. — 1015. Et l'on voudrait introduire cette économie en Italie ! — 1016. L'on voudrait donc réduire les Italiens à la servitude. — 1017. Et enchaîner ou faire trembler les Princes !

Le paupérisme est proprement fils de l'indépendance protestante.

1000. — Rappelez-vous d'abord, chers lecteurs, ce que nous avons dit et démontré souvent, à savoir : que l'indépendance de la raison est le principe essentiel de l'esprit moderne. D'où il suit que, si le paupérisme est fils de cette indépendance, il devra régner surtout dans les pays où elle est descendue de l'ordre religieux dans l'ordre politique, puis dans l'ordre civil ; qu'il sera plus monstrueux, là où le génie du peuple est plus poussé vers l'industrie et vers l'irréligion ; enfin que là où il n'y a pas d'indépendance, le paupérisme manquera de racine; et que là où il n'y a pas d'industrie, il manquera de matière à exploiter. Car le paupérisme a pour caractère propre de croître en proportion des fatigues des travailleurs qui en sont les victimes.

Si cette proposition est vraie, la statistique des peuples européens devra la montrer réalisée dans les faits ; à part peut-être quelques exceptions dues à la complication d'autres causes sociales. Voyons donc s'il en est ainsi : et cherchons dans les faits une base concrète pour appuyer notre raisonnement. Quels sont en Europe les pays qui ont mieux défendu leurs frontières contre l'esprit d'indépendance? Ce sont la Russie et la Turquie où, par un malheureux aveuglement, l'autocratie est à la fois maîtresse du gouvernement et de la religion ; l'Espagne et le Portugal, où l'Inquisition est encore assez puissante ; l'Italie, où le catholicisme est le plus en vigueur; l'Autriche, le Danemarck et la Prusse régies jusqu'à ces derniers temps par des pouvoirs absolus.

Au contraire, la Suède, la France, les Pays-Bas, Belgique et Hollande, l'Angleterre, la Suisse ont ouvert depuis longtemps leurs frontières au principe protestant. Et pour la Suisse et les Pays-Bas, s'il n'a pas réussi à y détruire le catholicisme, il est prédominant dans les cantons et dans les villes les plus commerçantes et les plus industrielles.

1001. — Eh bien ! faites maintenant la comparaison

de ces pays : Villeneuve de Bargemont en a dressé la statistique, au point de vue du nombre relatif des pauvres :

Voyez si ce tableau ne parle pas de lui-même.

Nations	Habitants agricoles	Industriels	Proportion entre les pauvres et la nation
1 Russie......	48.850.000	3.750.000	1 : 100
2 Turquie.....	8.312.500	1.187.500	1 : 40
3 Espagne	11.583.333	2.316.667	1 : 30
4 Prusse......	10.648.915	2.129.085	1 : 30
5 Portugal....	2.941.665	558.335	1 : 25
6 Italie........	15.870.000	3.174.000	1 : 25
7 Autriche	25.600.000	6.400.000	1 : 25
8 Danemarck..	2.000.000	500.000	1 : 25
9 Suède.......	3.092.000	773.200	1 : 25
10 France......	25.600.000	6.490.000	1 : 20
11 Suisse......	1.242.666	571.334	1 : 10
12 Pays-Bas....	2.451.000	3.692.000	1 : 7
13 Angleterre...	9.360.000	14.040.000	1 : 6

1002. — Certaines influences sociales, avons-nous dit, peuvent produire ici et là quelques exceptions, d'ailleurs peu importantes ; inutile de descendre dans les détails trop minutieux de la statistique. D'ailleurs la comparaison du principe avec ses effets est tellement évidente que de plus longs développements seraient fastidieux pour tout lecteur un peu au courant de l'histoire. Qu'on veuille bien seulement tenir compte des deux causes du paupérisme, indiquées plus haut : « l'indépendance et l'industrie. » Qu'on suive leur action pendant les trois derniers siècles ; et l'on verra comment ils se sont développés avec des vicissitudes diverses selon que l'esprit de la Réforme était plus ou moins combattu par le catholicisme ou par des gouvernements absolus.

1003. — En outre, le tableau précédent nous présente les États européens dans leur grandeur actuelle et par conséquent formés de plusieurs peuples sur lesquels l'hérésie et l'industrie ont exercé une action différente. Cette remarque s'applique surtout à la Suisse et aux Pays-Bas. Pour la première, les cantons catholiques ont mieux gardé la vie patriarcale : ils sont, en général, moins peuplés et moins adonnés à l'industrie, D'où il suit que la Suisse entière paraît moins atteinte par le paupérisme que ne le sont en réalité les autres cantons. En Belgique le catholicisme a été longtemps très florissant. Mais l'hérésie y a prédominé dès le début de la Réforme ; elle a amené la séparation de la Hollande avec la Mère-patrie ; à notre époque le libéralisme s'y est développé dans les centres plus populeux ; enfin à l'heure actuelle l'indépendance de la raison y devient de plus en plus puissante et étendue. D'un autre côté, l'industrie, ce second élément du paupérisme, est établie en Belgique de temps immémorial. Et elle y est si exubérante qu'elle donne au poison de l'hérésie deux fois plus de force que partout ailleurs.

1004. — A la lumière de cette même observation, il vous deviendra facile d'approfondir l'abîme du paupérisme anglais. Au premier abord, cette plaie sociale semble extraordinaire chez un peuple où l'hérésie ne détruisit point, mais transféra simplement l'autorité religieuse ; de sorte que son action fut comme arrêtée dès le premier pas. Cela est vrai. Mais réfléchissez au peu de crédit obtenu par les Papes et la Papesse de l'Anglicanisme, au mélange des Puritains d'Ecosse, aux chaînes imposées par Cromwel à l'indépendance républicaine, à la ruine de l'influence catholique, à l'affaiblissement de la Pairie irlandaise, qui avait, avec ses biens, perdu toute sa puissance civile et politique. Oui, pesez tous ces éléments et vous verrez que chez ce peuple l'hérésie a réellement possédé toute sa liberté d'action et que l'industrie très développée lui a fourni un vaste champ à exploiter. La force de l'aristocratie aurait pu contrebalancer ces résultats : oui, sans doute. Et bien qu'elle ait traité le peuple en esclave, elle s'est gardée de le charger immédiatement de chaînes, afin que l'hérésie le jetât moins vite dans le paupérisme. Mais, d'un autre côté, nous le verrons bientôt, cette force devait être favorable à l'influence de la Réforme. Elle devait affirmer et, pour ainsi dire, consacrer la puissance des riches sans communiquer ni à eux ni au clergé anglican ces sentiments de charité, d'abnégation, de sacrifice et de zèle que le vrai christianisme aurait conservés dans leur cœur. Ces réflexions, et d'autres qu'elles ne manqueront pas de suggérer, sont plus que suffisantes pour expliquer les petites anomalies qu'on aurait remarquées dans la statistique citée plus haut.

1005. — Vous voyez le fait. Eh bien ; si maintenant je vous démontre que, comme une plante sort de son germe, ainsi le paupérisme naît de l'émancipation de la raison, du naturalisme et du désir d'un bonheur matériel, ne verrez-vous pas du même coup, grâce à la droiture de votre esprit, qu'introduire l'esprit moderne chez un peuple, c'est aussi le jeter forcément dans le paupérisme ? Or cette démonstration est aussi facile que possible, surtout si vous comparez l'idée moderne avec l'idée catholique.

1006. — Quelle est, au point de vue de la vie pratique, la différence fondamentale entre le principe catholique et le principe hétérodoxe? Je l'ai dit ailleurs et d'après la révélation et d'après la raison : « Le catholique se regarde lui-même comme un être destiné par le Créateur à accomplir librement ses desseins; mais comme un être condamné à cause de sa révolte à la peine des travaux forcés — peine mitigée du reste par la grâce et par les exemples du Rédempteur — puisque Jésus-Christ a bien voulu changer cette peine en mérite et l'adoucir par son amour. A la lumière de cette vérité, vous comprenez, cher lecteur, quelle idée pratique nous nous formons du travail. Tout homme est par nature un ouvrier, et il a pour compagnons de son labeur tous les autres hommes. Tout homme est condamné au travail; et, par l'ordre de Dieu, il considère les pauvres comme devant participer aux fruits de ses fatigues; tout homme sera donc d'autant plus heureux qu'il domptera davantage par son travail la nature rebelle, se rendra plus semblable au Sauveur en lui rendant amour pour amour, et secourra plus largement les membres infirmes du corps mystique de Jésus-Christ. Et ces sentiments, remarquez-le bien, ne sont pas des phrases que dicte ou écrit le catholique couché mollement sur un divan, en absorbant et en dégustant son café afin d'activer sa digestion.

1007. — Non. Sans parler de ces vierges et de ces jeunes gens qui par milliers échangent les délices de la maison paternelle contre la vie austère, cachée et souvent méprisée du cloître, ou bien qui bravent la puanteur des hôpitaux et des prisons pour s'y dévouer au service de maîtres grossiers et repoussants, il me suffit de rappeler quelques-unes des œuvres fondées par la piété catholique; celles du Bon-Pasteur, de la Vierge-Mère, de la Crèche, et de tant d'autres placées sous l'invocation de saints ou de saintes qui ont été les héros de la charité. Est-ce que vous ne voyez pas chaque jour les personnages les plus considérables dans la société, hommes, femmes se dévouer à ces œuvres, vivre dans les hospices, au milieu des malades, près des berceaux des enfants trouvés, avec les prisonniers et les forçats, enfin ne pas reculer devant le seuil des lieux infâmes, afin de tendre une main secourable aux malheureuses victimes de la débauche? Allez interroger un de ces fervents catholiques, celui qu'il vous plaira. Demandez-lui ce qui le soutient dans ces offices si durs mais pleinement volontaires, puisqu'il n'y est poussé par aucun besoin? Demandez-lui comment il n'en est pas détourné par tous les attraits du monde? — Sa réponse se réduira toujours à l'un des motifs cités plus haut. « Je suis une créature, vous dira-t-il; je suis devant Dieu l'administrateur et non le propriétaire de mes biens; je suis un coupable, je dois expier; je suis en guerre contre un ennemi domestique, je dois le dompter; je suis chrétien, je dois marcher sur les traces de Jésus-Christ. — Mais dites-moi, si ces motifs ont assez de force pour arracher l'homme opulent aux douceurs de l'oisiveté, quelle puissance n'auront-ils pas pour donner du cœur à l'homme de peine, à celui qui, par position, se trouve dans l'inévitable nécessité de travailler? Vous me dites: ces motifs ne sont guère de mode aujourd'hui chez l'homme de peine. Je le sais, mais je sais aussi que, lorsqu'ils étaient de mode, les travailleurs se prêtaient moins docilement aux factions et aux révoltes politiques; je sais qu'ils vivaient de leurs sueurs et contents d'un honnête salaire, parce que ce salaire ne leur était pas retenu par l'avidité d'un capitaliste sans entrailles et qu'ils étaient largement pourvus, dans leurs maladies et leur vieillesse, par la charité des riches.

1008. — Mais cela fut bon à l'âge gothique, dans les siècles d'ignorance et de servilisme! — Eh bien! alors, venez donc avec votre idéal, philanthropes à la moderne, oui, venez; et affranchissez ces peuples des ténèbres du catholicisme et du joug des prêtres. — Dites-leur qu'ils sont naturellement indépendants de toute autorité; que leur maître unique c'est la nature, qu'elle les appelle au bonheur; que le bonheur se trouve essentiellement dans le plaisir, et que les richesses sont faites pour se procurer le plaisir; dites-leur enfin que la nature donne le droit et impose à chacun le devoir de s'enrichir le plus qu'il lui sera possible. Alors, n'en doutez pas, vous verrez les multitudes vous prêter des oreilles dociles; mais quel sera le résultat?

1009. — Le résultat, répond Gioia, ce sera une richesse et par conséquent une félicité croissante. Écoutez-le lui-même. « Le premier moyen, dit-il, de développer la « civilisation consiste à augmenter l'intensité et le nom« bre des besoins avec la connaissance des objets qui

« peuvent les satisfaire. En augmentant ses désirs on
« tient l'homme dans une sorte de famine constante...
« et cet état provoque le mouvement perpétuel de son
« activité. L'espoir de se procurer les plaisirs du luxe
« est un aiguillon pour le bas peuple. Sans quoi il tom-
« berait dans l'inertie et dans tous les vices qui en sont
« la suite. »

Vous le voyez donc. Le devoir d'un gouvernement
qui désire augmenter la richesse publique sera de tenir
le peuple toujours affamé; comme le devoir de chaque
individu sera de retirer des fatigues d'autrui le maxi-
mum de plaisir avec le minimum de dépense. Et c'est là,
d'après Romagnosi, cet antagonisme qui fait la vie
sociale.

1010. — Or, cette impulsion une fois imprimée à la
société, qu'arrivera-t-il? Le riche fera tout pour exploiter le prolétaire; et plus celui-ci se fatiguera, plus il
sera pauvre. Donc le paupérisme prendra racine dans
un peuple, dès que, par l'émancipation de la raison,
vous aurez inoculé à la masse le désir et l'espoir de se
procurer toutes les jouissances du luxe.

1011. — Cette conséquence se montrera plus évidente
encore, si vous vous rappelez la théorie des économistes
modernes sur les valeurs de commerce : « La multiplication des denrées, comme de toute chose, en diminue
la valeur; et cette valeur payée au fabricant doit lui
fournir le capital dont il a besoin pour payer à ses
ouvriers leur salaire : deux maximes et deux règles
que personne n'oserait récuser. » Eh bien! appliquez-
les selon le principe de Gioia; et poussez le peuple à

produire indéfiniment. Qu'arrivera-t-il ? Tout le monde le voit. Vous ferez aussi déchoir indéfiniment le prix des denrées ; cette dépréciation forcera les fabricants à diminuer les salaires ; réduire les salaires, c'est réduire l'ouvrier à des nécessités toujours croissantes ; l'acculer à ces nécessités, c'est le pousser à augmenter les heures de son travail ; mais augmenter les heures de son travail c'est augmenter la production et par suite c'est de nouveau faire baisser la valeur des objets. Ainsi roulerez-vous, sans pouvoir vous arrêter, dans un cercle vicieux. Si bien que le malheureux ouvrier, en augmentant la fortune d'autrui, tombera lui-même brisé. Son travail sera au-dessus de ses forces, et néanmoins à peine suffisant à le nourrir seul, loin qu'il puisse répondre aux besoins de sa famille.

1012. — Surgisse maintenant une machine dont la puissance équivaut au travail de cent, de mille ouvriers. Voilà cent et mille de ces malheureux qui perdent leur maigre morceau de pain. Voilà de nouveau la production accrue, les prix et les salaires diminués. La misère grandissante importune le riche disposé, d'après le principe épicurien, non pas à donner, mais à vendre. Finalement où en vient-on avec ce progrès de misère chez les uns, de dureté chez les autres ? On en vient à ce point que, menacés par une famine sans issue, fabriques et fabricants, gouvernants et gouvernés sont forcés de nourrir aux frais du trésor public ce peuple qu'on a tenu dans le besoin, ces travailleurs qui ne peuvent plus gagner leur pain à la sueur de leur front : la charité légale est substituée à la justice commutative ; l'ouvrier qui devrait être payé en proportion de son travail par ceux qui en profitent et se sentir lié par la reconnaissance à l'égard de généreux bienfaiteurs, l'ouvrier est stipendié par le trésor public, et glisse à une mendicité mère de la paresse, sans rien perdre de ses arrogantes prétentions (1).

1013. — Voilà le résultat indéniable de cette économie politique qui excite dans le peuple le désir toujours plus vif des plaisirs et de la richesse, afin de le pousser au travail. Dès le début, elle réussit dans ses desseins ; le peuple se met à produire avec ardeur et bientôt les ateliers abondent où jadis ils étaient rares. A ce spectacle, les économistes inhumains triomphent. Voyez, s'écrient-ils avec allégresse, comme la société est riche.

Et de fait elle est riche, mais aux yeux de ceux qui ne tiennent pas compte des souffrances du peuple et qui regardent la société, ou plutôt l'Etat comme un être de raison, auquel se rattache tout ce qui se fait dans la société. Oui, l'Etat est riche ou plutôt ceux-là sont riches qui le gouvernent et attirent toute l'eau à leur propre moulin. Du reste, le peuple se ravise bientôt ; il comprend qu'il y a un abîme entre désirer et posséder la jouissance. Le désir est prêché à tous ; il porte tout le monde au plaisir ; mais il ne fait point disparaître la disproportion entre les forces et la fortune. Le riche, le puissant voient leurs désirs se changer en réalité ; ils

______

(1) L'aumône est devenue un impôt versé aux mains du collecteur et répandu comme un service public par les soins d'un être de raison, l'État, que personne ne voit, à qui personne n'est reconnaissant. Lettre de L. Veuillot. *Univers*, 15 janvier 1852.

s'enrichissent. Le pauvre le voudrait aussi : pour cela il redouble de fatigues... il augmente la production : mais toujours au profit du riche et à son détriment, puisque le progrès de la production diminue toujours les valeurs.

1014. — Qu'est-ce donc que ce philosophe utilitaire, qui, au nom du naturalisme, place le bonheur dans la jouissance et commande au législateur d'ouvrir toutes grandes les portes à ceux qui veulent monter aux honneurs ou savourer des plaisirs plus délicats? Qu'est-ce que ce philosophe qui proclame que les hommes assureront leur dignité en multipliant les commodités de la vie et qu'un peuple sera civilisé lorsque les citoyens seront assez riches pour éprouver de vives sensations, et le législateur assez sage pour décréter l'égalité des plaisirs? Cet homme n'est pas un philosophe : c'est un Épicurien sans cœur qui, assis à une table chargée de mets succulents, dévore les sueurs des infortunés condamnés à un travail de dix heures par jour et forcés de se soutenir avec quelques onces de pommes de terre.

1015. — Voilà pourtant, ô Italiens, la condition désespérée où voudraient vous conduire, avec leur logique sans entrailles, les prôneurs orgueilleux de la civilisation hétérodoxe. Voilà l'âge d'or qu'ils voudraient ramener dans le monde, en discréditant l'aumône catholique, en dépouillant l'Église de ces biens qui étaient la ressource du mendiant, de l'artisan malade, disgracié ou cassé de vieillesse. Si leurs déclamations contre la paresse des mendiants étaient inspirées par le zèle de la morale publique, seraient-ils aussi indulgents au riche, jouisseur et fainéant, qu'ils sont durs au pauvre sans travail? Mais l'aversion pour les pauvres est, hélas! chose ordinaire à notre nature corrompue. Et chacun sait qu'au Japon et dans d'autres pays infidèles la pauvreté passe, sinon pour un crime, au moins pour le signe d'une vie coupable.

Aussi lorsque le paupérisme est une fois établi dans une nation gouvernée d'après les constitutions modernes, il n'y a plus de raison pour qu'il en sorte, sinon peut-être par la sédition et la révolte. Le propriétaire fait des lois pour le propriétaire, le commerçant pour le commerçant, le lettré pour les savants. Mais le pauvre? Ah! s'il entrait dans les chambres, il cesserait d'être pauvre. Mais tant qu'il n'en franchira point le seuil il ne comptera point de protecteurs parmi les députés, fils des institutions modernes. Le clergé, d'après les principes catholiques, serait son défenseur naturel. Il est exclus, au moins comme corps, des assemblées représentatives. Et cela, de par cet esprit sorti de l'hérésie qui, s'il n'a pas entièrement abjuré le catholicisme, tend à devenir de plus en plus dominant dans la société. Je le sais bien; il y a, sur les bancs de la Chambre, un clergé schismatique en Angleterre, et luthérien en Suisse. Mais de ce Clergé, les législateurs modernes n'ont point cure..; il leur fournira des complices pour partager le butin. Quant au clergé catholique! c'est autre chose! On le sait, son royaume n'est point de ce monde; il a des doctrines qui ne sont point malléables : et le siècle ne veut ni de ses prêtres ni de ses frères. Pendant ce temps-là, le paupérisme reçoit des gouverments actuels une approbation définitive; sans que, du sein des gouvernés, il se lève au moins quelques hommes courageux qui essaient, sinon de briser, au moins d'adoucir les chaînes des prolétaires.

1016. — Mais cette approbation de l'Etat, à quoi réduit-elle l'homme du peuple? A n'être plus qu'une unité dans un troupeau, qu'un animal à multiplier. — N'avez-vous pas entendu Gioia et Sismondi vous dire : il est nécessaire de tenir le peuple affamé pour qu'il ne tombe point dans l'inaction : il est nécessaire d'encourager la multiplication des êtres humains pour multiplier les sources de la prospérité publique : c'est ce qu'ont répété cent fois les économistes du xviii⁰ siècle... Et en particulier à Naples, Genovesi (1) : « Des deux fins principales de l'économie politique, dit-il, la première est d'avoir une nation aussi nombreuse et un pays aussi peuplé que possible. » —Mais, croyez-vous qu'il s'agisse ici d'ordonner cette augmentation d'hommes au bien public? Non; il s'agit de s'en servir pour augmenter la richesse. Il est vrai que, ces hommes devenus plus nombreux, le philosophe désire les pourvoir des nécessités et des commodités de la vie; autrement l'Etat n'aurait à exploiter que des cadavres ambulants. — Mais ces désirs de bienveillance intéressée changeront-ils la nature des choses? Feront-ils que l'accroissement des denrées corresponde à l'augmentation naturelle ou artificielle d'une population poussée à se multiplier de plus en plus? — Si le calcul |de Malthus et des autres éco-

____

(1) Genovesi, Leç. d'écon. civ., t. I, p. I, page 21.

nomistes était vrai, si le progrès de la population était au progrès de la production comme cinq est à un, les quatre cinquièmes du peuple ne vivraient-ils pas nécessairement dans les transes d'une sorte d'agonie ?

Que si les économistes s'avisent de cette conséquence, croyez-vous qu'après avoir crié à pleins poumons : « multipliez le troupeau des travailleurs », ils seront embarrassés, parce qu'ils n'auront plus de quoi les nourrir? Ils se mettront de suite à crier plus fort : « Empêchez les mariages. » — Voilà donc confirmé de nouveau ce principe payen : « Que les hommes sont pour l'Etat et non pas l'Etat pour les hommes. »

Par ailleurs, nous l'avons vu : l'Etat n'est pas autre chose qu'un parti qui gouverne. D'où il suit que tout est sacrifié au bien de ce parti — hommes et choses, ou, plutôt, êtres raisonnables et êtres sans raison.

1017. — Voilà l'inévitable brutalité de l'économie moderne menaçant de devenir de plus en plus dure et de se perpétuer avec une représentation nombreuse et toujours renaissante. — Ce raisonnement vous fera comprendre aussi pourquoi, dans quelques nations, le gouvernement oscille sans cesse entre les deux extrêmes : concessions ou rigueur. — Le troupeau est-il docile; on peut le multiplier sans crainte; est-il féroce et pareil à des bandes d'ilotes révoltés : le multiplier serait mettre en péril évident le sort des bergers. Dans ce dernier cas, ou bien on lui donne la chasse pour le détruire, ou bien l'on multiplie les prisons pour le charger de chaînes. Ce dernier moyen est précisément celui dont aujourd'hui l'aristocratie anglaise fait l'essai... et dont l'avenir nous montrera le succès ou l'insuccès. Tant que le peuple, dans ce royaume, garda quelques-unes de ses croyances religieuses héritées du catholicisme, ou tant qu'il fut tenu dans une stupide ignorance de tous ses droits, l'aristocratie incrédule et épicurienne le maintint aussi dans l'extrême misère, sans qu'il regimbât, mais depuis quelque temps déjà les factieux du continent ont réussi à pénétrer dans la Grande-Bretagne; déjà les partisans de la Charte (Cartisti) ont fait un essai à rendre envieux.

Enfin la dernière immigration de tant de révolutionnaires que, dans son amour intéressé de l'hospitalité, l'Angleterre a recueillis si fraternellement, lui a été généreusement payée par un torrent de lumière et de feu qui a pénétré jusque dans les derniers fonds des manufactures et y a réveillé de leur loard sommeil les plus indolents des ouvriers. C'est là la nouvelle église formée par Mazzini : « Une vaste association d'ouvriers, « dit *le Constitutionnel*, qui se propage et s'étend à la « sourdine depuis plusieurs années déjà, sous le nom « d'*Union de métiers*. Elle a des chefs, une organi- « sation, des membres avec livret. » Sur celle-ci et pour la diriger s'en greffe une autre formée à peine depuis un an, et qui compte aujourd'hui 5.000 associés : c'est la société « des machinistes, chauffeurs et mécaniciens « réunis. Elle est riche de 625.000 fr., gouvernée par « un conseil souverain, et possède un journal ultraso- « cialiste, *l'Ouvrier* (The Operative)... » C'est elle qui ont récemment, sans qu'on s'y attende, mais avec la plus grande énergie, a lancé le mouvement contre les patrons Hibbert, Platt et Cie en leur envoyant, une des premières, les sommations suivantes :

« Supprimer dans leurs fabriques les heures de travail extraordinaire ; — excepté dans les cas de rupture des machines, mais à la condition de le payer alors au double du tarif ;

« Abolir absolument le travail à forfait ; licencier de suite et sans exception les employés et les travailleurs occupés dans les usines, en leur substituant des membres de l'Union des métiers. »

Et cela sous peine de voir ruiner leur fabrique après le 31 décembre 1851.

Les industriels de Londres, où la société avait des prosélytes, se sont réunis en assemblée publique pour aviser aux moyens de se défendre. Voilà donc la guerre déclarée en Angleterre entre patrons et ouvriers (1).

Que vous en semble, lecteur ? Les faits sont-ils assez éloquents, et ont-ils besoin du plus petit commentaire ? N'est-il pas évident que l'aristocratie des capitalistes et des fabricants a levé son drapeau contre l'armée des artisans mutinés. Mais à qui sera la victoire ? L'avenir le dira.

Pour nous, en attendant, profitons de l'expérience que l'on tente sous nos yeux. Elle nous montre assez clairement que, partout où la charité catholique ne fait pas du riche et du pauvre deux frères, le riche se trouve dans cette alternative : ou tenir le pauvre dans une ignorance voisine de celle des animaux, ou l'em-

(1) Voir *l'Écho du Mont-Blanc*, 12 janvier 1852, qui cite *le Constitutionnel.*

prisonner et l'enchaîner comme un esclave. La première condition a été celle du peuple anglais et la description de son abrutissement fait frémir d'horreur (1). Aujourd'hui les ouvriers ont ouvert les yeux; ils ne se laisseront plus duper ; les esclaves éclairés jettent l'épouvante dans le cœur des patrons. Le catholicisme fait chaque jour des progrès dans l'Ile des saints. Mais sera-t-il assez puissant le jour où il faudra apprivoiser ces bêtes féroces et préserver la société de sa ruine en ramenant les patrons aux sentiments de la charité chrétienne? Prions et espérons. En attendant, poursuivons notre sujet et voyons l'application pratique des théories exposées jusqu'ici.

§ V

BUDGET CONSTITUTIONNEL. L'ÉCONOMIE DANS LES ÉLECTIONS (1018-1025) DANS LES LOIS DE FINANCES (1025-1040).

Sommaire : — 1018. L'élection est indispensable pour le triomphe. — 1019. Donc elle doit s'acheter. — 1020. Et par nécessité et par devoir. — 1021. Sans scrupules. — 1022. Vénalité publique. — 1023. Lourde charge pour la bourse du peuple. — 1024. Conséquences de la corruption publique. — 1025. Sécurité des ministres qui proposent les impôts. — 1026. Leur but en les demandant. — 1027. Grandeur non point morale. — 1028. Mais matérielle et très variable. — 1029. On calcule les revenus sur les désirs et non les désirs sur les revenus. — 1030. Dangers qui en résultent. — 1031. Car une fois la charité naturelle et la munificence abolies. — 1032. Les fonctionnaires deviennent des salariés. — 1033. L'on confère à l'État toute propriété. — 1034. On le rend naturellement prodigue. — 1035. Et cela sans limite ni responsabilité. — 1036. Car le député ne connaît ni ses électeurs ni leurs intérêts. — 1037. De leur côté les citoyens s'enhardissent à demander. — 1038. Et le principe du communisme s'établit. — 1039. Avec ses conséquences désastreuses pour l'honnêteté.

1018. — Cher lecteur, vous ne serez jamais assez

(1) Voir *Univers*, 8 janvier 1854.

simple, et vous ne croirez jamais les politiques modernes assez naïfs pour espérer d'eux qu'après avoir tant sué, afin d'emporter leurs portefeuilles, après s'être fait tant de créatures par la distribution des emplois, ils consentiront, sans se dédommager et sans résister, à perdre leurs avantages et leur influence. Je suis tout à fait de votre avis, l'on défend un bien avec d'autant plus d'énergie qu'on a eu plus de peine à l'acquérir.

Or, dites-moi, ces pouvoirs, ces postes, comment les conserver légalement, si ce n'est par la majorité des suffrages tant à la Chambre que dans les élections ? Si donc le trafic des suffrages est un gouffre capable d'engloutir les finances, la conclusion est forcée : il n'y a pas de régime plus dispendieux que les gouvernements représentatifs modernes, puisque, définitivement, tout y dépend des suffrages.

1019. — Que, de fait, il en soit ainsi d'abord pour les élections, nous en avons la preuve évidente dans les plaintes et des honnêtes gens et des démagogues contre l'usage que, sous ce régime, l'on fait couramment de tous les moyens possibles afin de séduire les électeurs. Aussi, lorsque, en France, le ministre Morny annonça qu'il renonçait à tous ces moyens, on regarda sa circulaire comme une sorte de prodige. Pourtant les fonds secrets entrent pour une minime partie dans les impôts qui accablent le peuple, si on les compare à tant d'autres malversations et corruptions de toute sorte auxquelles un gouvernement est non seulement autorisé, mais, je dirai, comme forcé de recourir pour acheter les suffrages.

1020. — Forcé, oui ; et à l'encontre d'une probité qui réprouve de si honteux moyens. En effet, un gouvernement honnête peut-il finalement abandonner à la merci de vils intrigants la société dont il a la charge ? Ce serait la livrer ; puisque la liberté constitutionnelle leur donne le droit de s'associer et de dresser en toute sécurité des pièges inévitables à la simplicité des électeurs : c'est donc une nécessité de se défendre contre ces nuées de sauterelles dévastatrices ; et, pour un gouvernant, c'est un devoir.

1021. — En outre ce devoir découle du principe sur lequel reposent les sociétés modernes : « Défendez-vous de toutes vos forces. » L'application du principe est une affaire d'intérêt, puisque dans les élections il y va pour un ministre ou de la vie ou de la mort ; enfin la défense de cet intérêt revêt presque le caractère sacré du bien commun, puisque, dans ce système, le bien commun s'appelle le bien des amis et du parti.

Et vous voulez qu'un ministre poussé par toutes ces considérations soit scrupuleux sur les moyens ?

1022. — Non, tout deviendra vénal dans l'Etat. Toute province qui voudra un chemin de fer, toute commune qui réclamera une institution agréable au pouvoir, tout individu qui sollicitera une promotion, un emploi, présentera à l'esturgeon ministériel l'appât de son suffrage. Point d'histoire plus fréquente que celle-là dans la chronique des journaux. Et vous y aurez lu mille fois les complaisances ou plutôt les bassesses des ministres à la veille des élections, c'est-à-dire de ces perturbations sociales et politiques qui donnent la nausée à tout homme droit et honnête. Présentement même, et pendant que j'imprime ces pages, les feuilles du Piémont ne sont-elles pas remplies des scandales qui se sont produits, en décembre, dans son royaume?

1023. — Or tous ces moyens de corruption ne créent-ils pas des charges énormes pour l'économie sociale? Et ne sont-ils pas, à ce point de vue, une accablante aggravation, tous ces emplois créés pour les personnes, toutes ces dépenses prorogées ou accrues, ces pensions, ces dons gratuits, cette indulgence pour les malversations d'hommes influents mais qui vivent de péculat, tous ces travaux publics accordés en si grand nombre, mais souvent inutiles ou trop dispendieux? Ensuite, on le sait, la grande machine du mouvement électoral, c'est le journalisme. D'où, pour les États, en vertu même de leur organisation, l'inéluctable nécessité d'acheter à bons deniers comptants des écrivains qui préconisent partout les candidats du ministère. Or, savez-vous ce qu'a été vendu, en France, un des journaux les plus répandus? Un million de francs. A quel prix donc ne mettra pas sa plume un écrivain orgueilleux ou avare? Étonnez-vous après cela que, sous la charge de tant de frais, le char des finances craque et que le pauvre peuple gémisse!

1024. — Mais ici, cher lecteur, permettez-moi d'intercaler, au milieu de ces considérations sur la richesse, une petite réflexion morale. Que deviendra l'honnêteté publique, chez un peuple, où toutes les consciences sont mises à l'encan, où la corruption est, je ne dis pas simplement tolérée, je ne dis pas notoire et universelle, mais nécessaire et comme d'obligation ? L'électeur vend son suffrage, le journaliste sa plume, le député son vote, le gouvernement les charges, les faveurs, les institutions, et enfin la justice : car combien qui, par ce moyen, obtiennent l'impunité ? Bref, tout ce qui peut enflammer la cupidité ou procurer des voix est matière à trafic. Je vous le demande maintenant : une société pénétrée jusqu'à ses moelles de cet esprit mercantile vous paraît-elle propre à faire fleurir dans son sein la probité et prête à tous les sacrifices ? Non ; non ; c'est une autre république romaine dont un nouveau Jugurtha pourrait dire : « Ah ! si tu trouvais un acheteur, tu te vendrais toi-même. »

1025. — Le gouvernement a donc acheté les électeurs, acheté les journalistes, acheté les députés (et ceux-là ne se contentent pas de peu) ; il en a formé une majorité bien compacte et dévouée et prête à dire « Amen » à la parole des ministres. Cela vous suffit pour calculer quel nouvel élan sera imprimé à l'administration des finances. Le ministre est assuré d'obtenir l'approbation et finalement l'oubli des dilapidations passées, des subsides pour les dépenses courantes et la tranquillité pour toutes celles qu'il fera dans l'avenir : tout dépend de l'habileté avec laquelle il aura su acheter les députés. Nous n'avons donc plus qu'à lui demander quel sera son point de mire dans le maniement de la richesse publique.

1026. — Ici, je ne veux point supposer la pire des conditions sociales, celle, par exemple, où un Caussidière sorti de l'urne électorale aurait été proclamé ministre des finances et se ferait payer par la nation ce qu'il aurait dépensé, afin de devenir l'instrument du bien public. Je veux même faire abstraction de tous les engagements contractés avec le parti qui lui a décerné le portefeuille ministériel. Je suppose qu'il veut très sincèrement le bien de la société; mais d'ailleurs subissant toujours l'influence du principe moderne, principe hérétique et payen. Eh bien ! je vous le demande : comment, poussé par cet esprit, le ministre se préparera-t-il à dépenser les deniers publics et quels seront les principes de sa future administration ? J'entends le ministre uni avec les Chambres, puisque celles-ci lui fourniront des lois favorables à ses plans.

1027. — Pour résoudre cette question, rappelons-nous ce que c'est que le bien commun d'après l'économie moderne. Il consiste à faire que le pays devienne le plus possible riche, peuplé, puissant. Jadis les gouvernements catholiques se disaient : « Tous ces vases d'une argile mortelle confiés à nos soins, nous devons les ordonner d'une façon que l'un ne brise pas l'autre : nous devons conserver la précieuse liqueur qu'ils renferment, c'est-à-dire cet esprit immortel qui de cette terre se fait un escabeau pour monter aux cieux. Tel est l'idée vraie du gouvernement public : il vise finalement à administrer les biens matériels de façon, non seulement à ce qu'ils ne mettent point obstacle, mais encore à ce qu'ils fournissent aide et secours au progrès de l'ordre moral. Alors la personnalité humaine s'élève à la dignité de fin, tandis que tout l'organisme matériel, civil et international, est réduit à la condition de moyen. Il est vrai : la moralité des individus dépend du bon ordre de la famille, et la moralité de la famille du bon ordre de la cité, de sorte que, de degré en degré, toute association plus vaste doit être harmonisée et que les sociétés inférieures doivent sacrifier quelques-uns de leurs intérêts matériels au bon ordre général. Mais tous ces sacrifices sont loin de nous montrer l'individu moral, la personnalité humaine sacrifiée, elle aussi, aux intérêts matériels d'une multitude ! Ils nous font voir au contraire les mêmes intérêts défendus et ordonnés pour le bien de la personnalité humaine ou de l'individu moral.

1028. — Mais une fois que dominent dans la société l'indépendance de la raison, le naturalisme, l'idée de la félicité matérielle, l'idolâtrie de l'Etat, le but que se proposent les ministres est tout arbitraire; il varie avec leurs idées personnelles. — Jugent-ils que le bonheur est dans la richesse? Ils pressurent les sujets pour augmenter le trésor public. — Sont-ils partisans de l'indépendance nationale? Ils bouleversent tout, Etat, provinces, communes, familles; il faut sacrifier à cette indépendance les intérêts des individus, des familles, les opinions, les consciences, la religion, les institutions. L'un admire-t-il la liberté comme en France? il favorise les Voltairiens qui ont fondé ce régime sur la guillotine. — Un autre préfère-t-il le trafic de l'Angleterre? il s'érige en émule de ces Anglicans qui ont fait prospérer leur commerce par la trahison et par l'apostasie; celui-ci préfère-t-il les lettres, celui-ci les arts? Entre leurs mains les fonds de l'Etat vont surtout aux Académies, aux collections de tableaux, etc... Au lieu d'examiner si les individus vivent contents sous ces brillants oripeaux, chacun proclame heureux le peuple riche des biens qu'il préfère selon ses goûts personnels. Ainsi l'on tient de nos jours ce langage qu'un grand prince reprochait à certains hérétiques en leur rappelant le texte qui sert d'épigraphe à la « Civilta Cattolica ». Après avoir énuméré ces biens matériels tant prônés aujourd'hui comme une source de félicité pour les nations, richesse du trésor, grand nombre de troupeaux, abondance des denrées, beauté architecturale, élégance des édifices publics et des maisons particulières dans les villes, politesse et luxe des habitants : et c'est cette vile matière, ajouta ce prince, que l'on nomme le bien public tandis que le vrai bien public consiste uniquement dans l'ordre qui fait de Dieu le maître et le Seigneur de la société (1).

1029. — Mais les dires de ce grand Roi sont bons tout au plus à être chantés au chœur des chanoines ou des nonnes, et encore, à la condition qu'ils ne troublent point, pendant la nuit, le sommeil de quelque député. Ce sera beaucoup s'ils trouvent grâce devant les amis des constitutions modernes; ceux-ci continueront de répéter que le bien public consiste dans la richesse, la population croissante et la puissance de la nation. D'où résulte ce système d'économie sociale reproché aux gouvernements représentatifs, et tout récemment encore aux Chambres du Piémont, « qu'ils ne mesurent pas

____

(1) Beatum dixerunt populum cui hæc sunt; beatus populus cujus Dominus Deus ejus. Ps. 113, 15.

leurs désirs sur leurs revenus, mais calculent leurs revenus sur leurs désirs.

1030. — Vous me direz : C'est là le vice de tout administrateur public ou privé, s'il est prodigue : — Oui, mais ce vice, sous l'influence du constitutionalisme, grandit démesurément pour les raisons suivantes :

1° Sous ce régime tout se vend et s'achète par tous : et, chacun, dans ce trafic, veut gagner, s'enrichir encore, s'enrichir toujours. D'où il suit que la nation doit contribuer à enrichir non plus un seul monarque, mais ces souverains sans nombre créés par elle et répartis sur le sol du pays ;

2° Chacun, cherchant sa pleine satisfaction, soutiendra le gouvernement dont il espère des faveurs, afin de s'enrichir ; et ces faveurs, le gouvernement les accordera à ces solliciteurs cupides afin de maintenir sa popularité ;

3° Ainsi le gouvernement s'assure d'avance l'approbation de tout ce qu'il dépensera ; et malgré le contrôle trop souvent nominal des députés, il sera toujours sûr de voir sanctionner ses dépenses arbitraires au nom du bien public ;

4° Bien plus ; un tel gouvernement aura non seulement la main forte, mais encore la conscience tranquille, d'après ce principe dont il ne se départira point « que tout ce qui lui est accordé par le vote des députés lui est accordé par la nation elle-même »..., laquelle, en attendant, maudit la prodigalité des assemblées comme elle avait maudit d'abord les projets du gouvernement ;

5° Mais voici ce qui aggrave, jusqu'à le rendre incurable, le mal de la société. Toutes ces dépenses exor-
bitantes du gouvernement pour multiplier les usines, les
chemins de fer, les fêtes, les relations commerciales, les
armées, etc., etc., sont vantées par les étrangers, par les
hommes sans jugement ou sans avoir, par tous ceux
qui n'y contribuent point de leur bourse ou dont la
part contributive est largement compensée par d'autres
profits. Oui; tous ceux-là applaudissent à la grandeur
des idées, à la beauté des entreprises, au progrès des
lumières, à la libéralité d'un gouvernement qui exulte
de joie et d'orgueil. Sans doute la libéralité qui se fait avec
l'argent des autres est aussi déshonnête qu'elle est peu
méritoire. Mais le gouvernement sait bien la justifier en disant : « La nation a donné son consentement ;
je ne lui fais aucun tort ; sa gloire et son crédit en sont
même grandement accrus chez tous les peuples de l'Europe. Finalement où vont les finances de l'Etat. Elles
vont s'abîmer dans les coffres-forts de ces richissimes
négociants et spéculateurs pour qui toutes ces dépenses sont légitimes et presque saintes. Ils en tirent, eux,
si bonne compensation et si bon profit, grâce à la
générosité de ces ministres qui ont besoin d'eux pour
récompenser les députés et faire par ces derniers peser de
nouvelles exactions sur le peuple ! Et tout cela, cher lecteur, au nom des gouvernements représentatifs qui nous
redisent sans cesse « que les députés sont la nation
(mensonge en théorie comme en pratique, nous l'avons
vu) et qu'ils ne sont députés par la nation que pour protéger ses intérêts contre les dilapidations des ministres. »

1031. — Cette dilapidation faite au nom du bien public trouve encore une garantie dans l'opinion qui regarde les gouvernants comme des employés et la nation comme un être abstrait. Tant que la nation et le gouvernement sont restés ce que la nature les avait faits, la famille, l'individu, la commune, le magistrat avaient chacun leurs biens et leurs droits propres. Ces biens et ces droits étaient soumis aux lois de la justice, de la charité, de la libéralité, de la munificence ; ils étaient garantis et défendus par toutes les idées religieuses et par toutes les affections naturelles. Et ces sentiments stimulaient les riches à faire l'aumône aux pauvres et à se montrer généreux pour le bien public. Sans parler ici des grandes œuvres accomplies par la générosité privée dans les villes et dans les républiques de l'Italie, chacun sait que, dans beaucoup de cantons suisses, les charges publiques, comme les emplois de communes dans les Etats pontificaux, sont demeurés presque tous gratuits jusqu'au jour où le gouvernement s'y est constitué à la moderne. C'était en effet une sorte d'axiome parmi les personnes bien nées « qu'il est honteux d'être salarié pour faire du bien à ses concitoyens, quand, pour le faire, il n'en coûte rien habituellement à la famille ». De leur côté, les grands, les princes obtenaient justement le titre de bienfaiteurs généreux, parce qu'ils dépensaient pour le bien commun leurs revenus patrimoniaux. Ils supportaient par là, du moins en grande partie, les frais du gouvernement public, soit qu'à raison des traditions et des droits de leur famille ils fussent les légitimes possesseurs de l'autorité, soit que leur richesse patrimoniale leur permit, sans imprudence, de combler les vides du budget public, d'ailleurs toujours modéré. Et cette distinction entre les biens des gouvernants et les biens des sujets forçait le gouvernement à mesurer ses dépenses sur ses revenus (1).

1032. — Mais il n'en va pas ainsi dans les sociétés modernes. Du jour où tout employé est un serviteur payé par le peuple, la disposition des esprits devient servile : tout salarié calcule la dignité de son emploi sur le taux de son salaire.. : il en tire, s'il le peut, une grande fortune sans jamais penser à en donner la plus petite partie au maître opulent dont il le reçoit : « Ce sont des besoins publics, répète-t-il ; que le public y pourvoie !... »

1033. —Ce salaire d'où sort-il? Des flancs énormes du trésor, où pleut pêle-mêle l'argent de toute la nation... Car, dans ces gouffres plus profonds que Charybde et qui absorberaient un océan, vous ne distinguez plus les millions des Rothschild ou des Laffitte de l'obole de la

(1) Voilà pourquoi nous ne trouvons pas tout à fait exacte la doctrine de Scialoia : « Un gouvernement est, dit-il, nécessaire à toute société. Pour vivre il a besoin de demander à la société les moyens de subsister; et ces moyens ne peuvent être que les quotes-parts prises sur les revenus de l'État. » (Scialoia. Princip d'écon. sociale...). Qu'il en soit ainsi d'ordinaire, surtout dans les sociétés modernes, nous le croyons. Mais qu'il ne puisse en être autrement, voilà ce qui est contraire à l'histoire et à la raison. En effet, quoi de plus raisonnable que de faire gratuitement du bien à son prochain, surtout lorsque cela n'exige aucune dépense d'argent ? Pour les utilitaires, se dévouer sans salaire à procurer le bien public est une impossibilité ; ils ne comprennent pas qu'on puisse prêter sans intérêt. Mais pour ceux qui ont gardé la noblesse des sentiments catholiques, de même que l'argent peut être par charité et par bienveillance prêté sans intérêt, ainsi la direction gratuite des affaires publiques peut être acceptée très raisonnablement par ceux qui veulent ainsi non pas s'enrichir, mais se dévouer au bien de leurs concitoyens. Riez de moi, si cela vous plaît, savants économistes...! Je parle en économiste catholique.

veuve et de l'artisan affamé; vous ne soupçonnez pas combien de jeûnes et de larmes il en a coûté à ce pauvre pour tirer de son front et de ses veines la petite gouttelette qu'il vient jeter à son tour dans l'abîme du fisc.

1034. — Aussi je trouve héroïque le courage de ces députés de haut rang qui consentent toujours à de nouvelles charges budgétaires : c'est la nation qui paie, disent-ils ; la nation est riche! Ils ne réfléchissent pas que la nation est un être moral concret, composé en grande majorité d'individus pauvres, pour lesquels une augmentation d'impôts est une augmentation de privations. Ils ne réfléchissent pas que ces privations qui enlèvent au campagnard et à l'artisan le pain de la bouche sont accumulées pour entretenir le luxe des habitants des villes et des hommes au pouvoir ; pour élever ces théâtres, rendez-vous où les paresseux vont dissiper leurs ennuis ; pour entretenir chaque nuit ces coûteuses illuminations si favorables à toutes les intrigues, ce faste et cette pompe de fêtes offertes aux diplomates et aux militaires... enfin toutes ces dépenses d'un luxe exorbitant propre, dit-on, à rehausser l'honneur d'un peuple.

1035.—Lorsque, selon l'organisme naturel de la société, chaque famille, chaque commune, chaque province formait une personne morale ayant son existence et sa fin propre, la gestion de ses biens, son autorité, sa discipline, lorsque ces différents groupes, subordonnés sans doute au gouvernement général, n'avaient point cependant leurs intérêts confondus avec ceux de l'Etat;

alors on entendait de plus près les gémissements du pauvre ; alors on connaissait mieux l'état et la fortune des contribuables, et l'on répartissait avec plus d'équité les charges et les avantages. Aussi procédait-on ou au moins pouvait-on procéder avec des vues plus justes et plus économiques. — Ensuite les députés de ces différents groupes, après avoir accordé au gouvernement central les impôts par lui demandés pour le bien commun, rendaient compte de leur mandat à des personnages vivants et autorisés, et ceux-ci à la commune et à la province.. : car, dans certaines contrées, la province et la commune se réservaient de faire elles-mêmes la répartition des impôts accordés à l'Etat. — On le voit, le député avait le plus grand intérêt à ne pas confondre ses propres affaires avec celles de ses commettants.

1036. — Mais quand la société s'est égrenée en individus, quand, la commune et la province n'ayant plus qu'une personnalité bâtarde et contre nature, chaque citoyen devient un membre organique de l'Etat en se rattachant immédiatement au centre, alors on en arrive à cette étrangeté d'avoir, pour défendre des intérêts qu'ils ne connaissent point, des députés étrangers aux communes et aux provinces, parfois même à la nation. Et quel est avant tout le souci de tels mandataires? C'est de gagner la faveur du gouvernement central, sauf à entendre plus tard les plaintes des districts qui les ont élus, mais avec lesquels ils n'ont point d'intérêts communs.

On accorde donc aux ministres tout ce qu'ils réclament; et l'impôt est réparti mathématiquement sur les individus. Du centre, où tout se fait à tâtons sans connaissance des personnes et de leurs ressources respectives, on taxe toutes les têtes : puis, que ceux-là paient qui doivent ; et se lamente qui voudra !

Le lecteur comprendra que je n'ai point ici l'intention de blâmer en général la munificence publique. Je veux montrer dans l'essence des gouvernements modernes, spécialement dans la destruction des organes naturels de l'ancienne société, dans l'abolition de leurs droits, et dans l'obligation de payer tout ce qu'ont voté les députés, je veux, dis-je, montrer l'origine de ces impôts exorbitants, de ces charges toujours plus lourdes, que les peuples voient, sans scrupule, peser en grande partie sur les dernières classes de la société.

1037. — De cette même source découle un autre mal : celui d'une avidité insatiable, celui de ces demandes sans nombre adressées à l'Etat, pour en obtenir qui de nouveaux emplois, qui des retraites, et pour enlever sans bruit leurs charges à des officiers prétendus inhabiles ou mal vus ; pour en doter des émigrés sans titre et sans pudeur, etc., etc. Qu'un roi qu'un seigneur, un riche écoutant leur générosité fassent de telles faveurs avec leurs revenus, personne n'y trouvera à redire. Qui prend sur son fonds pour faire des dépenses honnêtes est libre de les faire à son goût. Mais après que le roi, la province et la commune ont abdiqué leur droit de propriété et que toutes les dépenses doivent sortir du trésor commun, l'équité, la justice exigeraient que toute nouvelle taxe fût portée pour le bien de ceux qui la paient et fût réellement, dans un gouvernement représentatif, consentie par eux. Eh bien ! est-ce de cette façon que l'on procède sous les régimes modernes ? Sont-ils au moins propres à suggérer ces différentes considérations ?

Tout au contraire ; car une fois établie chez un peuple l'idée moderne de l'État et de ce trésor public où viennent se déverser tous les ruisseaux de la richesse populaire, personne qui ne s'enhardisse à ouvrir le jet d'eau afin d'y boire à satiété.

1038. — En définitive, qu'est-ce que ce système ?

C'est un véritable communisme au moins commencé et approuvé par tous les gouvernements européens. Car le communisme est au fond la doctrine qui autoriserait chaque citoyen à vivre aux dépens des riches en mettant toutes les richesses en commun. Il est vrai ; pour former ce trésor, les esprits vulgaires et emportés ne connaissent d'expédient que le pillage et la mort ! Mais ce sont des ignorants ! Laissezfaire les gouvernements modernes. Eux sauront bien conduire au port la barque du communisme... Ils iront moins vite, mais plus sûrement. Ils ne s'aviseront pas de détruire par la violence la richesse au lieu de l'accumuler ; ce ne serait pas contenter le pauvre aux dépens du riche : ce serait ruiner le riche avec péril et fatigue pour le pauvre. Tout doucement, par des taxes et des surtaxes, par des droits directs et indirects ils attireront les flots de la fortune dans le gouffre du trésor et c'est à eux qu'il appartiendra de les faire couler ensuite par les voies et par les places publiques. Et voilà comment   ablit un vrai communisme bien différent, sans doute, de celui qui assassine effrontément un Rossi ; mais pour cela même plus contagieux et plus incurable. Car combien d'honnêtes gens qui reculent devant le communisme anarchique et favorisent cependant le communisme légal. Ceux-là peut-être ne sont point des travailleurs pauvres, ils reçoivent de l'État en salaires et en pensions ce qu'ils lui donnent sur leurs revenus ; et ils ne sentent guère l'injustice de ces lourds impôts qui réduisent le pauvre à la faim et le trésor public à la nécessité de le soutenir. Car, quand vous enlevez à un homme le moyen de vivre de ses propres sueurs, il a le droit d'être nourri par ces pouvoirs publics dont les lois insensées l'ont réduit à ces extrémités ? Alors étonnez-vous qu'aux accents toujours trop éloquents de la faim le pauvre se trouve prêt à étudier, à apprécier et à exagérer ses propres droits !

Vous le voyez donc, cher lecteur : le système ordinaire des impôts dans les gouvernements constitutionnels produit de lui-même deux communismes. 1° Le communisme légal qui, peu à peu, concentre entre les mains du pouvoir toutes les richesses comme tous les droits de la société, administration de l'Eglise, gouvernement des communes, des provinces, enseignement public, etc...; et lui réserve le devoir et le droit de distribuer à son gré et le trésor intellectuel et le trésor matériel ;

2° Le communisme anarchique et féroce, fruit naturel du premier, parce que celui-ci jette dans le désespoir le malheureux prolétaire, et lui octroie, non point le droit réel, mais le droit apparent de vivre aux dépens du public.

Ce que je dis du pauvre, dites-le par proportion des personnes aisées ; car il n'y a point de fortune capable

de satisfaire pleinement l'insatiable désir de la jouissance... Et tous cependant réclament cette satisfaction
comme un droit.

1039. — Ainsi le pauvre recevra l'aumône sans
reconnaissance, le riche tendra, sans rougir, la main
au gouvernement pour réclamer des salaires, le gouvernement conduira tout à la baguette, s'exposant d'un
jour à l'autre à laisser à sec le trésor public...

Cette tyrannie savante a été inaugurée contre l'Eglise ;
lorsque les Etats modernes ont voulu mettre les prêtres
au nombre de leurs salariés ; c'était un premier pas, et,
comme nous l'avons vu, la conséquence d'une première
destruction. Laissez agir le marteau des démolisseurs
modernes. Il ne tardera pas à ruiner les autres institutions sociales — et vous verrez les mêmes causes produire toujours les mêmes effets ; vous verrez que
l'Etat (c'est-à-dire ceux qui gouvernent) désire traiter le
clergé en fonctionnaire pour le rendre plus maniable ;
comme il désire avoir en main, instruments dociles de
son despotisme, tous les employés, magistrats, savants...,
hommes influents quelconques. Or, pour atteindre ce
but, point de système plus efficace que celui dont ils
disposent et à la fortune duquel concourt si généreusement la libéralité des députés. N'ont-ils pas des milliers
de créatures à protéger, à promouvoir et peuvent-ils
cesser de solliciter ? Si l'Etat était propriétaire, il saurait ce qu'il a à dépenser. Arrivé au bout de ses réserves
il répondrait : je ne puis pas. Mais l'Etat n'est riche
que de ce qu'il sait tirer de la bourse du peuple. Au
député solliciteur, il a donc une réponse toute prête :

« Oui, dit-il, mais donnant donnant! Et plus les députés demandent plus ils sont obligés de donner.. Après cela dites-moi si jamais l'on cessera de demander, puisque plus l'on demande et plus l'on obtient?

§ VI

CONCLUSION

Sommaire: — 1040. — Le principe économique appliqué à la société. — 1011. produit le besoin et la faim. — 1012. Chez les pauvres celle du pain, chez les riches celle du plaisir. — 1013. L'État donne et prend à tous. — 1014. Il marche à la faillite. — 1015. Censure des partisans de l'Économie moderne. — 1016. Elle ne se justifiera ni en théorie. 1047. — Ni en fait, par l'histoire. — 1048. Ni d'après l'arithmétique. — 1049. Note justificative. — 1050. On rappelle l'état précis de la question afin que les adversaires puissent plus facilement nous réfuter.

1040. — Voilà, cher lecteur, un croquis raisonné de l'administration publique, telle que la conçoivent et la réalisent les gouvernements représentatifs sous l'influence du principe hétérodoxe. Une fois que l'on a donné licence au cœur humain de courir après les inventions de cet instinct corrompu, qui, pour l'épicurien, constitue la nature, il met sa fin dans la jouissance; il prend la richesse comme le seul moyen proportionné à cette fin — et il proclame que le principe suprême de toute morale, aussi bien pour la société que pour l'individu, consiste dans le droit et le devoir de s'enrichir. S'enrichir est un art facile pour l'individu: il lui suffit de faire profit de tout et de toute manière, voire par fraude et par violence, au moins tant qu'il ne court point le danger d'être victime d'un plus habile et d'un plus fort ou d'être couvert d'une honte qui vienne empoisonner le plaisir matériel.

Mais si c'est la société qui veut s'enrichir, le cas est plus complexe : il faut avant tout bien savoir ce que c'est qu'une société qui veut devenir riche. Or, dans notre cas, il s'agit de la société moderne, c'est-à-dire de cette société qui, à l'école de Beccaria, a appris à réduire en poudre « l'idole de l'ordre domestique », de la famille, pour en confondre les affections, les devoirs, les droits, les intérêts avec l'ordre de la chose publique ou de l'Etat... Mais l'Etat, sous le régime constitutionnel, est tout entier dans les Chambres et dans les ministres... Et les députés, d'après le principe reçu, sont obligés de s'enrichir eux-mêmes et d'enrichir le trésor public.

1041. — Or, pour enrichir le trésor, il faut pousser le peuple au travail; et comme le peuple ne travaille que sous l'aiguillon du besoin, il faut le tenir toujours affamé. C'est là le grand art de provoquer le progrès de l'industrie et d'enrichir l'Etat.

1042. — Les hommes ont faim de deux choses : le pauvre, de pain, et le riche, de plaisir. En poussant.au luxe, on excitera les désirs du riche et l'on fournira du travail aux pauvres; puis, en pressurant le pauvre, on le forcera d'augmenter toujours le confortable du riche, mais sans que le pauvre en profite lui-même ; car il sera d'autant moins payé qu'il peinera davantage.. De là, par conséquent, le paupérisme, qui constitue la première loi économique de la société moderne.

1043. —Mais le Paupérisme ira crescendo : la force avec laquelle les pauvres demanderont leur pain à l'Etat deviendra audacieuse comme le désespoir et sûre comme le droit ; tous demanderont à l'Etat et demanderont si haut qu'il devra les écouter. Par ailleurs, pour donner de la main droite, l'Etat doit prendre de la main gauche ; et pour donner à tous, il le fera de deux manières. Au début de ce qu'on appelle la régénération sociale, on prend le bien de ceux qui, par vertu, ne veulent pas, ou qui, par faiblesse, ne peuvent pas résister. Ce sont les biens de l'Eglise, des monastères, etc. ; à la fin on prend à tous les riches pour la taxe des pauvres.

Or prendre à tous pour donner à tous, et prétendre établir entre tous l'égalité, qu'est-ce autre chose que le communisme ? — Donc, dans un Etat constitué selon l'idée moderne, l'administration est vraiment un communisme légal... Or cet Etat a toujours le droit de prendre quand il obtient l'assentiment des Chambres ; et les Chambres sont toujours poussées aux concessions, puisque chacun des députés obtiendra d'autant plus qu'il accordera lui-même davantage. Donc par la force même des constitutions modernes, il appartient en propre aux gouvernements de prendre sur les biens des sujets, et cela sans honte, sans remords, comme il appartient naturellement aux députés de tout accorder aux ministres sans vergogne, ni trouble de leur conscience.

1044. — Ce raisonnement très simple est l'épilogue de ce que nous avons démontré dans ce chapitre... Il est sans réplique. Mais il sera plus évident encore pour quiconque lira « la Statolatrie » (1), petit opuscule d'une

______

(1) Statolatrie ou le communisme légal, par l'auteur de la solution des grands problèmes. Jacq. Lecoffre, 1848.

grande importance et que nous recommandons chaudement à tous ceux qui veulent comprendre ces vérités... On y verra finalement l'explication d'un fait qui se reproduit partout aussitôt qu'une société est dominée par les principes modernes. La France recherche depuis soixante ans le gouvernement à bon marché; et elle voit son budget et sa dette publique augmenter à mesure qu'elle avance dans les voies du progrès (1). Il n'y

(1) Le contribuable français paie chaque année une somme de 4 milliards 600 millions, c'est-à-dire pour une population de 38.310.000... 120 fr. par tête en moyenne. La Prusse, celle qui est plus chargée après la France, paie seulement 77 fr. (Rapport de M. Morel, sénateur, sur la loi des finances de 1896). Quand le budget d'un pays, ajoute-t-il, arrive à de pareils chiffres on est obligé de reconnaître que les dépenses sont excessives et que la charge du contribuable est arrivée à un point où elle ne peut plus être augmentée. Ibid. Il aurait dû dire où elle doit être diminuée. —« Aucun pays, avouait M. Cochery, ministre des Finances, ne saurait résister longtemps à de pareilles augmentations; il faut nous arrêter si nous ne voulons pas compromettre gravement nos finances. » Cochery, rapporteur du même budget, à la Chambre des députés, 1896.)

Voilà le fait brutal reconnu par des libéraux... Veut-on en voir les causes soit politiques soit administratives. Il suffit de jeter un coup d'œil sur les chiffres suivants : le 1er Empire transmit à la Restauration une

dette de..		3.366.000.000
La Restauration y ajouta seulement	178.000.000	178.000.000
Le Gouvernement de Juillet........	1.006.000.000	1.006.000.000
La République de 1848.............	1.500.000.000	1.500.000.000
Le second Empire à raison de ses emprunts, de ses guerres et de son luxe	14.500.000.000	14.500.000.000
En 1875 la dette publique était donc de		20.750.000.000

A partir de 1877 et 1878, trois causes ont rendu la curée de plus en plus âpre : 1° le fonctionnarisme. En 1850 il y avait déjà 250.000 employés touchant 285.000.000... Aujourd'hui, il y en a près de 600.000 avec une dépense d'au moins 700.000.000; 2° l'application de l'enseignement athée, et 3° le plan Freycinet pour les travaux publics. — De sorte que, de 1877 à 1888, le gouvernement a emprunté sous différentes formes 8.457.084.000..............................

8.457.000.000

29.207.000.000

Ajoutez à cela les rentes de tous ces emprunts, toutes sortes d'obligations contractées par le Trésor, etc., etc., puis la dette départementale et communale... vous arrivez à une dette qui en 1888 est de 41 mila pas longtemps, en Espagne, le roi se plaignait de semblables errements : et le ministre des Finances continuait de dépouiller l'Eglise afin d'éviter la faillite. L'état des finances en Portugal est notoire ; en Suisse, certains cantons ignoraient presque le nom d'impôt... ils savent aujourd'hui par expérience ce que c'est que la dette publique : ainsi de la Sicile, qui d'ailleurs ignore où sont passés les trente millions de ducats que lui a soutirés l'administration moderne.. Naples a fait à peine les premiers pas dans cette voie. Et déjà l'on parle de la nécessité de dépouiller l'Eglise, et d'augmenter les taxes..., dans ce pays où un roi rentré en possession de son trône a pu achever deux guerres et donner une auguste hospitalité au Pape, sans augmenter d'une obole les impôts accoutumés, bien plus en les diminuant d'une manière notable... Au contraire, à l'autre extrémité de l'Italie les hommes sont imbus des principes modernes ; aussi tout va du même pas, et l'audace des ministres pour demander et la libéralité des Chambres

liards et plus : 41.263.461.598, et à un budget annuel de presque 5 milliards.

« Le budget français, disait Mgr Freppel le 20 octobre, exagère, je devrais dire altère la notion de l'État en étendant outre mesure son rôle et sa fonction. De là au point de vue financier des conséquences desastreuses. Le véritable rôle de l'État, c'est d'encourager, de diriger même vers le bien commun l'action individuelle et l'action collective, mais non de se substituer à elle en tout et partout. L'État en est venu à ce point d'absorption des forces intellectuelles et collectives du pays qu'il veut tout faire et tout faire par lui-même. » Cette note met en lumière les principes du P. Taparelli sur l'administration des gouvernements modernes. Nous ajouterons ceci : elle contient en elle-même la preuve que si la France avait eu depuis un siècle des gouvernements catholiques et gérant les biens de la nation d'après les principes catholiques, elle n'en serait point venue à contracter une aussi lourde dette. La Restauration (et pourtant elle n'a pas été parfaite) est le gouvernement qui a fait le moins de dettes et le mieux administré. (Note du trad.)

pour voter et les efforts du peuple pour payer de nouvelles et plus lourdes taxes. Et si vous vous avisez de demander compte des 70 ou 80 millions dilapidés, on sait comment le ministère responsable se tire d'affaire par une réponse courtoise et par un échange de compliments.

1045. — Si tels sont les faits et si notre raisonnement est rigoureux, le lecteur nous permettra de nous adresser maintenant à un journal de Florence, le « Constitutionale » et à tous ceux, journalistes ou autres, qui entonnent des hymnes d'admiration pour les gouvernements modernes, sous prétexte qu'ils sont la meilleure garantie des intérêts privés et des intérêts publics.

1046. — Ceux qui tiennent cette opinion, et ils sont trop nombreux en Italie, ceux qui prétendent, disons-« nous, qu'un Etat gouverné selon les principes moder-« nes est l'unique garantie d'une administration écono-« mique pour le bien des classes qui possèdent et pour « le soulagement des classes pauvres, ceux-là devraient « nous démontrer :

« 1° Que les gouvernements modernes ne sont point « partisans du principe d'indépendance, ou bien que de « ce principe ne découlent pas nécessairement les consé-« quences que nous en avons déduites; savoir : le na-« turalisme dans les pensées et dans les aspirations; « l'idée d'une félicité toute terrestre qu'on s'imagine « pouvoir réaliser en réformant la constitution des « Etats; la nécessité pour les gouvernements de favo-« riser l'avidité des riches, et de livrer les pauvres à « leur merci; d'où le besoin de produire davantage,

« mais, en augmentant la production, d'abaisser le prix
« des marchandises et d'avilir les salaires ; puis, par une
« conséquence fatale, la nécessité de doubler le travail
« et la production pour abaisser de nouveau la main-
« d'œuvre ; d'où le paupérisme, qui amène la spoliation
« des biens de main-morte… et par elle, après une trêve
« momentanée, aggrave la misère en restreignant les
« secours ; par suite, la taxe des pauvres substituée à la
« charité catholique, et de là le droit des pauvres sur les
« biens des riches reconnus légalement et en rigueur
« de justice ; enfin l'audace paresseuse du pauvre, c'est-
« à-dire un communisme légal avec toutes les hontes du
« vagabondage. » Si, dans une société considérée en
général, ces conséquences naturelles descendent toujours et en ligne directe de l'indépendance protestante
et réformatrice, prétendre que de telles institutions sont
l'unique garantie de l'économie et de la probité dans
l'administration, c'est prétendre qu'on peut guérir toutes les maladies avec un seul remède : l'arsenic.

1047. — 2° Que si les journalistes susdits et leurs
disciples préfèrent la preuve par les faits, eh bien !
qu'ils nous montrent dans les gouvernements modernes
une administration qui ait économisé sur ses devanciè-
res et soulagé le peuple sans semer dans son sein les
germes du communisme. La découverte en serait aussi
merveilleuse que celle de la pierre philosophale.

1048. — 3° Enfin, nos adversaires voudraient-ils
recourir à une preuve arithmétique ? Ce n'est point là
notre partie. Néanmoins nous voulons les mettre à l'aise.
Nous leur proposons de résoudre le problème par une

formule algébrique. Appelons A les dépenses indispensables à tout gouvernement, en tant que gouvernement — et B les dépenses ajoutées forcément aux premières grâce au mécanisme des États modernes...

Eh bien! nous leur donnerons la main s'ils nous prouvent que $A + B <$ (est plus petit que) A.

1049. — Et afin que la quantité B ne passe point ici pour une quantité imaginaire, nous allons en donner une brève explication. Note de quelques dépenses nécessaires pour le fonctionnement d'un gouvernement moderne. Il faut :

1º Payer des centaines de députés et de sénateurs. Ils sont depuis longtemps grassement rétribués ;

2º Pourvoir honorablement tout nouveau ministère. Or, on en change parfois plusieurs dans une année. Les ministres, sortant communément du rang des avocats, sont plus riches en paroles qu'en écus. Et cependant un traitement digne et honorable est nécessaire aux grands pouvoirs publics pour le bien de la nation et souvent aussi pour l'intérêt particulier ;

3º Accorder des retraites aux fonctionnaires du ministère tombé.. Car à un nouveau parti, il faut des hommes nouveaux. Et l'on verra que ce n'est point là une bagatelle si l'on veut bien descendre des premiers ministres jusqu'aux maires des villages, jusqu'aux employés des bureaux, des douanes, aux huissiers et parfois jusqu'aux concierges... Les frères et amis ont coutume, on le sait, d'être très avides d'emplois et très irritables dans leurs exigences. Aussi les journaux sont-ils pleins des réclames de ceux qui accusent le gouvernement de ne point introduire d'hommes nouveaux dans l'administration ;

4° Stipendier un certain nombre de journalistes pour travailler l'opinion publique et la rendre favorable aux projets des gouvernants ;

5° Stipendier secrètement d'autres journalistes et d'autres écrivains dont l'opposition pourrait nuire beaucoup au ministère ou à sa politique ;

6° Il faut acheter des espions pour surveiller les clubs, tant que la liberté d'association n'est point interdite. — Objecterez-vous que, sous des gouvernements absolus, les associations étant secrètes, les espions coûteraient davantage et en sauraient beaucoup moins ? — Mais cette réplique n'a pas de valeur ; quand il s'agit de ces gouvernements modérés où l'on trouve, comme en France, par exemple, à côté des associations publiques, des sociétés secrètes, premier foyer de toute conspiration démagogique ;

7° Il faut, à chaque élection nouvelle, acheter et les agents électoraux et souvent beaucoup d'électeurs. On sait ce que coûte un électeur dans les bourgs d'Angleterre..... Et si cette marchandise n'a pas encore partout publiquement son prix de vente, on n'ignore point ce qu'il faut dépenser en dîners, présents, voyages, etc., bref en onguents et huiles de toute sorte pour empêcher que le char de la constitution ne se disloque ;

8° Il faut acheter les députés ou pour qu'ils parlent ou pour qu'ils se taisent, soient malades ou bien portants au moment du scrutin. Et cette opération, qui se fera, si vous le voulez, avec certains égards pour la dignité des contractants, n'en aura pas moins beaucoup de conséquences pour l'administration. Elle ne se fera point à deniers comptants... Mais le trésor y perdra toujours... Car elle fera maintenir un emploi inutile ; en donner un autre vraiment utile à un homme incapable, préférer un projet plus dispendieux à un plan plus économique, etc., etc. ;

9° Il faut (et ceci va beaucoup plus loin) acheter les intelligences au moyen du monopole universitaire... (1) sans quoi le gouvernement représentatif moderne serait impossible, puisqu'il n'y aurait plus l'unité d'opinion. Or, ce monopole pèse lourdement sur le peuple non seulement parce qu'il exige des impôts plus nombreux et plus considérables, mais encore parce qu'il entrave ou même prohibe sous les peines les plus graves un enseignement libre et gratuit donné par des clercs ou des religieux qu'on n'a pas toujours le courage de condamner au bannissement ou à la confiscation ;

10° Il faut, en mettant la main sur les œuvres de bienfaisance, acheter des amis soit parmi les nouveaux administrateurs qui seront salariés, soit parmi leurs employés de tout grade qu'on récompense grassement ainsi que leurs familles...

Voilà un léger aperçu des dépenses qu'un peuple doit infailliblement payer de sa bourse, s'il veut obtenir, avec un gouvernement moderne, l'efficace et unique garantie d'une administration économique : car les

---

(1) En Piémont, avant la révolution de 1848, il y avait au ministère de l'Instruction publique 6 à 7 employés. Aujourd'hui (1851) il y en a 12... (Écho du Mont-Blanc, 4 mars 1851.)

ministres tiennent en main ce fil merveilleux qu'il leur suffit de tirer pour voir aussitôt trois, quatre ou cinq cents têtes de députés s'incliner à leur désir. Puis ils viennent dire au peuple que lui-même « a voulu toutes ces « dépenses dans son amour inextinguible de la patrie ». Grand bien te fasse! O peuple fortuné! Réjouis-toi de ce gouvernement à bon marché; et félicite-toi de voir ton argent si bien placé dans le trésor public et si bien gardé... faut-il dire contre ou par les voleurs? Tu as la joie de voir tes impôts doublés ou triplés. Qu'est-elle comparée à la joie que donne la pleine et entière liberté du catholicisme et de la conscience? Et tu dois avouer pourtant que ce simulacre de joie est loin d'être gratuit et que toutes les dépenses des régimes modernes ne figurent point au budget des anciens gouvernements.

1050. — Peut-être que les partisans des régimes modernes trouveront d'autres dépenses à nous opposer dans les anciens gouvernements ; peut-être réussiront-ils à nous prouver que les quatre ou cinq cents honorables de la Chambre sont autant de Phocions; peut-être? Qui sait ce qu'ils ne trouveront pas?...

Mais afin de leur éviter des recherches inutiles qu'ils nous permettent de bien préciser de nouveau l'état de la question... Nous défendons le catholicisme ; mais non l'absolutisme... Et ceux-là ne l'ignorent point qui nous accusent de vouloir les ramener au Moyen-âge. Qu'ils cessent donc de nous opposer les prodigalités de Louis XIV, de Louis XV et d'autres monarques contemporains. Ces prodigalités sont loin d'avoir été sanctionnées par l'esprit catholique... Elles ont été au contraire le développement naturel de l'esprit indépendant, de la Réforme... Il a pénétré en France sous le couvert du gallicanisme et du jansénisme... Et le philosophisme en a formé cette folle idée de grandeur nationale dont nous avons déjà parlé et dont nous reparlerons encore... Nous ne voulons point troubler les cendres du grand roi... Elles sont encore mouillées des larmes de la pénitence qu'il a faite dans sa vieillesse : mais nous devons pourtant le dire : c'est sous son règne et sous celui de son successeur que l'indépendance moderne, née des Huguenots, est arrivée, en France, à une sorte de jeunesse qui bientôt a été suivie de l'âge mûr sous la République, sous le premier Empire, et sous les gouvernements qui ont, les uns après les autres, augmenté les impôts, et avec les impôts les tendances au paupérisme et au communisme.

L'absolutisme du xviiie siècle était pénétré de l'esprit moderne... Et si le gouvernement eût eu alors le même système de représentation qu'aujourd'hui avec toutes les dépenses qu'il entraîne nécessairement, c'eût été, comme on l'a vu depuis sous la monarchie bourgeoise, un régime de dilapidation. Car le résultat est forcé, dès que la machine de l'Etat est mue et dirigée par une multitude de gouvernants salariés ou plutôt affamés. Donc, tant que les partisans des régimes modernes n'auront pas démontré que l'augmentation des salaires et des salariés ne diminue pas les dépenses, tant qu'ils n'auront pas fait voir que les députés ne sont point portés à autoriser toutes les dépenses et toutes les entre- prises des ministres, ils ne persuaderont à aucun homme droit et sensé que le régime économique moderne est la plus sûre et l'unique garantie des intérêts publics, surtout après l'expérience qu'en ont faite toutes les nations d'Europe.

CHAPITRE II

La force armée (l'armée) dans les gouvernements modernes.

§ 1

PRÉLIMINAIRES

Sommaire : — 1051. La force est nécessaire dans la société. — 1052. Puisque la persuasion ne suffit pas. — 1053. Quoi qu'en disent les théories libérales. — 1054. La force sociale est une force *armée, organique, une*. — 1055. C'est donc une armée permanente, perfectible. — 1056. Comme sont perfectibles toutes les institutions. — 1057. Division de la question.

1051. — Tant qu'il y aura dans la société des hommes indignes de ce nom, esclaves de leurs appétits brutaux et ne cherchant qu'à les satisfaire en foulant aux pieds tout droit divin et humain, il est évident que cette société devra posséder une force capable de briser leur résistance et de triompher de l'audace et du nombre de ces êtres féroces. Leur action malfaisante peut s'attaquer, même quand on ne s'y attend pas, aux individus dans l'ordre civil, à l'autorité dans l'ordre politique, aux étrangers dans l'ordre international, en franchissant la frontière et en s'emparant de pays voisins. Il faut donc, lorsque les moyens de persuasion ne suffisent pas, que la société puisse, dans chacun de ces cas, opposer à leur fougue brutale une force supérieure.

1052. — Ces moyens de persuasion sont de deux sortes : les premiers, plus nobles, s'adressent à la raison : mais les hommes dont nous parlons n'en tiennent plus de compte... Les autres consistent dans l'attrait des récompenses... Mais ce serait une souveraine imprudence à une société de vouloir réfréner les passions de tels hommes par des récompenses... Ce serait inscrire au budget non seulement d'énormes dépenses, mais des dépenses toujours croissantes — puisque la voracité de ces brutes croîtrait d'autant plus qu'ils dévoreraient davantage.

1053. — Reste donc que la société doit opposer la force à la violence brutale des passions. Que la philosophie libérâtre crie tant qu'il lui plaira, qu'elle invite les soldats à fraterniser avec les citoyens, qu'elle maudisse la barbarie de ceux qui versent le sang de leurs frères, qu'elle commande aux baïonnettes de s'abaisser devant le peuple souverain, toutes ces belles phrases tantôt solennelles, tantôt doucereuses, ne changeront jamais la nature de l'homme et de la société. Dans les jours de péril, elle-même se riera de tous ces sophismes : elle demandera son propre salut aux fusils et aux bombes, après en avoir peut-être fait un crime aux pouvoirs des âges précédents. Paris, Lyon, Barcelone, Genève... et combien d'autres villes en Europe ont fait dans ces dernières années l'expérience de cette loi inéluctable...

1054. — Mais qui dit force supérieure dans la société dit nécessairement une armée et de notre temps une armée permanente ; une armée, c'est-à-dire une force composée d'hommes armés, d'autant plus puissante que son organisation et sa tactique sont plus parfaites, enfin mue par une seule intelligence et une seule volonté... Armes ou moyens d'attaque et de défense, organisation et tactique, unité de direction et de volonté, voilà les trois éléments essentiels de cette force publique... Sans armes, elle serait vaincue souvent par les criminels qui, dans leur fureur, en savent toujours trouver ; sans discipline et sans tactique, elle leur serait à peine égale ; sans unité de pensée et de commandement, la discipline et la tactique seraient un corps sans vie, un organisme sans âme. L'unité du commandement rend l'armée puissante et cette puissance devient invincible grâce à la perfection organique de la tactique militaire.

1055. — Cet art de la tactique militaire, tantôt si bienfaisant et tantôt si funeste, est perfectible comme tout autre... Grossièrement ébauché sous les hordes barbares, il a progressé d'âge en âge avec la civilisation pour en arriver de nos jours à cette ordonnance parfaite des armées permanentes... Et cela, remarquez-le bien, moins par la libre volonté des rois et des capitaines que par les lois inéluctables d'une nature que la liberté humaine peut bien combattre, mais dont elle ne triomphe jamais. C'est la nature, en effet, qui dicte aux sociétés comme aux individus non seulement l'instinct mais l'obligation de leur propre conservation : c'est elle par conséquent qui a inspiré les grands maîtres de la guerre, quand ils ont formé la phalange grecque avec une tactique admirée par les Romains dans le vaincu de l'Épire et qu'ils s'empressèrent d'adopter. La corruption fit perdre aux légions leur force physique et leur courage; la nature avisa Rome de transformer les barbares en soldats; elle enseigna à ces derniers, dressés au maniement des armes, d'unir la tactique à la vigueur du corps, afin de subjuguer leurs maîtres; c'est elle encore qui forma et anima de l'esprit chrétien la chevalerie du Moyen-âge et apprit à ces vigoureux guerriers l'art de combattre sous le poids énorme du casque et de la cuirasse. La cuirasse et le casque ont dû céder au canon, terrible engin d'extermination; mais son invention admirable n'est pas moins due à la nature que celle des armes précédentes; et il n'y en a pas qui n'ait été cherchée et trouvée par le besoin naturel de défendre la société... A l'époque de la Renaissance une nouvelle tactique a provoqué l'éclosion des condottieri ou chefs de bandes guerrières... Mais leur perfidie a forcé les rois à se mettre à la tête de leurs troupes et à former avec leurs sujets des armées régulières. Ils ne pouvaient plus en effet faire la guerre qu'avec des soldats exercés longtemps d'avance, ni ceux-ci continuer de l'exercer s'ils s'adonnaient en même temps aux arts de la paix. Les conditions nouvelles de la civilisation rendaient donc les armées permanentes absolument nécessaires. — Et à mesure que le génie humain inventera des armes plus parfaites, des instruments de mort plus puissants; à mesure qu'il multipliera les champs de bataille soit sur terre, grâce à la vapeur, soit sur mer avec ses cités flottantes si rapides à parcourir l'Océan, soit jusque dans l'air au moyen d'un art appelé peut-être à prêter à l'homme des ailes que le ciel ne lui a point données, les années d'instruction militaire devront croître dans la même proportion et par suite exiger de plus en plus des armées permanentes.

1056. — En cela du reste l'art militaire n'a rien de particulier : tous les arts progressent avec la civilisation,... disait déjà de son temps Aristote, dans ses ouvrages politiques. Et il remarquait que cette loi de progrès entraînait avec elle la division du travail. Appliquez cette observation de bon sens à l'art militaire, et vous serez de suite convaincu que, s'il est impossible d'apprendre, en quelques mois, son métier à un artisan, à plus forte raison est-il impossible de former dans le même temps les nouveaux conscrits aux maniements des armes, à la tactique, aux travaux du génie, de l'artillerie, etc.

— Dans toute société, une armée est donc nécessaire; dans toute société progressive, l'art militaire sera aussi progressif — d'où il suit que, plus il faudra de temps pour former les soldats, et plus aussi seront indispensables des armées permanentes.

1057. — Nous devons maintenant étudier cette grande et admirable institution sociale de la force militaire sous l'influence hétérodoxe et dans les gouvernements représentatifs. Nous considérerons : 1° qui doit manier cette force dans les gouvernements modernes — et à quelle fin; 2° sous quelle garantie pour le peuple souverain.

Nous donnons pour titre à la première question : Despotisme dispendieux créé par la liberté; à la seconde : Absurdité onéreuse de la garde nationale.

§ II

DESPOTISME COUTEUX CRÉÉ PAR LA LIBERTÉ

Sommaire : — 1058. Réponse du vieux bon sens à la 1re question. — 1059. Réponse des modernes. — 1060. Elle est critiquée par Romagnosi. — 1061. Et condamnée par les faits, un exemple tiré de l'assemblée française. — 1062. Contradiction des Constitutionalistes. — 1063. Inutilité et despotisme de leur responsabilité. — 1064. Elle est de pure apparence. — 1065. Absolutisme des ministres armés. — 1066. Preuve par les faits. — 1067. Ils présument que les réclamations sont inspirées par la malice ou l'illusion. — 1068. Ils cherchent à les apaiser par des réponses vagues, — 1069. Puis finalement par la force. — 1070. Et c'est ainsi que doit faire un ministre. — 1071. Tout en niant ses principes. — 1072. Un pareil despotisme est très coûteux. — 1073. 1° En raison du but qu'il veut atteindre. — 1074. Raisonnablement, légalement, efficacement. — 1075. 2° En raison de l'organisme dans lequel il s'incarne. — 1076. Preuves historiques. — 1077. La dépense de l'armée est inévitable. — 1078. Vanité des *Congrès de la Paix*. — 1079. Leur tentative est suspecte. — 1080. Limite utilitaire de la milice. — 1081. Calculée par Montesquieu. — 1082. Nécessité de la conscription. — 1083. C'est une institution née de la liberté. — 1084. Exaltée par les modernes. — 1085. Comme capable de grandir les individus. — 1086. De civiliser les habitants des champs. — 1087. Et comme l'unique moyen de former une bonne armée. — 1088. L'instinct naturel suffit à trouver une armée assez nombreuse. — 1089. Dans une société régulière. — 1090. Le choix d'une profession est libre. — 1091. La conscription est d'une nécessité, non point naturelle, mais extraordinaire. — 1092. La nécessité d'une armée immense découle de l'idée hétérodoxe. — 1093. Devient encore plus pressante dans les gouvernements modernes par les motifs tirés de l'ordre civil. — 1094. De l'ordre public et — 1095 international. — 1096. La nationalité n'est qu'un prétexte. — 1097. L'idée payenne de la grandeur. — 1098. Soutenue par les assemblées parlementaires. — 1099. Nous ramène à la barbarie.

1058. — Quel est celui qui doit commander la force publique — et dans quel but doit-il le faire? — Si nous avions à résoudre cette question par ces formules générales et vraiment scientifiques étrangères à toutes les passions, il nous suffirait de reproduire la réponse du vieux bon sens. L'armée, dirions-nous, est par essence la force sociale. Or, la force est par sa nature, à moins de dégénérer en violence, au service de la raison. Donc la force sociale, l'armée, doit être commandée par la « raison sociale », c'est-à-dire par celui qui possède l'autorité. Et parce que cette force est nécessaire à la société tout entière, aussi bien dans l'ordre civil que dans l'ordre politique et international, il s'ensuit que le seul possesseur de l'autorité suprême doit être aussi le moteur suprême de cette force. En d'autres termes, l'ordonnateur suprême de la société doit avoir en main une force irrésistible pour maintenir l'ordre. Cet axiôme réduit à sa forme concrète faisait dire aux politiques anciens : C'est au souverain qu'appartient le commandement de l'armée, par ce que c'est en lui que s'incarne la raison sociale et que l'armée qui obéit sans raisonner est cependant une force qui doit être essentiellement dirigée par l'intelligence.

1059. — Cette réponse du bon sens devait, malgré l'évidence, passer pour folie aux yeux de ces hétérodoxes qui avaient renié la nature et n'avaient rien de plus pressé que de former une société toute artificielle et remplie de contradictions.

Nous convenons pourtant que les réminiscences catholiques ne sont pas toutes effacées dans les gouvernements modernes : si bien que, malgré les réclamations de la logique, l'on continue de dire, dans les États constitutionnels, que le commandement de l'armée appartient au roi : bien plus, cela a été écrit dans la charte et dans les statuts.

1060. — L'article, il est vrai, semble fortement contradictoire à Romagnosi... Et avec sa perspicacité politique, il déclare impossible que le premier fonctionnaire du peuple souverain, ayant sous sa main l'armée et l'argent de la nation, ne sente pas la tentation surhumaine d'éloigner des marches du trône la tourbe populaire. Il est donc absurde, sous les régimes modernes, de confier au roi le commandement suprême de l'armée. En effet, dit ce publiciste, posséder et exercer la puissance effective du souverain pouvoir est le caractère essentiel, fondamental et indispensable de tout gouvernement civil, quel qu'il soit. Or, le souverain pouvoir dans les gouvernements constitutionnels appartient au peuple, d'après la théorie moderne... Donc le commandement de l'armée appartient aussi au peuple.

1061. — Mais le souverain de la place publique ne peut pas gouverner par lui-même : il ne sera jamais qu'un pupille. Ce serait donc à celui qui fait des lois en son nom, de commander la force publique, puisque c'est elle qui doit faire exécuter ces lois. Ainsi du reste le pensait la dernière Chambre française : elle sentait le besoin d'appliquer ce principe, et l'on sait qu'elle avait déjà nommé les généraux chargés de faire exécuter ses ordres et de soutenir son autorité. Par malheur pour elle, ce droit prétendu n'était écrit ni dans la logique ni dans la charte ; il était même écarté par le dogme solennel de la division des pouvoirs exécutif et législatif. D'où il arriva que, d'un côté, la Chambre votant des lois selon son droit, et de l'autre L. Napoléon commandant la force publique avec un droit égal, la Chambre se réveilla un beau jour et s'aperçut, après beaucoup de danses et de contredanses, qu'elle avait frisé le bord de la tombe.

1062. — C'est l'exemple comique de l'impuissance d'un législateur sans armée. Il devrait bien suggérer aux constitutionnels un préservatif plus efficace contre le péril de la division des pouvoirs, ce support sacré mais ruineux des gouvernements modernes. Certes, après avoir tant déclamé contre le despotisme de ces régimes paternels, où les sujets avaient confiance dans la conscience de leur roi, de leur père, ils devraient bien convenir qu'ils sont, eux, réduits à devenir le jouet d'un condottière ; qu'ils n'ont aucune foi dans sa conscience, mais qu'ils sont forcés néanmoins de lui laisser en main la force publique. Mais quand cet avis profitera-t-il ? Peut-être dans 50 ans et lorsque plusieurs bouleversements se seront succédé. Actuellement contentons-nous de recourir aux charlatans de la politique moderne, et demandons-leur quelle recette il faudrait employer pour guérir cette infirmité sociale si dangereuse et comparable à une attaque de paralysie ? Le voici : « chez le paralytique l'âme commande, mais le corps n'obéit pas. » Ainsi dans l'infirmité sociale en question ; avec cette différence néanmoins que si, chez l'individu malade, le corps n'a pas la force d'obéir, il n'a pas non plus celle de résister positivement en enchaînant ou en ruinant la raison, tandis que, dans le mal de la société constitutionnelle, la paralysie menace fort de se changer en un état frénétique qui pousse le bras, c'est-à-dire la force publique, à s'attaquer à la tête, à l'Assemblée législative et à lui donner un coup mortel.

1063. — Or, quelle est la médecine que la pharmacopée constitutionnelle oppose à une maladie si dangereuse ? Vous la connaissez déjà. Elle prescrit que le roi, le chef de l'Etat, sera sous la tutelle des ministres et que ceux-ci seront gardés par leur responsabilité.

Cette recette, dans le langage des politiques modernes, s'appelle d'ordinaire « la garantie de la liberté populaire, mais dans le vocabulaire espagnol du marquis de Valdegamas elle signifie tout le contraire et s'appelle la garantie infaillible du despotisme ministériel ». Nous avons donné ailleurs la preuve du vaillant publiciste. Elle peut se résumer en ces quelques paroles. Un ministre responsable peut être mis en accusation, condamné à des peines très graves si la chose publique a eu à souffrir, en raison de son administration. Or, il serait injuste de condamner un homme pour le bien qu'il n'a pas fait ou le mal qu'il n'a pas empêché sans lui avoir donné les moyens qu'il jugeait nécessaires pour cela. D'un autre côté pouvoir employer tous les moyens que l'on juge nécessaires, c'est avoir en main une puissance vraiment arbitraire et despotique. Donc, une fois posée la responsabilité ministérielle, les ministres doivent avoir une puissance arbitraire et despotique (1).

1064. — Mon lecteur m'arrêterait-il ici ? M'objecterait-il qu'un ministre se dit responsable parce qu'il doit rendre compte de ses actes, et s'ils sont coupables, en porter la peine ; mais que celui qui peut être condamné

____

(1) Voir tome III, ch. iv.

pour ses actes n'est ni despotique ni arbitraire ? Une telle objection ferait rire de son auteur, après tout ce que nous avons vu et voyons encore dans la plupart des Etats constitutionnels. Nous savons tous la valeur d'une pareille responsabilité et combien de portes sont ouvertes au ministre pour se dégager de ce labyrinthe. Avant de commettre l'acte arbitraire que l'on médite, on contraint les chambres à autoriser cet acte. C'est la méthode la plus simple, la plus loyale, bref celle d'un galant homme. Si les Chambres refusent ce qui est demandé ou veulent prendre du temps pour réfléchir, le cabinet ne tient pas compte de cette opposition.Et lorsque les actes d'arbitraire sont imminents, il voit bien vite les députés à ses pieds, lui faisant des excuses et lui accordant toute autorisation; que si le ministère, sans aucune autorisation, a déjà commencé son coup plus ou moins grave et qu'on vienne lui en demander compte, il répond qu'il n'est plus temps de semer la zizanie, qu'on doit conserver à l'autorité le respect qui lui est dû, aux personnes leur réputation, aux gouvernements représentatifs leur renommée de régimes parfaits. De cette façon l'on amène les naïfs opposants « à immoler leurs répugnances sur l'autel de la patrie ». Vous le voyez donc, le ministère peut faire ce qu'il veut, non seulement sans crainte d'être inquiété, mais avec la certitude d'en être loué et remercié.

1065. — Or, si telle est, en réalité, la puissance qu'entraîne la responsabilité ministérielle, personne qui ne voie combien le despotisme ministériel peut être hardi. Il n'a devant lui qu'un fantôme d'opposition et, en définitive, on lui a donné non seulement le droit, mais le devoir de commander la force. Des exemples nous feront mieux sentir la plénitude de ce pouvoir arbitraire.

Supposez qu'en France, à Lyon, à Marseille, à Tours, etc., des tumultes populaires viennent à se produire, et qu'on s'y plaigne de la police, de l'excès des impôts, ou d'une prescription quelconque de l'Administration. Le peuple criera, déclamera contre un pouvoir suprême et cruel qui peut employer contre lui la fusillade, le bombardement. Eh bien ! croyez-vous que, dans ces circonstances, un ministère soucieux d'accomplir la volonté du peuple souverain recourra toujours, comme le fit L. Napoléon, à l'oracle du suffrage universel ?

1066. — Allons donc ! vous répondront tous les journaux officieux et semi-officieux. Ce serait trop de simplicité. Pareil procédé serait funeste à tout l'Etat. Le gouvernement ne peut pas, même en apparence, céder à aucune des demandes qui ont été le prétexte de ces désordres. Toute concession, sous couleur d'amour de la paix et de la concorde, ne manquerait pas d'être mal interprétée par les rebelles et regardée comme un symptôme de faiblesse.

Que fera donc le ministère ? Il expédiera les régiments nécessaires pour mettre les mécontents à la raison. Il fera comprendre qu'ils n'ont rien à gagner à l'agitation ; qu'il s'agit pour eux de leur plus vital intérêt (je le crois bien : éviter la canonnade !) qu'ils aient donc à rester en paix.... Ne faut-il pas, du reste, que le gouvernement montre une inflexible énergie dans la répression de toute agitation, puisqu'il s'agit de protéger le peuple contre ses propres entraînements, de défendre les citoyens pacifiques, de maintenir intact, pour le bien de l'Etat, le principe d'autorité, enfin de prévenir ainsi les accusations des réactionnaires qui, pour discréditer le régime de la liberté, prétendent qu'il est incompatible avec l'ordre social.

1067. — Avez-vous bien compris ces dernières paroles? Elles disent clairement combien est grave, pour un ministère constitutionnel, le devoir de faire respecter intégralement le principe de l'autorité; et par suite que le pouvoir dictatorial des ministres est sans limites, puisque c'est un devoir de conscience pour eux de ne pas écouter les réclamations des sujets. — Mais supposez pourtant que quelque bon et courageux citoyen s'efforce de démontrer au gouvernement qu'il s'est laissé surprendre, illusionner et qu'il a poussé les citoyens les plus pacifiques à ne pas tolérer davantage la persécution religieuse, les impôts exorbitants ; oui, supposez cela. — Savez-vous ce que répondront les ministres? Eh ! Marseille, Lyon, Tours, etc., n'ont-elles pas leur représentant à la Chambre ? Ne peuvent-elles pas, par eux, lui adresser une pétition...? En un mot, leur manque-t-il quelque moyen de faire connaître leurs désirs, leurs tendances et ce qui leur semble le mieux pour y faire droit?

1068. — Certainement, messieurs les Ministres, nous avons nos représentants. — Mais remarquez que, comme plusieurs autres, ils pourraient bien se laisser acheter; et s'ils sont trop honnêtes pour se vendre, il est certain qu'ils ne forment devant le reste de la Chambre qu'une faible minorité. Que devient donc la faculté de recourir à la Chambre, si ce recours n'aboutit pas? — Tant pis pour vous si vos raisons ne persuadent pas la Chambre. Vous vous trouverez dans la condition de toutes les autres villes ou provinces, dont les députés sont aussi une minorité en face de la Chambre entière... Vous ne serez pas les seuls que cette Chambre laissera crier sans les exaucer... Combien de pétitions, depuis l'établissement des gouvernements modernes, ont été rejetées par les assemblées législatives... ou même sont restées dans les cartons et n'ont pas été présentées..! — Il ne faut donc pas vous montrer trop difficile... Il faut surtout songer que sous les régimes absolus vous aviez beaucoup moins de libertés que sous les gouvernements nouveaux, — qu'en particulier vous aviez moins de facilités pour faire connaître vos désirs par voie de pétition.

— Excellences, la liberté de postuler est belle et bonne, mais nous voudrions aussi la liberté d'obtenir.

— Ah! malheureux fauteurs de la réaction! on voit clairement que vous êtes les victimes du chagrin ou de l'illusion. Vous méprisez les remèdes de la légalité et par là vous faites douter de votre foi dans la liberté, de votre attachement aux institutions qui sont le bonheur des Etats modernes... Vous faites douter enfin de votre maturité politique et vous justifiez l'opinion de ceux qui voudraient vous voir exclus de toute participation aux avantages de la Constitution. » —

Eh bien! nous allons nous charger de votre éducation politique.

Et, soyez sûrs, nous saurons y réussir.

1069. — Là dessus le ministère proclame l'état de siège.

Art. I. Le port des armes est prohibé.

Art. II. Prohibée également la vente de toute espèce d'armes.

Art. III. Les contrevenants seront immédiatement arrêtés.

Art. IV. Toute résistance, même en paroles, tout acte de mépris contre les agents de la force publique sera réprimé sur l'heure, et au besoin par les armes.

Art. V. Toute réunion publique de plus de cinq personnes sera dissoute.

Art. VI. Tous les habitants devront se trouver dans leur maison de 8 h. du soir à 5 h. du matin.

Art. VII. Les conseils municipaux ne pourront se réunir sans une autorisation préalable.

Art. VIII. Telle ville, telle province sont en état de siège ; il pourra être étendu à d'autres villes etc. (1).

— Nous verrons si cette recette n'est pas du goût du peuple souverain ! Pour nous, nous ne pouvons agir autrement. Car si nous cédions aux instances de telle ville, puis de telle autre, de telle province, etc., toutes se lèveraient bientôt.

Et que deviendrait alors la prospérité de la nation ? Que les mécontents rentrent donc dans le silence — et

(1) Risorgimento... 10 mars 1851.

si ces raisons ne les persuadent pas, qu'ils sachent que de nouveaux bataillons sont prêts à leur faire entendre des arguments plus frappants et une éloquence plus foudroyante.

1070. — Tel sera le langage et telle est la condition d'un ministère qui veut remplir ses obligations... Et cela en tout temps sous les régimes absolus aussi bien que sous les régimes tempérés. Les raisons de cette conduite ont été données par des feuilles libérales... Et nous sommes très loin de les révoquer en doute... Nous ne faisons point chorus avec le journalisme libéral; nous ne crions point contre l'état de siège imposé par Radetzky, déclarant publiquement qu'il voulait par là défendre les honnêtes Milanais et les délivrer du poignard des Mazziniens... Nous reconnaissons très volontiers qu'un gouvernement a le droit de protéger une ville, une province contre elle-même; qu'il peut, dans ce but, faire appel aux gens de bien au nom de la patrie, de leurs intérêts, de leur honneur, de l'avenir et les mettre en garde contre un amour mal entendu de l'indépendance. Ainsi l'ont pratiqué tous les bons gouvernements. — A tous ces motifs un gouvernement catholique peut en ajouter un autre beaucoup plus efficace, tiré de l'amour de Dieu, contre lequel pèche tout rebelle à l'autorité légitime. Et, certes, il n'aurait point à craindre le rire sardonique de tous ces rhéteurs qui ne savent parler de la patrie que comme Tite-Live ou Plutarque.

1071. — Mais si tel est le droit et le devoir de tout bon gouvernement, en vertu de la loi naturelle prescrivant à tout être de veiller à sa conservation, c'est par ailleurs un despotisme absurde dans la théorie constitutionnelle; puisque, d'après les principes modernes, tout peuple a pleinement le droit non seulement. de censurer les actes de ses gouvernants, qui ne sont que ses mandataires, mais encore de changer de fond en comble la constitution ou le pacte fondamental. Et quand est-ce que cette liberté est plus manifeste que lorsque le gouvernement, sans consulter le suffrage universel, contraint les sujets à vouloir ce qu'il veut?

Qui donc lui assure que les mécontents sont ou peu nombreux, ou mal intentionnés ou dans l'illusion? Dire à ce peuple qu'il ne doit plus faire de réunions, qu'il doit désarmer sa garde, se soumettre à l'état de siège, briser sa résistance par le canon, de peur que les autres provinces n'imitent son exemple et ne se lèvent aussi contre le gouvernement, tout cela n'est pas autre chose, dans la théorie moderne, qu'une révolte ouverte contre le peuple souverain... On le bâillonne pour qu'il ne puisse pas parler. Car on le sait bien, s'il le pouvait, il parlerait contre ses gouvernants.. Lui dire que les désirs qu'il exprime par son tumulte ou en se rebellant n'ont pour auteurs premiers que des esprits chagrins ou d'honnêtes gens trompés par des meneurs (et cela sans avoir consulté le suffrage universel) c'est recourir à l'un de ces moyens réprouvés par les libéraux dans les gouvernements absolus. En somme, c'est dire au peuple qu'il doit obéir et non commander. Mais autant cela est vrai, juste et légitime dans une société constituée conformément au droit naturel, autant, dans la théorie des constitutionnels à la moderne, cela sent la contradiction, la rébellion, la tyrannie.

1072. — Voilà dans quel sens nous avons dit que la liberté constitutionnelle rendrait nécessairement les ministres despotes, en mettant la force armée à leur disposition. Voyons maintenant combien ce despotisme deviendra coûteux, si le ministre galant homme veut accomplir en conscience tout son devoir afin de procurer le bien public. Mais, ne l'oublions pas, le bien public dans le système hétérodoxe, c'est « le bien de l'État », en d'autres termes, une richesse, une grandeur, une puissance, etc., telles qu'elles assurent à un peuple le premier rang entre les autres.

1073. — Or, pour qu'un peuple l'emporte sur les autres et en acquière l'hégémonie (idéal des nations aux yeux des utilitaires), il faut nécessairement employer les moyens indispensables, c'est-à-dire les hommes et et l'argent ; et l'accumulation de ces moyens pourra progresser indéfiniment, tant qu'ils seront réclamés par les ministres, concédés par les représentants, fournis par la nation. Bien plus, le gouvernement pourra les demander aux peuples étrangers, mais à la condition que la nation les prenne à sa charge par l'organe de ses représentants. La voilà donc ouverte toute grande et mise à la disposition des gouvernements modernes cette veine si riche en or et en sang humain. Rousseau n'a fait que l'indiquer dans le contrat social, mais, au fond, c'est la main-mise des gouvernants sur les propriétés, les forces personnelles, les volontés, les intelligences d'un peuple et dans la mesure que ces gouvernants jugeront nécessaire pour rendre ce peuple heureux. Si encore dans ce contrat le peuple rationaliste s'était contenté de sacrifier pour le bien public sa fortune et ses forces, il aurait pu refuser ce que les ministres auraient demandé; il aurait pu juger nuisible aux bien commun ce que les ministres auraient regardé comme utile. Mais le peuple a aussi sacrifié son intelligence, et c'est au gouvernement qu'il appartient de juger du bien de la nation. De sorte que, si ce peuple veut être logique, il devra convenir qu'après avoir sacrifié sa volonté et son intelligence il ne lui reste plus que la liberté de payer et d'obéir. Curieux résultat, en vérité, d'un contrat passé par les individus afin d'assurer la liberté individuelle ! Ils ont sacrifié une partie de leur bien physique et intellectuel afin que le gouvernement puisse légitimement s'emparer de tout le reste ! Il en est pourtant ainsi : mais les lecteurs sont depuis longtemps habitués à voir ces effets contradictoires de l'idée moderne, presque toujours en conflit avec l'invincible nature. Qu'on ne blâme donc pas trop les gouvernants. Ils suivent ce qu'ils appellent, dans leur système, un principe adopté généralement. Ils invitent ou plutôt ils contraignent le peuple pour le bien de la patrie, à leur apporter ses dernières ressources afin d'enrôler et d'envoyer au feu des batailles ou des révolutions jusqu'au dernier des citoyens; ils suivent cette reine du monde moderne, l'opinion, qui les rend maîtres, nous l'avons dit plus haut, de l'or et du sang de la nation.

1074. — Aussi, grâce aux institutions modernes, les sociétés, à moins d'incohérence, en sont réduites à l'obligation de remercier un gouvernement qui les épuise et les saigne à blanc. Car qu'est-ce qu'une société moderne pourrait répliquer à ses chefs lorsqu'ils lui demandent son dernier sou et son dernier homme ? Se plaindra-t-elle de ce qu'ils la veulent puissante ? Mais c'est précisément la fin que doit viser le gouvernement et pour laquelle il doit employer des moyens efficaces? Se plaindra-t-elle de ce qu'il met en jeu tous les moyens ? Mais il serait absurde de vouloir la fin sans les moyens et une fin suprême sans user de tous les moyens. Dira-t-elle qu'ils ont mal choisi les moyens ? « Et qui donc les a choisis, répliqueront les ministres, sinon les députés que la nation nous a donnés pour guides? »

1075. — Tant que les richesses et les hommes accroissent la puissance de l'Etat, le gouvernement a le droit de les demander; tant que le gouvernement les demande, les députés ont le droit de les lui accorder, enfin tant que les députés les lui accordent la nation a le devoir de payer et d'obéir. Vous le voyez, cher lecteur, le despotisme est organisé ici dans toute sa plénitude, avec une légalité rigoureuse, des dépenses indéfinies d'hommes et d'argent. Et cela pour la gloire immortelle et irrésistible des institutions nouvelles. Oui, irrésistible; car, pour ne point manquer leur but, ces institutions ont soin de dire, au riche, au puissant, aux habiles que c'est à eux de demander et de prescrire mais sans véritable sacrifice de leur part, bien plus avec profit pour eux ; tandis que le rôle du pauvre, du faible, de l'ignorant, c'est de se sacrifier sans fin, lui, son argent, ses amis, ses fils... sans autre compensation que de pouvoir lire un jour dans les feuilles publiques le panégyrique d'un peuple qui a tout sacrifié pour la puissance et la prospérité de la patrie.

1076. — Le lecteur ne me demandera point, j'imagine, des preuves de faits à l'appui de mes raisonnements.... Toutes les générations modernes ont fatalement suivi, dans leur vie sociale, cette voie tracée par la logique. Voyez d'abord le peuple qui a devancé tous les autres dans l'application et l'évolution de l'idée moderne.... Une fois qu'est entrée dans le cerveau du grand roi et de ses sujets éblouis par sa gloire la manie de devenir la grande nation, aussitôt, même sous le gouvernement monarchique, commence, dans la vie sociale, cette série de sacrifices qui amènent les angoisses du roi-martyr, le ministère Necker et les Etats généraux. Ceux-ci se transforment en Assemblée constituante, puis en république à la moderne ; ils changent la France en un marais de sang ; le peuple en une armée qui franchit les frontières étrangères, fait de l'Europe un champ de bataille et un sépulcre de soldats. A la république succède Napoléon. Il répète comme Louis XIV : l'Etat, c'est moi ! Mais afin de gouverner la France en maître absolu, croyez-vous qu'il abolisse les formes constitutionnelles ? Non : il connaît trop ses propres intérêts, pour rejeter ce tout-puissant instrument de règne : la représentation nationale. Il continue à convoquer périodiquement les députés de la nation ; puis ses pairs ou sénateurs chargés, on le sait, de dire oui à tout ce que demande l'empereur ou même de lui offrir davantage, s'il paraît craindre d'être trop exigeant.

Ce qui est arrivé sous la France impériale a continué sous les gouvernements qui lui ont succédé... Et tous les régimes à la moderne ont suivi, les uns plus, les autres moins, les mêmes errements. On sait quelles charges écrasantes ils imposent aujourd'hui à tous les peuples de l'Europe.

1077. — L'un de ces gouvernements a-t-il en tête une affaire brillante et très dispendieuse, il est rare qu'il ne trouve pas le secret de la faire payer au peuple, en gagnant les députés. Mais s'il s'agit d'une entreprise militaire qui a pour but de rendre la nation plus puissante en augmentant sa force armée, alors plus d'hésitation.. Les ministres obtiennent toutes les ressources qu'ils demandent. Car pour la nation comme pour les individus épris des idées modernes, le bien suprême c'est l'indépendance. Et cette indépendance nationale n'a point d'autre garantie que la force. Voilà pourquoi un ministre pourra bien renoncer à certains projets sur le monopole de l'instruction publique — sur l'agriculture, le commerce, etc., mais quand il s'agit de la force militaire, celle-là doit grandir au prix de quelque sacrifice que ce soit, de même que l'individu se procure coûte que coûte le morceau de pain et le verre d'eau indispensable à sa vie.

1078. — Vous voyez par là la raison intime et nécessaire de cette attitude effroyable de tous les États européens enrôlant la moitié de la nation pour tenir l'autre moitié dans l'obéissance. Concluez aussi combien sont vains les congrès de la paix. Ils fomentent le principe hétérodoxe, — ils exaltent avec admiration la souveraineté du peuple.. Et lorsqu'ils demandent que l'on dépose les armes et qu'on rende à l'Europe sa tranquillité, ils s'aperçoivent que leurs discours n'ont fait qu'aiguiser les armes et rendre la paix impossible; puisque d'après le principe même des sociétés modernes elles sont obligées de se tenir en garde les unes contre les autres et par là-même de l'emporter par la force.

1079. — Que les amis (et je le veux), les amis sincères de la paix demandent donc à grands cris qu'on opère le désarmement. Il n'en sera jamais rien tant que l'indépendance hétérodoxe criera plus fort aux princes qu'ils ne sont pas sûrs de leurs voisins. Pour le moment les armées sont devenues le salut des sociétés et de leurs chefs : non seulement le cri des pacificateurs se perdra dans le vide; parce qu'il est en contradiction avec la nature des choses ; mais encore il sera mal venu, parce qu'il n'est que l'écho de la démagogie anarchique — et que les démagogues ne désirent rien tant que l'abolition d'armées prêtes à briser leurs fureurs.

Tenons donc pour certain que les grandes armées ne peuvent poser les armes tant que vivront dans les nations et l'idée hétérodoxe de grandeur nationale, et la ferme persuasion que, cette grandeur ne pouvant s'acquérir par le droit (car le droit à la moderne dépend des opinions individuelles), il n'y a qu'un moyen de la conquérir : une force armée supérieure, invincible. Tenons pour certain qu'un ministre à qui la nation dit : « Je veux être la plus riche, la plus glorieuse, la plus puissante ne saurait lui faire d'autre réponse que celle-ci :

« Bon ; mais je veux une armée qui prime toutes les au-tres armées européennes, » c'est-à-dire en bon français : « Je veux le plus d'argent et le plus d'hommes possi-ble. »

1080. — Je ne dis pas absolument que tous les hom-mes sans exception seront soldats et que tout l'argent de la nation jusqu'à son dernier sou passera dans les dépenses militaires. Un ministère qui pousserait à ces extrémités pour augmenter la puissance de l'Etat et de l'armée ferait acte de folie ; il semblerait croire qu'en-tre toutes les denrées la chair humaine est la seule qui se produise sans cause et se conserve sans avoir besoin de réparation. Tout en la traitant souvent comme une machine, il doit tenir compte de la famille, du ma-riage, des époux. Il en a donc cure et en dispose, comme l'on sait, despotiquement.... établissant le mariage civil, le monopole universitaire... et cela même dans des pays catholiques, comme en France et en Piémont, lors-que des protestants commencent à maudir les lois tyran-niques qui pèsent sur le mariage (1).

1081. — Ainsi la manie d'augmenter sans cesse la puissance et l'influence d'une nation sur les autres, et

____

(1) On vient de faire chez nous une loi qui indispose chacun, entre autres les républicains : c'est une loi sur les mariages civils. Dans les cantons de Zurich et de Vaud, où, Dieu le sait, on est assez radical, là cependant le mariage religieux est d'obligation. A Neuchâtel, nos radicaux ont renchéri ; le mariage civil est obligatoire, et le mariage religieux facultatif simplement. Il a fallu nommer dans chaque paroisse des marieurs officiels ; on les montre au doigt. Dans plusieurs parois-ses, personne n'a voulu accepter cette charge ; dans deux paroisses il a fallu nommer les inspecteurs du bétail pour remplir l'office. (Indé-pendance belge... dans l'Echo du Mont-Blanc, 8 mars 1852.)

cela en augmentant ses armées, ne pousse pourtant pas
les ministères à la moderne jusqu'à détruire la source
même des générations et par conséquent de nouveaux
soldats... Le difficile pour eux c'est de trouver le point
culminant de cette courbe formée par la combinaison de
deux lois économiques modernes : « Tenir le peuple
dans la pénurie d'hommes et en favoriser en même
temps la reproduction... En d'autres termes le problème
à résoudre est celui-ci : Enrôler la plus possible de
jeunes gens et cependant multiplier les pères de famille...
Le calcul a déjà été fait par Montesquieu. — L'Encyclopédie du xixe siècle l'enregistre dans un article auquel
je laisse la responsabilité de ses chiffres, — il nous
suffit que l'opération ait été faite dans le but de l'économie moderne, celui d'utiliser les hommes. Suivant Montesquieu, une expérience continuelle a pu faire connaître
qu'un prince qui a un million de sujets ne peut, sans
se détruire lui-même, entretenir plus de dix mille hommes. En admettant ce principe, l'armée ne doit comprendre que la 100e partie de la population... Sous
Louis XIV, la France eut 400.000 hommes... A la fin
de 1793 nous avions au moins 700.000 combattants en
ligne — et l'année suivante, quatorze armées présen-
taient un effectif de plus d'un million d'hommes.
(Tome 24, p. 388... Troupe...)

Voilà, cher lecteur, la condition à laquelle un peuple
modernisé en est réduit en raison de sa force militaire.
Condition un peu humiliante, il faut l'avouer, aux yeux
des catholiques... mais qu'admettent sans difficulté tous
ceux qui ont entrepris de restaurer dans les peuples

la conscience de leur propre dignité, des droits de l'homme et du citoyen.

1082. — Voilà l'origine et la raison de la conscription militaire, système de recrutement adopté par tous les peuples modernisés ! Jadis ces peuples étaient les esclaves des tyrans, des prêtres, de la superstition ; mais il n'y avait point alors de levée militaire pour mettre tous les bras d'un pays à la disposition d'un aventurier ambitieux ; certes, la superstition reconnaissait l'obligation de défendre la patrie, mais elle admettait en même temps le droit pour les individus de choisir leur profession : les tyrans respectaient cette liberté, en dehors du cas de péril général et urgent — et ils se contentaient d'enrôler des soldats volontaires et de les entretenir aux dépens de la couronne... Les prêtres enseignaient aux soldats le devoir de la fidélité, sans imposer aux peuples l'obligation de se lever comme un seul homme pour courir à la frontière.

1083. — Mais grâce au moine allemand l'on acquit l'idée vraie de la liberté ; on la proclama à grands cris, dans les rues de la capitale française, et les peuples comprirent que la liberté était à celui qui savait s'en emparer ; que, sans cet art, l'on n'en était pas digne ; que tous les citoyens sont soldats ; qu'il faut être lâche et criminel pour ne pas courir au devant de la mort afin de sauver la patrie. Avec ces idées l'on vit bientôt proclamer, dans la France républicaine, la loi du 19 fructidor an VI ; c'était une sentence qui condamnait à mort des millions de jeunes gens, la fleur de la nation. La Charte de 1814 reprit un instant les traditions du despotisme paternel des rois ; elle abolit la conscription par son article 12 ; elle ne l'admit que dans les cas de nécessité par la loi du 10 mars 1815. — Vinrent les glorieuses journées ; l'on abolit de nouveau le système de recrutement de l'ancien régime ; — et, revenue à la liberté moderne, la France ressuscita la conscription par la loi du 21 mars 1832 ; elle rappela à tous ses fils qu'ils étaient soldats. Et si vous voulez vous rendre plus palpable l'origine hétérodoxe de l'accroissement indéfini des armées, continuez de lire l'article français cité plus haut ; vous verrez que toutes les fois que l'esprit catholique paraît remonter dans la société, les armées diminuent ; au contraire elles augmentent à mesure que l'esprit hétérodoxe reprend de la force. « Les guerres continuelles de l'empire maintinrent nos troupes sur un pied formidable, mais le pays fut épuisé par de si grands efforts. L'armée fut considérablement réduite sous la Restauration. Pendant les premières années qui suivirent la révolution de 1830, la force de l'armée fut augmentée et nous eûmes jusqu'à 400.000 hommes sous les drapeaux. » Vous le voyez ; les faits viennent ici confirmer la théorie et la théorie rend raison des faits.

Les régénérateurs de l'Italie n'ont pas eu le temps de réduire la théorie en formule pratique : mais à Rome, où la circonscription était inconnue, ils en ont publié solennellement le principe par le décret du 27 avril 1849. Il disait que la vie et les forces de l'homme appartiennent de droit à la société et au pays où la Providence la fait naître. Il préparait donc ainsi cette conscription tumultuaire des derniers jours de la république, « cette levée dans laquelle des compagnies de légionnaires en armes arrêtaient dans les rues et sur les places de Rome les maçons, les charpentiers, les ouvriers de toute profession, les citoyens de la ville, les hommes de la banlieue et les poussaient, la baïonnette dans les reins, sous les murailles assiégées de la ville ; au milieu de la pluie des balles et des boulets (1) ».

Vous le voyez donc, cher lecteur ; la conscription, sous les anciens gouvernements, n'était qu'une douloureuse nécessité dans les temps de péril social : c'était la très rare exception : aujourd'hui, avec les gouvernements modernes, c'est une des plus heureuses institutions populaires.

C'est là un sujet qu'on a souvent fort mal traité grâce aux préjugés de la civilisation hétérodoxe... et il n'est pas rare que, chez nombre de publicistes ou d'écrivains qui l'ont abordé, la vérité revête les couleurs du paradoxe et l'erreur celles de la vérité... Voilà pourquoi, dans la question, il serait plus qu'opportun d'interroger le droit naturel et d'éclairer à l'occasion ses données par les enseignements de l'Eglise. On apprendrait ainsi à discerner la vérité de l'erreur, et la justice absolue du devoir relatif... notions dont la confusion, hélas ! trop commune, n'est propre qu'à aigrir les maux de la société dans le présent et en préparer d'autres pour l'avenir.

1084. — Les politiques dont je parle sont honnêtes, expérimentés : ils croient bonnement que la conscrip-

____

(1) Ici un mot sur le Piémont, où le système de la conscription n'en était encore qu'à des tentatives. Aujourd'hui le royaume d'Italie est à l'unisson de l'Europe.

tion est non seulement licite en cas de nécessité — mais qu'elle renferme des avantages considérables pour les individus, pour les familles, pour l'Etat. Ils ne voudraient jamais dire un mot contre une institution, que d'autres appellent le tribut du sang payé à la patrie.

Et combien de fois n'a-t-on pas reproché au gouvernement pontifical de n'avoir point imposé ce tribut à ses sujets : quelles troupes, demande-t-on, un gouvernement pourrait-il jamais former avec des individus ramassés sur les grands chemins, avec ces vagabonds, sans métier, sans argent...? Il n'y a que la conscription qui puisse donner de vrais et honnêtes soldats. D'ailleurs les avantages de ce système regardent aussi les familles : en même temps que leurs fils et par eux elles progressent dans la civilisation... Et ce bienfait, elles ne pourraient l'espérer si leurs enfants ne connaissaient les misères et les difficultés de la caserne nationale... Enfin n'est-ce pas la conscription qui appelle un citoyen généreux et intelligent aux premières dignités de l'armée... Et par là ne confirme-t-elle pas le droit de tout homme à s'élever par son mérite aux charges les plus élevées de la société?

1085. — Nos lecteurs ne sont point des novices en face de cette objection... Et la réponse est sans doute présente à leur esprit, surtout s'ils ont bien remarqué que selon l'adage « In cauda venenum », elle fait à la fin allusion au système utilitaire et à la fameuse égalité d'où naît le désordre social... L'erreur hétérodoxe ne consiste pas à enseigner que des esprits intelligents et généreux peuvent s'élever aux dignités sociales. (Il y a longtemps que l'Eglise, tout en obligeant les électeurs à ne choisir que d'après le mérite, a récompensé pour la première fois le travail des petits et des pauvres, en leur conférant non seulement le sacerdoce mais la mitre, mais la tiare). L'erreur consiste à regarder ces dignités non pas comme des fonctions et des devoirs, mais comme un bonheur auquel on a droit; l'erreur consiste à déduire ce droit de notre tendance naturelle au bonheur. Ce sentiment est d'abord essentiellement hétérodoxe, puisque, de notre tendance à la félicité, la foi nous fait conclure au mépris des grandeurs de ce monde. Il est encore essentiellement subversif de la société, car il engendre le mécontentement dans toutes les conditions, puisqu'il n'y a personne qui ne voie au-dessus de lui d'autres citoyens. Certes, une pareille observation devrait déjà faire soupçonner un vice dans un système de recrutement qui s'appuie sur de tels principes.

1086. — Autre illusion : on espère que l'éducation à la caserne sera une source de civilisation pour les jeunes gens et pour leurs familles ! Quelle idée les panégyristes de la conscription se font-ils donc de la civilisation? Certainement le paysan, le montagnard déposeront à l'entrée de la caserne leur habit de toile ou de peau, ils prendront, grâce aux exercices militaires, un air martial et fier, ils seront plus avenants, plus polis aux yeux des citadins…. Mais si cette transformation extérieure avait été payée du prix de leur innocence, si, en quittant leurs habits grossiers, ils s'étaient dépouillés de l'esprit de famille et de l'amour filial ; si l'armure

plus légère des camps les avait dégoûtés de la lourde
charrue ; si la fréquentation du cabaret, si les débauches
leur avaient appris des choses bien différentes des
leçons de leur curé et de leur confesseur, où seraient
donc en fin de compte les avantages qu'en aurait retirés la civilisation ? Pourrait-on appeler cela la véritable
éducation du peuple ? Quant à nous, nous le confessons
franchement, nous ne voyons là qu'une application
spéciale de ce bouleversement universel produit par
l'idée hétérodoxe et que nous déplorions ailleurs, je
veux dire « la dissolution de l'organisme domestique
ou de la famille ». C'est là finalement qu'aboutit pour
certains parents la manie de pousser au moins un de
leurs fils à la conquête de quelque haute dignité sociale.
Cela se fait avec des dépenses considérables, souvent
au détriment des autres enfants. Et le résultat le plus
ordinaire, c'est de voir ce privilégié revenir au toit
domestique sans affection pour les siens, honteux de
leur condition et de leur demeure, dédaigneux de leur
société et de leurs habitudes incultes. Bref, c'est plutôt un étranger qu'un enfant, un légiste ambitieux
qu'un bon citoyen, un homme disposé à tremper dans
les mouvements révolutionnaires que désireux et capable de dédommager sa famille de tous les sacrifices
dont il a profité. Lorsque les idées catholiques régnaient
dans la société, l'on reprochait aux familles d'élever
un de leurs fils pour le sacerdoce, en vue de quelque
bénéfice et au fils devenu prêtre de céder au népotisme
et d'enrichir ses parents avec les biens de l'Eglise. Le
reproche, s'il était appuyé sur des faits, était juste ; il

y avait là un défaut de jugement et une affection mal placée. Mais le désordre dont nous parlons et qui existe en nombre de pays est beaucoup plus affreux ; il brise les liens les plus sacrés de la nature et de la reconnaissance. Et qu'importe au bien de la société que ces errements servent à former un avocat, un colonel, etc. ? En définitive la vraie civilisation gagne-t-elle à voir ses principes essentiels ruinés et remplacés par les formes extérieures d'une plus grande politesse? Si encore la conscription n'enrôlait que les hommes violents ou indociles ; elle aurait quelque bon résultat : l'éducation militaire vaudra toujours mieux que la vie désordonnée. Mais non ; ceux-là seront plutôt laissés de côté. L'on veut faire de la caserne une école de civilisation pour les habitants des chaumières. Au fond, c'est une tyrannie qui substitue à une éducation véritable et nécessaire un vernis de culture factice.

1087. — Les panégyristes exagérés de la conscription militaire s'appuient donc déjà sur deux idées fausses, celle du bonheur pour les individus et celle de la civilisation pour les habitants des campagnes.

Ils ajoutent : du reste la conscription est nécessaire : sans cela point de bonne armée ; mais seulement des bandes de débauchés, toujours prompts au pillage et à la trahison. Cet argument est sans contredit le plus favorable à leur thèse. Mais, qu'on veuille bien y réfléchir, il suppose l'état moral d'une nation si déplorable que de deux choses l'une : ou bien il n'y a plus chez elle de goût pour la vie militaire ou bien le nombre de soldats y doit être si grand que les hommes honnêtes ne suffisent pas à remplir les cadres. Or admettons par hypothèse qu'un peuple se trouve dans cette double condition : peut-on dire qu'elle est normale et naturelle ? Si mon lecteur me concède que souvent l'état militaire peut être une profession agréable à beaucoup de citoyens, et que ce nombre, dans les conditions ordinaires de la société, serait suffisant pour protéger le droit contre la violence, il verra de suite que la raison des panégyristes de la conscription peut bien démontrer une nécessité relative pour !e temps présent, mais qu'elle ne prouve point d'une manière absolue et pour tous les temps, puisqu'elle est contraire à la loi de la nature.

1088. — Or ces deux conditions se trouvent toujours, à notre avis, dans une société organisée selon les lois de la nature. En premier lieu qu'on ne puisse trouver chez un peuple civilisé un certain nombre de jeunes hommes portés au métier des armes, personne n'oserait l'affirmer : ce serait contredire l'expérience de tous les temps. Toujours et partout on a rencontré nombre de jeunes gens attirés dans les camps par la noblesse du courage guerrier, par une vie plus libre et par le prestige de la force par l'amour de la patrie, et d'autres motifs reconnus de nos adversaires eux-mêmes. Or lorsque la nature fait à la société humaine une nécessité inexorable de la force armée, elle doit avoir mis dans le cœur humain des instincts qui répondent à ce besoin : sans quoi la Providence se contredirait, elle qui, dans toutes les nécessités de l'homme ou de la société, joint au besoin la capacité, à celle-ci la tendance et enfin la joie à satisfaire cette tendance... La vérité est donc que, dans la plupart des nations de l'Europe, à part les factions qui ont (l'on sait pourquoi) l'horreur des armées, le génie guerrier a besoin plutôt d'être dirigé qu'excité. L'épée au côté d'un Espagnol, d'un Français, d'un Piémontais, d'un Suisse, d'un Hongrois, etc., etc., est un ornement dont il est fier, non point un fardeau qu'il traîne avec peine. Et les sujets des Etats Romains, qu'en dites-vous, me demandera quelqu'un ? Les sujets des Etats Romains sont (1) dans des conditions telles qu'ils ont peu de raison de songer à la guerre... Toutefois ils sont loin d'être sourds à la voix de la religion et de l'honneur... Leur milice, qui a été l'objet des calomnies et de la haine des démagogues, a mérité l'approbation des catholiques sincères... Qu'en 1831 les volontaires pontificaux n'aient point eu quelques torts dans les dissensions qui ont agité les Romagnes et les Marches, ce n'est pas moi qui le nierai. Mais l'on ne me fera jamais croire qu'ils ont mérité toutes les exécrations dont leurs ennemis les ont chargés... Je croirai toujours, au contraire, que les hurlements des loups sont un signe infaillible de la fidélité du berger.

D'ailleurs supposé même qu'un certain nombre, en défendant leur Prince légitime, le Souverain Pontife, aient outrepassé quelquefois les limites d'une juste défense, aigris qu'ils étaient par l'obstination et la perfidie des factieux, qu'est-ce que cela prouve? sinon que chez ce peuple le sentiment militaire, loin d'être éteint, est toujours prêt à se réveiller à la voix de la religion, de

(1) Sont... avant 1870. Etaient... après 1870.

l'honneur — et qu'il a seulement besoin d'être mieux
dirigé.

1089. — Il est donc certain que naturellement un
peuple civilisé ne manquera jamais de volontaires nombreux et honnêtes pour former ses armées. Que si,
malgré cela, la corruption des idées a créé dans la société le besoin absolu de très nombreux soldats pour
résister à la violence et au désordre, il faudra conclure
que la nécessité présente naît d'un mal accidentel, d'une
crise passagère; — que cette crise peut demander des
remèdes extraordinaires — mais que l'on ne confonde
pas ces remèdes avec la perfection normale de la
société.

1090. — D'un autre côté, considérons en second lieu
la société dans sa condition naturelle et sous l'impulsion
de la nature. Il est manifeste que le choix de sa profession est, pour chaque individu, un droit naturel et inaliénable; puisqu'elle doit être en rapport avec ses
besoins, sa capacité, son talent, ses goûts, de façon à lui
procurer et les moyens de subsister et la facilité de
tendre au bonheur. Or, de là résulte, en dehors des cas
de nécessité dont nous avons parlé, qu'il faut laisser à
chaque personne humaine la pleine liberté de choisir sa
profession et que la violenter sous ce rapport serait une
tyrannie. Les catholiques ont tant de respect pour ce
principe que, chez eux, souvent le père de famille ne se
permet pas d'imposer un état à ses enfants... Et pourtant il le ferait avec beaucoup plus de sagesse et d'amour
qu'un pouvoir public quelconque?

Or, comment accorder à ce pouvoir, sans une très

grave nécessité, ce qui n'est pas permis à un père? Et il s'agit d'une profession où sont semées les tentations pour la conscience, les entrainements pour le cœur, des dommages pour les intérêts et des périls pour la vie. — La plus sainte des sociétés, l'Eglise, n'oserait jamais contraindre le plus angélique de ses fils à embrasser la plus sainte des professions; et l'on concédera à l'autorité laïque, dans ses conditions régulières, le droit de forcer à un long célibat, dans la fleur de leurs années, l'élite de ses jeunes gens; d'interrompre leurs études littéraires ou professionnelles, de briser souvent leurs affections, de troubler leurs intérêts pour les soumettre aux dangers de la guerre et les contraindre au sacrifice de leur vie! Que cela soit le fait des adorateurs du Dieu-Etat, je le conçois très bien; car quelle victime ces hommes ont-ils jamais refusée à ce nouveau Moloch?

Le troupeau des conscrits n'est qu'une petite partie des victimes destinées au sacrifice; ils y vont de conserve avec tous ces adolescents sacrifiés au monopole universitaire, ils y vont avec les flots d'or que le budget parlementaire arrache à la nation. Tout est dû au Dieu-Etat : quant à choisir la matière et la graisse du sacrifice, ceci est affaire des ministres : qu'ils offrent à leur idole le sang des conscrits, l'intelligence de la jeunesse, le revenu des propriétaires, le principe est toujours le même : « Tout est dû en holocauste au Dieu-Etat. »

Mais, en supposant que cette idolâtrie contre nature n'existe pas, si vous regardiez cette sorte de massacre moral dont nous parlons comme une condition normale ou même comme une perfection de la société, c'est, permettez-moi de vous le dire, que vous auriez perdu l'idée de cette Providence paternelle qui gouverne avec tant de respect sur la terre les destinées et les vocations humaines.

1091. — Nous l'avons répété plusieurs fois, notre intention n'est pas de condamner absolument la conscription militaire et beaucoup moins les princes qui sont contraints par l'esprit moderne de l'introduire dans leur législation. Un père de famille n'est point blâmable, lorsqu'assailli dans sa demeure par des malandrins il arme contre eux non seulement ses domestiques, mais ses fils, mais sa femme et ses filles. Il le fait à contre cœur et forcé par les assassins ; tandis que ceux-ci considèrent une bataille, un assaut comme la condition naturelle de leur vie, et tiennent pour malheureux l'homme honnête, vivant sans armes et avec confiance au milieu de ses concitoyens. A qui donc imputer la triste nécessité de ce père de famille, forcé tout à coup de s'armer contre de nombreux voleurs ? Sans aucun doute, à ces voleurs et pas à d'autres. De même est-ce au seul esprit hétérodoxe qu'il faut imputer le besoin de la conscription militaire, parce que lui seul enflamme dans les cœurs la soif insatiable de grandeur matérielle, éteint dans les esprits la lumière du droit et prescrit de puissantes armées comme l'unique moyen de procurer la grandeur nationale. Qu'on recoure donc à ce moyen bien, que malheureux, lorsque l'abaissement du sens catholique l'a rendu nécessaire, inévitable. Mais que l'on ne s'autorise pas de cette nécessité, due à des circonstances anormales, pour proclamer la conscription une institution naturelle et pour l'envier comme un bonheur. C'est tout ce que l'on peut accorder à une société pervertie qui, sur l'enclume de ses principes plus durs que le fer, forge des chaînes pour chaque citoyen aux cris sauvages de la liberté.

1092. — Cette liberté fille de l'hérésie et faite de contradiction a envahi plus ou moins toute l'Europe et de toutes les façons. Pourtant, nous l'avons montré plusieurs fois, sa puissance consiste surtout dans le régime qu'elle engendre naturellement, le gouvernement représentatif. Il explique facilement la création d'armées toujours croissantes et par conséquent la conscription générale et forcée. Et comme tout être agit selon sa nature, plus le principe hétérodoxe a pénétré un gouvernement moderne, plus il pousse naturellement à l'écrasant despotisme militaire. Pour vous en convaincre mettez un ministre en face de l'ordre international, politique, civil et voyez s'il peut faire autre chose que d'augmenter indéfiniment l'armée nationale.

1093. — Et d'abord que voyez-vous dans l'ordre civil ? Un peuple de mécontents, toujours fiévreux de nouveauté, corrompu par une presse qui non seulement ne regarde plus comme un crime de mal parler du gouvernement, mais qui s'en vante, s'en fait une nécessité, un devoir. Les factions ouvertes ou secrètes l'ont réduit tout entier à un autre genre d'organisme militaire; et si quelque citoyen honnête a pu échapper à l'étreinte des partis, il est enrôlé dans l'armée à un titre ou à un autre. Eh bien ; au milieu d'un tel peuple ou l'esprit de parti fait rage dans tous les cœurs, ou les corps dépendent d'une milice quelconque, je vous le demande, quel expédient un ministère pourra-t-il trouver afin de tenir un pareil peuple dans la soumission ? Il n'en a pas d'autre que celui de former dans les casernes un autre peuple qu'il pénétrera de l'esprit d'obéissance, mais surtout qu'il rendra assez nombreux et assez fort pour dominer le premier.

1094. — Dans l'ordre politique, le principe protestant a joint à la force de la multitude le droit de la souveraineté. Chez un peuple qui ne se croie pas souverain, la rébellion est un crime et si les passions viennent à la conseiller, les lumières et les remords de la conscience peuvent en détourner. Mais les constitutions politiques modernes ont couronné le peuple ; ils lui ont donné par là même le droit de s'insurger en raison de son nombre et de sa force. Donc, pour conserver l'ordre politique, un ministère n'a d'espoir que dans la force de l'armée.

1095. — Passez la frontière, si toutefois vous le pouvez devant la ceinture de baïonnettes qui la défend. Que verrez-vous ? Les peuples voisins pénétrés eux aussi « des idées de Montesquieu » et disposés à faire la guerre à n'importe quelle nation limitrophe, même juste et tranquille, toutes les fois qu'aux yeux soupçonneux des politiques son accroissement pourrait constituer pour eux un danger. N'est-ce pas ce que disait récemment Lamartine : « La France ne peut permettre qu'à ses portes une puissance de second ordre devienne tout à coup une puissance de premier ordre... Elle doit donc en ce cas mettre la main sur Nice et la Savoie. Ce sont les deux garanties de sa supériorité sur l'Italie (1). » — Vous me direz qu'aujourd'hui les ministres ne sont plus ni Montesquieu, ni Lamartine. — Je vous réponds que le plus grand mal du système constitutionnel ne vient pas des personnes ; il vient de l'inconstance même de la multitude et de l'incertitude de la fortune.

Aujourd'hui Stanley, Guizot, d'Azeglio gouvernent ; nous pouvons être tranquilles ; demain nous aurons un Palmerston, un Thiers, un Rattazzi... ils mettront peut-être le feu aux quatre coins de l'Europe. Avec un pareil aléa quel est le politique qui voudrait, pour former une armée, attendre que le jour fût venu de la réunir dans les camps ? Quand un roi régnait et gouvernait, l'on connaissait son caractère et l'on savait à quoi s'en tenir, tant que Dieu lui conservait la vie. Mais avec des ministres qui changent si souvent, il n'y a pas à délibérer ; il faut pratiquer le « tutiorisme », capable de résister, je ne dis pas au Congrès de la paix, mais (ce qui est un peu plus sérieux) à la misère et au gémissement des familles désolées et des nations opprimées.

1096. — Mais comme si cet élément d'angoisses perpétuelles ne suffisait pas à rendre nécessaires les immenses armées, on y a joint tout récemment le terrible mot des nationalités. Et ce mot, pénétrant au cœur des derniers rangs du peuple, agite violemment toutes les classes des citoyens et bouleverse toutes les familles

(1) Lamartine. Le passé, le présent, l'avenir de la république.

humaines. « Le Statuto » de Florence (1) l'appelle un fait nouveau dans l'histoire moderne en vertu duquel toutes les nationalités démembrées aspirent irrésistiblement à unir leurs différentes parties. Sans doute, c'est là un de ces mots fascinateurs dont se servent surtout les fauteurs de révolutions afin de bouleverser l'ordre public. Il trouve néanmoins un certain fondement dans l'état actuel d'une société qui revient au paganisme comme il avait jadis sa raison dans les sociétés payennes. Une fois l'idée catholique remplacée par l'idée protestante qui veut que toute nation se crée par elle-même son droit et sa conscience, il est bien clair qu'elle n'ira pas s'avilir à recevoir les règles de sa conduite d'un pouvoir étranger, des courtisans d'un prêtre.

Toutes les nations sentent trop qu'on les respectera dans la mesure où elles se feront respecter par leurs armées. Voilà le langage de la diplomatie européenne, depuis que le principe hétérodoxe, reconnu authentiquement, au traité de Westphalie, a détruit en Europe l'unité de foi et d'obéissance : voilà ce qui se produit dans les faits. Car, que pèsent les petits princes en face de ces grandes puissances qui signent les traités? Et ont-ils un autre moyen de se grandir, après avoir enrôlé tous les hommes, que de se joindre à d'autres peuples et d'en former un seul tous ensemble. Voilà proprement le principe des nationalités ; c'est lui qui, sous prétexte d'une commune origine, pousse à se réunir les peuples désireux d'une plus grande puissance.

1097. — La manie de la grandeur et de la supériorité

(1) *Le Statuto*, 6 mars 1851.

matérielle passe donc peu à peu des cabinets dans les parlements et des parlements dans le peuple, grâce aux députés et aux journalistes qui le repaissent chaque jour d'idées fausses ou exagérées sur la grandeur nationale. Du reste, ce que valent ces idées pour les peuples européens vous pouvez en juger par un fait récent.

Lorsque l'Italie, soulevée au nom de la nationalité, demandait d'être indépendante de l'Autriche, les députés allemands réunis à Francfort voulaient l'unité allemande en vertu du même principe ; et les émissaires secrets de la jeune Europe travaillaient de leur mieux à faire triompher cette double cause... Vous seriez sans doute porté à croire que la Diète germanique a dû respecter son propre principe en favorisant l'unité italienne et que le mazzinisme tudesque a aidé de tout son pouvoir ses frères d'au delà des Monts? Détrompez-vous : il n'en fut rien. L'unité allemande sentit combien elle perdrait en diminuant la force de l'Autriche. Elle fut fidèle à son principe sur les bords du Mein; elle le combattit sur les bords du Pô. — Et le pourquoi, vous le savez vous-mêmes : pour les modernes réformateurs, les principes ne sont pas autre chose que des idées, les idées que des songes... Ce qui est solide, réel, c'est ce qui touche la bourse... Et dans la bourse de nos réformateurs, l'Autriche comptait pour beaucoup. La conséquence fut que la Lombardie ne fit point retour à l'Italie. L'unité nationale avait raison en Allemagne et tort en Italie.

1098. — Voilà, cher lecteur, ce que sont chez les peuples modernes les principes, le droit, l'inviolabilité des nations, etc., etc. Des mots à l'usage des enchanteurs, et

des tisons de discorde aux mains des révolutionnaires...
Mais l'important, c'est de tout dominer; de grandir et
d'acquérir la prépondérance. Et l'on espérerait, avec de
semblables dispositions, voir les armées permanentes
diminuer? — Cela serait possible à des monarques
effrayés des charges excessives qu'entraînent de pareilles
armées, qui ne seraient point poussés par un peuple en
délire et préféreraient à la gloire des armes celle d'un
gouvernement pacifique favorable à tous les vrais progrès. De fait la première parole de Napoléon III en
montant sur le trône fut la suivante : « L'empire, c'est
la paix. Mais lorsque la forme même du gouvernement
appelle le peuple entier à prendre part aux délibérations
et que ce peuple épicurien dans ses tendances est eni-
vré de grandeur matérielle, alors il y aura toujours,
dans les Chambres, un bon nombre de députés d'autant
plus amis de la guerre qu'ils auront plus soin de ne pas
exposer leur vie... Voilà comment, dans un sens, l'état
de guerre est permanent et pourquoi le démembrement
des armées est un rêve. —Que quelqu'un vienne, chiffres
en main, prouver qu'il est impossible de supporter d'aussi
lourdes charges, aussitôt un cri s'élèvera, pareil au
vieux « Delenda Carthago », qui demandera obstinément
le maintien des forces demandées par le ministère, et
alors, comme autrefois chez les barbares, l'on voit se
réaliser ce qui est dit des Germains : « Dans la vie des
peuples germaniques... l'armée était la nation armée
en marche (1). » — Ou bien s'il y a une mince différence, elle consiste en ceci « qu'on donne le nom d'ar-

____
(1) Histoire du Droit criminel des peuples modernes...

mée aux soldats soudoyés, tandis que le reste de la nation est une milice sans solde ». Les lois des 6 et 12 décembre 1790, qui, les premières depuis les trois races, ont proclamé une conscription officielle, sortaient de l'ornière des routines et disaient avec plus de justesse, mais en style tant soit peu vague : « L'armée française est une force habituelle extraite de la force publique et destinée essentiellement à agir contre les ennemis du dehors (1). »

1099. — Avez-vous compris ? Et qu'est-il besoin d'une autre explication ? Ce langage ne pouvait être plus clair : la France et, après elle, tous les peuples modernisés sont revenus à rechercher le bonheur des hordes barbares. L'armée, chez eux, n'est que la nation rassemblée et mise en marche. La nation sent par nature qu'elle doit tendre à la félicité ; elle sait d'après les doctrines utilitaires que le moyen de l'obtenir, c'est de grandir, d'avoir la supériorité, de dominer ; elle se trouve placée entre l'hégémonie à exercer ou la servitude à subir vis-à-vis d'un autre peuple. Dans cette situation, elle élève au commandement un ministère responsable et lui ordonne de gouverner, s'il le faut, à la baguette, mais de la conduire, coûte que coûte, à la victoire. Que va demander ce cabinet à l'omnipotence des représentants ? — Donnez-moi tout l'or et tous les soldats que vous avez. — C'est fait : pouvoir aux ministres de drainer l'or que possède la nation, d'emprunter celui qu'elle n'a pas ; pouvoir d'enrôler des hommes, de violenter des vocations, de troubler les mariages, d'inspirer la manie de la guerre

____

(1) Encyclopédie du xix° siècle, t. III, p. 623, « armée ».

à tous les nourrissons de l'Université, à tous les élèves des autres maisons d'éducation... Puis, si tant d'efforts n'aboutissent pas au résultat, nous aurons recours à la nationalité, nous mettrons sens dessus dessous les relations internationales, tous les droits des anciens souverains, afin que notre nation ne soit inférieure à aucun peuple de l'Europe, et qu'elle sache se faire respecter par la voix du canon, puisque tout droit se tait et que toute conscience chancelle. — Pourriez-vous jamais reprocher son despotisme ou ses dépenses à un ministère qui reçoit pareilles injonctions de ses mandataires? — Pliez donc le front et le cou sous ce joug, ô grands prometteurs de la liberté! Et reconnaissez avec Vitalini (1) que le despotisme est encore indispensable à notre salut.

§ III

LA GARDE NATIONALE

Sommaire : — 1100-1115. La force armée est une sorte d'absurdité, dans le système moderne, si elle n'est pas contrebalancée par une garde nationale. Mais ce contre poids est faible, très facile à éluder, et impuissant contre l'armée. Il est très lourd pour le peuple, plein de contradiction, inutile, dangereux, si la garde nationale veut devenir une force délibérante. Conclusion : Ces inconvénients naissent des gouvernements modernes; puisqu'ils sortent du principe hétérodoxe, ils n'existent pas chez les catholiques qui sont gouvernés d'après les principes catholiques.

1100-1115 (2). — La garde nationale, dit Taparelli, que

(1) Vitalini. L'Amore d'Italia, p. 191.
(2) La garde nationale n'est plus aujourd'hui qu'un souvenir. Il suffit donc de résumer en quelques lignes ce que le P. Taparelli en disait en 1850...

nous résumons brièvement, est le côté ridicule de la
force armée...

C'est une institution due aux idées les plus contradictoires, qu'on la considère par rapport à la multitude,
par rapport au Pouvoir exécutif, ou par rapport à l'armée.

L'auteur montre aussi qu'elle était très coûteuse, non
seulement en raison de l'armement — mais parce qu'elle
faisait perdre un bon nombre de journées de travail à
une très grande quantité d'ouvriers, d'artisans, de com-
merçants, etc., etc...

Nous nous contentons de mettre ici le résumé des
contradictions signalées par Taparelli. Elles sont visibles
à l'œil nu; nous n'aurons pas besoin de les faire remarquer.

I. Il faut un gouvernement pour que le peuple ne
tombe pas dans la dissolution — mais le gouvernement
peut lui-même faillir; il faut donc qu'il soit gouverné
par la multitude;

II. Pour réprimer la multitude, le gouvernement a
besoin d'une force supérieure à celle du peuple... —
mais, pour qu'il n'en abuse pas, il faut que le peuple ait
une force supérieure à celle du gouvernement;

III. Cette force est la garde nationale, seule chargée
de réprimer les hordes de la démagogie : mais comme
la garde nationale ne suffirait point à cette besogne, il
est bien entendu que la ligne lui prêtera son concours;

IV. Pour cela le ministère exécuteur de la loi doit
quelquefois s'affranchir de la loi, afin d'assurer l'ordre
public;

V. Car la garde nationale, impuissante souvent contre les troupes de ligne, peut aussi être impuissante contre les hordes de la démagogie — auquel cas la multitude de la nation souveraine peut résister à sa garde du corps et la désarmer;

VI. La totalité de la nation soutient toujours le vrai et le juste, bien que parfois la multitude soutienne le faux et l'injuste;

VII. Quand elle soutient le vrai ou le juste, alors il appartient à la garde nationale de délibérer : pour savoir si elle doit obéir soit à la Chambre, soit au pouvoir — et pourtant il répugne que la garde nationale soit un corps délibérant.

— Voilà accolées les unes aux autres les contradictions dont cette institution était comme pétrie... Elle n'était pas viable : les gouvernements s'en sont débarrassés... Mais hélas! elle a pour ainsi dire été déversée dans l'armée régulière, sous la forme de réserve, avec l'obligation pour les soldats qui ont accompli leur service militaire de rentrer sous les drapeaux, en temps de guerre — et de reparaître, en temps de paix, aux exercices militaires ou aux manœuvres quinze jours ou un mois pendant quatre années...

— Ici, un interlocuteur demande au P. Taparelli : Qu'a donc à faire la garde nationale avec l'idée hétérodoxe?

— La connexion est évidente, dit l'auteur : En effet, en quoi consiste l'erreur dont nous parlons ?

L'interlocuteur. — A admettre que toute raison individuelle est indépendante.

L'auteur. Très bien ! Et en conséquence, n'est-ce pas, que toute raison indépendante a le droit d'exiger ce qu'elle regarde comme raisonnable.

L'interlocuteur. — Cela va de soi.

L'auteur. — Or qui a le droit d'exiger a aussi le droit d'avoir la force nécessaire pour obtenir.

L'interlocuteur. — Oui, cela me paraît clair.

L'auteur. — Eh bien ! voudriez-vous refuser au gouvernement et à la nation un droit qui appartient à la raison individuelle du dernier des sujets ?

L'interlocuteur. — Non, certes.

L'auteur. — Donc, vous le voyez, si le gouvernement avec sa raison croit avoir le droit de réprimer la nation, il doit en avoir la force ; et la nation de même, si avec sa raison, elle se croit le droit de résister au Gouvernement. Donc la contradiction chez les hétérodoxes est l'œuvre d'une intelligence subtile et logique, et non l'œuvre d'un radoteur.... N'accusez donc pas les hommes de manquer de logique : accusez les principes de manquer de vérité. Une fois ces principes admis ; les pauvres réformateurs, s'ils veulent être logiques, doivent en admettre les conséquences même dans la pratique... Et n'en doutez pas......... les États modernes pourront désarmer, abolir toutes leurs gardes nationales, les choses changeront de nom — mais elles renaîtront, comme les têtes de l'Hydre, tant qu'ils n'auront pas rejeté de leur sein le principe morbide qui les engendre. Tant que l'individu sera indépendant, le peuple aura le droit de se dire souverain, et tant qu'il aura le droit de se dire souverain, il aura droit à une force nécessaire pour se faire obéir. Appelez cette force « garde nationale, garde civique, société de tir, corps franc, légionnaires, etc. », le principe subsiste. Et en bonne logique les faits y répondront.

§ IV

CONCLUSION

Sommaire. — 1115. Despotisme naturel du pouvoir qui dispose de la force armée. — 1116. L'armée toujours plus coûteuse parce que toujours croissante. — 1117. Division et opposition entre les deux parties de la force publique. — 1118. Censure d'un tel système par Romagnosi.

1115. — Résumons donc d'une manière plus serrée les différents points de vue sous lesquels nous avons considéré la force militaire à la lumière du principe moderne.

A qui est confié le commandement de l'armée? Au pouvoir exécutif qui a en main toute la richesse publique; aux ministres qui, remarque Donoso Cortès, étant responsables à leurs risques et périls, sont inévitablement portés au despotisme.

1116. — Dans quel but met-on une armée en mouvement ?

Dans le but d'accroître la grandeur nationale. Donc elle doit être capable de mettre la nation en sécurité contre toutes les nations voisines ; donc l'armée doit être la plus grande possible; donc toute la nation doit se transformer dans l'armée elle-même ; d'où l'impossibilité d'abolir les armées permanentes.

Donc, si l'art de la guerre va toujours se perfectionnant, toujours aussi les armées iront en augmentant et elles augmenteront en proportion des menaces ou des attaques de l'étranger, des dissensions politiques et des tumultes d'une multitude, disons-le (car le mot est nécessaire), d'une tourbe privée des lumières de la religion et de la conscience.

1117. — Comment se divise la force publique chez les peuples modernes ? En deux parties qui correspondent aux deux parties du pouvoir. La souveraineté réside dans la nation : pour défendre et assurer ses droits, elle a la garde nationale qui comprend tous les citoyens (1). Quant au gouvernement la force supérieure dont il dispose, c'est l'armée proprement dite. Lorsque le peuple s'insurge et qu'étant trop faible il est réprimé par l'armée, il prend le nom de séditieux ; quand il est le plus fort, c'est le peuple souverain ; et les chefs de parti s'emparent du commandement de l'armée.

1118. — Voilà, cher lecteur, un petit aperçu des contradictions, des dépenses, des périls et de l'anarchie contenus essentiellement dans les constitutions modernes et dans le principe d'où elles sortent comme la fleur de son germe : « L'homme, qui par nature est créé, est par nature indépendant. » Ces contradictions, ces dangers n'ont point échappé à l'esprit sagace de Romagnosi. Imbu lui-même de ce rationalisme qui l'empêchait de combattre le mal jusqu'à sa racine, il a pourtant prédit franchement aux Italiens que ces institutions

_____

(1) Par force publique, la Constituante entendait la garde nationale. Général Barden. Article : Armée. Encyclopédie du xixe siècle.

étaient impossibles, incohérentes, et qu'elles n'avaient aucune chance de durée : « Ce que l'on veut, dit-il, c'est autre chose que l'arène et les disputes des Chambres parlementaires. Elles sont simplement le masque qui fait illusion au vulgaire, mais elles cachent dans leur fonds un système de servitude... » « Les Constitutions « modernes s'appuient toutes... — (entendez, partisans « de ces idées, ce n'est pas un réactionnaire qui vous « le dit) elles s'appuient toutes sur le faux et se réduisent « à une douloureuse illusion. » — Et cette fausseté fondamentale, explique-t-il ailleurs, consiste précisément à espérer cette absurde conciliation dans une même force supérieure de deux conditions opposées, « l'omnipotence matérielle pour le bien, l'omnipotence matérielle pour le mal ». Tant que vous n'introduisez pas dans la matière l'élément moral du droit et de la conscience, tous les contrastes du monde ne changeront jamais la loi d'inertie qui gouverne tout le monde physique, et dans lequel aucune substance matérielle ne peut passer du repos au mouvement et d'un mouvement à un autre sans une cause prédéterminante.

Or, quelle sera cette cause en face d'un million d'hommes armés ? Et qui osera dire à un Napoléon qui les commande ce qu'un saint Léon pouvait ordonner à un barbare qui s'appelait le fléau de Dieu ?

« Deux droits en collision, deux forces en opposition, » voilà en quatre paroles l'organisme de la nation armée sous les influences du principe moderne.

CHAPITRE III

Le pouvoir judiciaire dans les constitutions modernes.

§ I

CONSIDÉRATIONS GÉNÉRALES

1119. — Nous avons considéré les influences de l'idée moderne sur le gouvernement des personnes, l'administration des finances, la force armée... Afin de remplir notre plan, il nous reste à considérer le pouvoir judiciaire... Après quoi nous résumerons dans un épilogue tout ce que nous avons dit, et nous déduirons les conséquences qui naîtront de la matière elle-même.

Nous remettons l'épilogue à un autre chapitre... Nous allons de suite jeter un coup d'œil sur les tribunaux modernes.

Je dis un coup d'œil : car, jusqu'ici, peut-être l'idée de la réforme a fait moins de ravages dans le barreau que partout ailleurs; et la magistrature en général a conservé plus fidèlement les vrais principes de justice et d'ordre que les autres parties de l'organisme social (1). Nous en avons pour preuves les exemples récents de magistrats courageux qui ont su résister à la fascination de la popularité, à la puissance des ministres et même à l'imposante majesté du pouvoir suprême, lorsque leur conscience s'est vue arrêtée par le droit inviolable des petits et des faibles. Un Giriodi, un Nuvoli affrontant les foudres du ministère piémontais pour défendre un prélat persécuté; en France, un conseil suprême osant se déclarer compétent au risque de contredire un décret du président; voilà des exemples qui passeront à la postérité. Comme les noms des Boëce et des Thomas Morus, ils diront comment, même à notre époque de corruption, une partie de la magistrature est restée sans défaillance. Je fais cette observation pour rendre hommage à la vérité et pour payer aux fidèles représentants de la justice un tribut d'éloges bien mérités. Je la fais aussi pour en déduire en faveur de notre cause un argument qui peut-être aurait échappé à nos lecteurs. Ils pourraient en effet craindre que les jugements publics n'aient été pénétrés, comme les autres fonctions de la vie sociale, du poison hétérodoxe. Ils n'en sont pas tout à fait indemnes. Pourtant, nous le répétons, le mal est ici beaucoup moins profond et moins étendu que partout ailleurs.

1120. — Quels sont les principaux effets produits

(1) Cela était vrai en France jusqu'en 1880. — Mais depuis cette époque, et surtout depuis le commencement du xxe siècle, que de défaillances!

par l'esprit d'indépendance dans l'ordre de la justice et les principales réformes dont, à ce point de vue, la civilisation moderne revendique la conquête? Pour les personnes, c'est l'indépendance et l'inamovibilité des juges, l'institution du jury; pour la procédure, l'abolition de la torture et la publicité de la discussion; pour la sentence, l'adoucissement des peines et la limitation des grâces; enfin, pour l'étendue de la compétence, l'unité des tribunaux et l'égalité des concitoyens devant la loi.

Ces modifications ne sont pas totalement irréprochables : mais un homme impartial y reconnaîtra certaines réformes très sages, par exemple, l'abolition de la torture, l'adoucissement dans les peines, etc., il y trouvera très peu de ces énormités qui abondent dans les autres branches de l'organisme social.

Or cela pourrait porter certains esprits à juger moins funeste en général le principe de l'indépendance ou à croire qu'il a rencontré à la porte des tribunaux un chérubin pareil à celui du paradis terrestre.

1121. — Non; le vieux serpent n'a point été pris de frayeur devant les sanctuaires de la justice. S'il y a répandu moins abondamment son venin corrupteur, cela tient à la nature même des causes jugées dans les tribunaux et qui sont plus réfractaires à la corruption des idées. — En fait, quel est le vice radical de l'idée réformatrice? C'est qu'elle proclame, sous prétexte de l'indépendance, tous les citoyens égaux et leur attribue un droit égal de publier leur doctrine; c'est que, mère du naturalisme utilitaire, elle porte l'homme à se révolter contre l'ordre et contre l'autorité qui le défend. Or, ces deux éléments qui, au point de vue politique, sont faux en principe et funestes dans leurs effets, bouleversent moins les idées de l'ordre civil; parce que, dans l'ordre civil, il y a plus d'égalité réelle entre les citoyens et que, dan cette sphère, il s'agit surtout d'intérêts matériels.

1122. — Je m'explique : lorsque l'indépendance hétérodoxe, répète sans cesse aux citoyens : Vous êtes tous égaux et vous avez tous un droit égal à commander, elle débite une solennelle absurdité... Mais cette absurdité porte coup ; c'est la hache qui tranche jusqu'à la racine l'ordre politique. Car il consiste essentiellement dans la subordination des personnes et des différentes parties de la nation supérieures les unes aux autres et agissant selon les lois de leur organisme moral. D'où il suit qu'introduire dans cette sphère l'idée d'égalité entre les citoyens et d'intérêt dans les affections, c'est y introduire en même temps le désordre et ruiner misérablement l'œuvre admirable de la nature. — L'ordre civil, au contraire, est celui qui existe entre les citoyens égaux réellement par nature : il garantit à chacun d'eux le libre usage de ses forces et le défend dans la recherche juste de ses intérêts matériels... Ici donc l'égalité est une vérité, et l'intérêt, un objet légitime d'activité pour un citoyen. Il est vrai : les opérations de cette activité ne seront jamais parfaites dans l'homme, tant qu'il ne portera pas ses pensées et ses désirs vers cette félicité surnaturelle qui peut seul lui donner la notion adéquate de l'honnêteté et de l'utilité vraies.

Pourtant le manque de cette vue intérieure ne bouleverse pas les idées d'ordre civil dans l'esprit de l'individu ; et ses actions matérielles, soit crainte soit intérêt,
pourront avoir les qualités extérieures voulues pour ne
pas troubler la paix sociale. Rien donc d'étonnant si la
théorie égalitaire paraît ici moins fausse et moins pernicieuse.

1123. — Cette raison regarde la nature des causes
plaidées devant les tribunaux et qui roulent sur des intérêts débattus entre des citoyens égaux... Une autre
raison est tirée de la capacité et de la compétence qui
ont une si grande influence sur l'ordre social.

En effet celui-ci renferme, mais différents l'un de
l'autre, l'ordre politique et l'ordre civil : le premier a
trait aux lois de l'organisme social et détermine les relations réciproques de ses parties, par exemple des sujets
et du gouvernement, du pouvoir législatif et du pouvoir
exécutif, etc... Le second concerne les relations réciproques de citoyens égaux entre eux afin d'en déclarer et
défendre les droits. — Or, pour bien juger dans ces
deux ordres de choses, il faut, cela saute aux yeux, une
capacité et une compétence très différentes. Les ques·
tions politiques dépassent la portée d'esprit de la multitude. D'abord la complication de l'organisme social et
la sublimité des lois morales qui le régissent exigent
une largeur de vues et une profondeur de science si
rares que peu d'esprits parviennent à les acquérir, comme
en témoigne le petit nombre des grands hommes d'Etat ;
ensuite les affaires politiques demandent souvent un secret tellement nécessaire que les gouvernements repré-

sentatifs eux-mêmes ont dû concéder aux ministres le droit de se taire. La multitude n'a donc ni la connaissance théorique ni la prudence indispensable pour qu'on lui confie la connaissance pratique.des affaires politiques.

Au contraire, dans les affaires civiles la connaissance est non seulement possible mais encore proportionnée à l'intelligence du peuple... Cela doit être, puisqu'il doit connaître le code qui le régit et à plus forte raison les lois morales dont le code n'est, en partie, que l'application... De plus, loin que les faits soient une matière inaccessible au peuple, il en juge parfois avec plus d'habileté que les magistrats ; si bien que cette habileté a donné naissance jadis aux tribunaux des prud'hommes et, dans les états modernes, à l'institution du jury. Mais il suit de cette capacité naturelle du peuple qu'il est beaucoup moins incompétent dans les affaires civiles que dans les affaires politiques. Sans doute la capacité intellectuelle n'entraîne pas la compétence juridique... Mais celle-ci suppose la première ; et le désordre sera moindre d'attribuer la compétence à qui possède la capacité que de l'attribuer à qui naturellement ne la possède pas. Dans le premier cas, le peuple n'est pas juge, mais il pourrait l'être ; dans le second, il n'a pas même de disposition pour le devenir. Prenez un paysan ignorant ; et nommez-le professeur de droit public... Il n'a pas la science, mais il peut l'acquérir, c'est le premier cas. Placez dans la même chaire de droit un singe ou un écureuil ; ils n'ont pas la science et ils sont incapables de l'acquérir ; c'est le second cas.

1124. — Voilà pourquoi pratiquement et à l'ordinaire le danger d'erreur ou de dommage quelconque est minime, lorsque le peuple donne son avis en matière civile, tandis qu'il est très grand, s'il se met à juger en matière politique. Dans le premier cas, il prononce sur ce qu'il connaît suffisamment; s'il se trompe, l'erreur est remarquée par la majorité de la multitude, qui est également capable, et cette majorité n'est pas, au moins en général, trompée par le motif de l'intérêt; car si l'intérêt d'un individu ou d'une famille trouve son compte dans une injustice, il a contre lui l'intérêt de tous les autres à qui il importe essentiellement que la justice fleurisse dans la société.

— Qu'arrive-t-il au contraire lorsque le peuple prétend faire de la politique? Vous entendez les parleurs les plus ridicules débiter toutes sortes de sottises...; vous voyez la foule applaudir d'autant plus qu'elles seront plus grosses; puis les répéter avec une confiance d'autant plus stupide que le bien public, dont cette foule n'a pas l'intelligence, est nécessairement différent de l'intérêt privé.

1125. — Et maintenant quelles idées folles et quelles erreurs contagieuses ne sortiront pas de là? Les énormités qui se sont succédé en France sont le fruit d'une indépendance enseignée au peuple par Mirabeau dans la fameuse Déclaration des droits de l'homme et du citoyen; elles sont aussi la preuve manifeste de ce que nous avons avancé. Et cette preuve est d'autant plus évidente à qui veut y réfléchir un peu que les mêmes erreurs acceptées dans l'ordre politique sont aussitôt rejetées par le peuple dès qu'on veut les appliquer dans l'ordre civil. Ainsi l'on peut enseigner impunément l'abolition de la monarchie en dépossédant le monarque de ses droits ; mais lorsque, d'après le même principe, Babeuf veut abolir la propriété privée, la majorité des citoyens comprend l'insanité du communisme et les dangers de son application... C'est là, pour le dire en passant, un de ces remèdes inventés par la Providence afin de guérir les nations de la gangrène de l'erreur. En effet en descendant peu à peu des principes universels et des intérêts suprêmes aux applications concrètes, aux intérêts individuels et domestiques, le mal finit par secouer les fibres les plus sensibles du cœur humain et il contraint le peuple, en dépit de tous les préjugés, à reconnaître le vice de l'erreur et à en demander le remède à celui qui est la source inépuisable de la vérité.

1126. — Vous comprendrez par là ce que je disais plus haut, à savoir : que si la folie égalitaire et la poursuite de l'intérêt matériel sont moins funestes dans l'ordre judiciaire, cela ne renverse pas, mais, au contraire, confirme parfaitement notre doctrine. En effet qu'est-ce que nous avons entrepris de prouver?... Ceci : Que les désordres de la société condamnés aujourd'hui par tous les hommes de bon sens sont le fruit de l'indépendance protestante et de ce naturalisme épicurien infusé par elle dans tous les cœurs. Or, quelle preuve plus claire et plus convaincante pourrais-je vous donner de cette triste vérité historique?... Là où la nature des choses repoussant l'égalité et l'intérêt exige la subordination hiérarchique et le désintéressement de la justice distributive, la réforme tant vantée ne produit partout que le désordre. Au contraire, là où la nature des choses réclame l'égalité et le souci des intérêts, la vie extérieure de la société subit assez peu l'influence des idées nouvelles... Il est donc évident que l'indépendance est la cause principale du désordre social que l'on déplore.

Pareil raisonnement est usuel dans toute autre matière : supposez par exemple que dans un temps d'épidémie un médecin ignorant prescrive à tous les malades un remède mal adapté à la contagion — par exemple, une saignée, et que l'état de tous les malades s'aggrave, excepté celui d'un seul qui souffre de congestion. Quelle conclusion en tirerez-vous ? Ne direz-vous pas que l'aggravation est due au remède prescrit, et que si la guérison citée plus haut a eu lieu, c'est que la saignée était toute indiquée contre la congestion ? Autre exemple : Voici une multitude de personnes qui, souffrant des yeux, font l'expérience de lunettes concaves : elles éprouvent toutes que leur vue en est obscurcie, excepté l'une d'entre elles que vous savez très bien être myope... N'en concluerez-vous pas aussitôt que ce qui guérit une de ces personnes est précisément ce qui rend les autres plus malades ? — Combien de fois un acide, qui altère toutes les autres couleurs, ne donnera-t-il pas au chimiste un joli ton de rose ou de pourpre ? Dirons-nous pour cela qu'un acide n'altère pas les couleurs, que telles lunettes ne troublent pas la vue, que la saignée n'a pas été nuisible à la santé des malades en question?

Si donc, sous les influences hétérodoxes, les juges et les magistrats se préservent en partie de la contagion universelle, n'attribuez pas ce phénomène à l'innocuité des doctrines ou bien à une digue qui eût arrêté le torrent, au milieu de sa course ; mais à la nature des causes soumises au pouvoir judiciaire... Car les idées d'égalité et d'intérêt ne viennent point d'ordinaire gâter ces causes ; puisque les sentiments d'égalité et d'intérêt sont naturelles et légitimes chez les plaideurs d'ordre civil.

1127. — Toutefois nous ne devons point laisser tout à fait dans l'ombre les changements introduits dans le barreau des sociétés modernes par l'erreur dominante. Ils pourraient avoir plus tard de grands inconvénients, bien qu'à l'heure présente le mal semble se renfermer dans les intelligences, sans descendre à la pratique. Il faut craindre la fécondité du mensonge autant qu'il faut aimer la fécondité de la vérité : témoin cette poussée plus de deux fois séculaire des erreurs politiques pour pénétrer dans les institutions catholiques malgré la continuelle vigilance des pasteurs suprêmes. Combien de fois, en effet, n'ont-ils pas prémuni les fidèles contre la souveraineté du peuple, contre les formes constitutionnelles modernes, contre la libre manifestation de la pensée, contre la publicité des discussions, systèmes embrassés par plusieurs à la manière des dogmes catholiques. C'est pourquoi, bien qu'en apparence et dans la pratique la justice civile soit à peu près exempte de l'esprit d'indépendance, de fausse égalité et d'utilitarisme, il sera cependant très utile d'examiner en cette matière la valeur des principes spéculatifs : cela nous permettra de bien discerner ce qui est pur doctrinalement de ce qui est simplement moins nuisible, non pas en soi, — mais accidentellement et en raison d'un lieu moins accessible à la corruption.

§ II

INDÉPENDANCE. INAMOVIBILITÉ

SOMMAIRE : — Indépendance et inamovibilité de la magistrature. — 1128. L'inamovibilité privilège important. — 1129. Aphorismes sur lesquels on l'appuie. — 1130. Elle paraît être une conséquence propre du régime démocratique. — 1131. Mais cette apparence est une illusion. — 1132. Car toute justice émane d'un ordonnateur unique. — 1133. C'est-à-dire le pouvoir suprême. — 1134. Toujours il en fut ainsi. — 1135. A ce principe les modernes n'ont ajouté que leur erreur. — 1136. Et cela est visible. — 1137. Parce que cette erreur rend le souverain impuissant. — 1138. Pour le malheur de la société. — 1139. Véritable indépendance des tribunaux. — 1140. Elle ne se trouve que dans le catholicisme. — 1140. Les faits le démontrent. — 1141. Quand les gouvernements sont forts. — 1143. Epilogue.

1128. — L'indépendance des juges assurée par leur inamovibilité, telle est une des premières gloires que beaucoup revendiquent pour la réforme moderne : et soit dit à l'honneur de la vérité, si le fait est exact, l'éloge n'est point déplacé. Car c'est un principe vrai et sublime que celui de placer la justice si haut et dans une région si tranquille que la raison des magistrats y soit à l'abri de tous les nuages et de toutes les commotions, et cela en vertu même des institutions sociales : vérité trop évidente pour que personne s'avise de la mettre jamais en doute.

Mais précisément parce qu'elle est si évidente, comment expliquer qu'elle ait été ignorée de toute l'antiquité ? — Que si au contraire, l'inviolabilité des juges a été une doctrine et une institution connue dans l'antiquité, comment se fait-il qu'on la regarde comme un effet de la civilisation moderne ? La réponse à la seconde question préparera la réponse à la première.

1129. — Jadis l'axiome légal était : Toute justice émane du Roi. La révolution française, en acceptant le contrat social et la doctrine démocratique ou plutôt anarchique de la raison souveraine, a dit : toute justice émane du peuple. Mais le peuple ne peut agir par lui-même : il est contraint de confier à des individus déterminés l'exercice de la justice sociale, aussi bien que toutes les autres fonctions du gouvernement. Les juges sont donc des fonctionnaires de la nation dans les tribunaux, comme les députés le sont au Parlement, comme le Roi et les ministres le sont dans l'exécution des lois. Une fois que l'on a conçu l'organisme des fonctions autoritaires à la lumière de ces principes, l'indépendance des juges vis-à-vis du roi et des Chambres apparaît comme un point essentiel et parfaitement d'accord avec toute la théorie; et il serait aussi absurde de voir le député ou le roi commander à un juge qu'il est absurde de voir, dans une armée, un colonel d'artillerie commander à un colonel de cavalerie. Tous également mandataires de la nation, mais pour des objets différents, les trois pouvoirs dépendent chacun immédiatement de la nation qui les délègue.

1130. — Le système de la souveraineté du peuple produit donc une apparente indépendance du pouvoir judiciaire vis-à-vis du roi et des Chambres. Et par suite rien d'étonnant, si l'idée moderne se l'est attribuée comme une découverte et si elle a fait un crime aux anciens régimes de l'avoir mal connue et encore moins respectée.

1131. — Mais pareille revendication est-elle fondée? Avec un peu de réflexion vous verrez, en remontant au principe, que la Réforme n'a rien inventé de nouveau : car si le principe fut jadis bien appliqué, elle n'y eut aucun mérite, et souvent elle le viole plus que les anciens gouvernements, là où, en l'appliquant bien, elle aurait un réel mérite.

Que la réforme n'ait rien inventé, c'est chose parfaitement claire, si l'on réduit sa formule à des termes abstraits. Car quel est en substance la formule abstraite de cet aphorisme : Tout pouvoir émane de la nation? Elle se réduit à cette autre formule d'autant moins nouvelle qu'elle est plus vraie : « Tout pouvoir social émane de l'autorité suprême; » axiome très évident pour qui comprend ce mot « autorité », c'est-à-dire principe de l'ordre social. Or, qui ne voit que la justice faisant essentiellement partie de l'ordre social doit émaner de l'autorité? Cette doctrine a été connue et admise de tout temps. L'indépendance hétérodoxe joignant à ce principe sa mineure : « Or, l'autorité suprême réside dans le peuple, » doit nécessairement arriver à cette conclusion : « Donc, le pouvoir judiciaire émane aussi du peuple. » Ainsi, rien de plus clair : les réformateurs modernes ont ici le mérite d'avoir substitué à une proposition vraie, mais ancienne, une proposition nouvelle, mais erronée.

1132. — Rien de plus vrai : tout pouvoir social ou

public émane de l'autorité suprême (1)! Et cette proposition peut se réduire à une évidence métaphysique. — Pouvoir public, qu'est-ce à dire? sinon le droit de faire les actes d'une fonction publique... Et quelles sont les fonctions publiques? Celles qui servent au maintien de l'ordre, lien régulier de toute la société entière. Or, cet ordre de toute la société peut-il avoir une autre cause que l'ordonnateur suprême? Ne serait-il pas absurde de dire que l'ordre n'a pas pour cause un ordonnateur, et que l'ordre suprême en général a pour cause un ordonnateur secondaire? Admettre la première de ces deux absurdités serait montrer que l'on ne comprend pas le mot « ordonne », mot qui n'a d'autre sens que le suivant : mettre de l'unité dans des éléments différents et multiples. Vous avez acheté une masse désordonnée de livres et de manuscrits. Vous appelez un bibliothécaire : il les met en ordre. Mais comment? En les séparant et en les classant d'après les matières, les auteurs, les formats, etc..., et il distribue d'une façon régulière votre savante acquisition. Mais supposons qu'au lieu d'un bibliothécaire vous ayez pris, pour mettre vos livres en ordre, le menuisier chargé de faire les rayons de votre meuble, vous verrez que celui-ci ne tiendra pas compte des matières; il ne les connaît pas — il placera vos livres d'après leur grandeur matérielle, sans s'occuper des sujets et des auteurs... Ainsi ce qui est « ordre » pour l'un sera désordre pour l'autre; ce que

(1) Ici une note tirée de Romagnosi rappelle que l'histoire et les récits des voyageurs constatent que, dans les petits états, la justice était toujours rendue par le roi ou le chef suprême en personne. La multiplicité des affaires amena forcément la nomination de délégués.

le premier placera dans tel casier sera transporté dans un autre par le second. C'est là précisément ce qui arrive aux grands naturalistes, les Linné, les Tournefort et autres. Ils prennent pour règle de leur classification un concept scientifique inconnu du vulgaire, — et ils placent dans le même rang que l'homme, par exemple, une chauve-souris que le peuple n'eût jamais admise en si bonne compagnie. Et pourquoi ? Parce que tout ordonnateur suit d'habitude une idée qui lui est propre ; d'où, par conséquent, autant d'ordres que d'ordonnateurs suprêmes. Vous le voyez, un concept unique est nécessaire pour produire l'ordre. Par conséquent, l'ordre public doit avoir un seul ordonnateur.

1133. — Celui-ci pourrait-il du moins n'être pas suprême ? Non ; car comment, s'il n'est ordonnateur que d'une partie des choses, pourra-t-il produire un ordre général ? Il y aurait contradiction dans les termes ; de même donc que tout ordonnateur doit être un, de même tout ordonnateur du tout doit être suprême.

Le vieil axiome affirmant que tous les pouvoirs ordinaires de la société publique résident dans l'autorité suprême comme dans sa source et en émanent à tous les degrés est donc très vrai. Par conséquent, tant que le roi était considéré comme le possesseur de la suprême autorité sociale l'on devait dire : toute justice émane du roi : mais une fois établi le mensonge de la souveraineté du peuple, il faut dire : « Toute justice émane du peuple. » Voilà pourquoi tant qu'on vécut en croyant à la première formule et que dans les premiers âges des nations la chose fut possible, les rois rendirent par eux-mêmes la justice à leurs sujets. Ce fut aussi pour cela que les juges (Sophetim, Suffètes) furent pendant un temps les chefs suprêmes en Israël et à Carthage. A Athènes, à Rome et dans d'autres républiques anciennes, la judicature fut la principale fonction des Archontes, du sénat et des autres magistrats suprêmes... Ainsi se trouve constamment appliqué sous des formes diverses le même principe, à savoir : que « juger appartient originairement au chef suprême d'un Etat ». — Dire le contraire serait avancer une contradiction et affirmer que toute la société n'est pas ordonnée par l'ordonnateur de toute la société.

— Concluons donc que, dans la réforme hétérodoxe des tribunaux, l'idée protestante n'a pu jusqu'ici faire pénétrer que « l'erreur du peuple souverain ».

1134. — Vous le voyez : le reproche fait aux anciens gouvernements d'avoir constitué la magistrature dépendante et amovible peut avoir quelque fondement au point de vue de l'opportunité pratique. Mais d'ordinaire il est formulé très inexactement et sort d'idées systématiques. L'on commence par établir que le pouvoir judiciaire est essentiellement distinct du pouvoir royal ; puis, avec un pareil présupposé, l'on considère les anciens gouvernements — et l'on dit : « Voyez : chez eux, le pouvoir judiciaire était enchaîné ; il ne pouvait prononcer librement ses sentences. » — Mais, de grâce, où se trouvait alors le pouvoir judiciaire ? N'était-il pas pleinement dans le chef souverain de la nation ? — Or, qui peut être plus libre, plus indépendant, plus inamovible que ce juge suprême ?

Ce n'est donc pas la dépendance qu'il faut reprocher aux anciens pouvoirs judiciaires. Ce serait plutôt une célérité trop grande dans les jugements ou la difficulté de bien connaître les causes. — Mais à mesure que les relations personnelles, commerciales se multiplièrent entre les citoyens, les complications et les collisions des droits se multiplièrent dans la même proportion. D'où l'impossibilité pour le roi ou le chef souverain de tout connaître et de tout juger — et par conséquent la nécessité de chercher des aides dans les tribunaux et dans les magistrats. Il leur délégua donc son pouvoir, mais sans rien perdre ni de son droit ni de son indépendance.

Ces institutions n'ont point été sans doute sans inconvénients, surtout lorsque les autres fonctions de l'autorité ont été confiées à des corps de fonctionnaires. gouverneurs ou administrateurs; ce n'est pas le lieu d'examiner cette question. Mais l'indépendance des juges ne pourra jamais être aussi grande avec la division des pouvoirs constitutionnels qu'elle l'a été sous ces régimes où le juge suprême s'identifiait avec le chef suprême, monarque, poliarque ou autre.

1135. — Répétons-le donc : l'indépendance des juges n'est point due à la Réforme : elle n'a fait qu'établir l'erreur politique et religieuse de la souveraineté populaire ; constituant par là même un souverain incapable de toute fonction souveraine — et à qui elle peut dire audacieusement : « Votre Majesté ne sait ni faire des lois, ni les faire exécuter, ni en juger l'accomplissement. » Elle est donc obligée ou plutôt forcée de confier l'exercice du pouvoir à trois classes de fonctionnaires distincts, de façon que chacune soit indépendante des autres et ne relève que du peuple souverain, bien qu'il soit incapable, on le sait, de rien faire pour les mettre d'accord.

1136. — Mais, demandera quelqu'un, comment une erreur introduite dans la société peut-elle produire ce grand bien qu'apporte toujours l'indépendance et l'inamovibilité réelles des juges? Car, on ne peut le nier, les tribunaux sont plus indépendants sous le régime représentatif que sous le régime absolu.

Sans doute, il paraîtra toujours impossible qu'une cause mauvaise produise un bon effet. — Pourtant, si l'on veut bien considérer que l'effet est ici purement négatif, l'on comprendra que la cause, bien qu'elle soit mauvaise, non seulement peut, mais doit le produire.

1137. — En fait à quoi se réduit l'indépendance obtenue dans l'ordre judiciaire? — A la négation de l'influence du roi ou du chef de l'Etat ; ils n'ont plus l'autorité de peser sur les juges; puisqu'ils ne sont plus, dans les gouvernements représentatifs, les dépositaires du pouvoir suprême de l'Etat. — Mais où ce pouvoir suprême est-il allé se placer? — Dans le peuple. — Et si le peuple voulait dépouiller les juges, en aurait-il le droit? Très certainement, il pourrait abolir, changer, reviser la constitution. Donc, vous le voyez, les juges en principe sont amovibles... Il est vrai; le peuple n'en vient jamais à l'exécution : il est trop nombreux et du reste incapable d'agir par lui-même; il est condamné, naturellement, à se laisser ou guider par l'autorité ou tromper par des imposteurs... Et quoi d'étonnant qu'un souverain aveugle, niais, incapable n'exerce aucune influence sur les juges et qu'il leur laisse exercer sans contrôle leurs pouvoirs, puisqu'il en agit de même à l'égard de députés et de ministres qui le foulent aux pieds et le sacrifient?

Si vous faisiez à la théorie constitutionnelle un mérite de l'inamovibilité judiciaire, vous pourriez également louer les sourds-muets de ne pas enseigner d'hérésies. — Certainement si Nuyts (1) eût été sourd-muet, les étudiants de Turin en auraient recueilli un grand avantage... Mais direz-vous pour cela que ce serait un bon système de confier l'enseignement à des professeurs affligés de la même infirmité?... — Allons plus loin. Est-il bien vrai que jamais le peuple ne pèse ou ne laisse peser sur les sentences des tribunaux? Si un Giriodi ne veut pas complaire à des ministres en dépouillant un archevêque, sera-t-il à l'abri de toute épuration?... Et si des chefs de barricade montent la tête au souverain de la rue, ne sera-t-il pas très capable de prendre sur lui le jugement des tribunaux et de condamner à mort, même sans les entendre, un Prina ou un Polignac, à moins que le ciel ne fasse tomber ses fureurs?

L'inviolabilité réelle des juges, dans les gouvernements que nous étudions, est donc la conséquence naturelle de l'inertie et de l'impuissance du peuple : il n'a aucun mérite à respecter l'indépendance des tribunaux,

_____

(1) En France, un peu plus tard, si Renan eût été sourd-muet, il n'eût point égaré tant d'intelligences... Mais de là l'on ne conclura pas à mettre des sourds-muets professeurs de Sorbonne.

puisqu'un acte n'est pas méritoire quand il est forcé.

Au moins cette abstention du peuple est-elle utile? Dans un sujet parfaitement un, l'utilité, la convenance et les autres rapports analogues peuvent se considérer sous un seul aspect et s'exprimer par des propositions absolues. Ainsi nous disons: la réflexion est très utile à l'intelligence; et encore: « il convient d'user avec modération de sa vue afin de ne pas la perdre. » Mais dans des sujets très composés et à plus forte raison faits de parties contraires, une réponse absolue sur leur utilité devient comme impossible : car vous pourrez dire de certaines parties composantes que, par elles-mêmes, elles sont utiles à la fin ; mais par ailleurs d'autres éléments viendront contrebalancer cet avantage... C'est ce que nous avons déjà vu en parlant de l'unité et de la division des Pouvoirs (1)... L'unité les rend plus forts, mais avec danger d'abus; la division diminue le danger, mais au détriment de la force. Or, tel est précisément notre cas, lorsque nous traitons d'un sujet aussi compliqué qu'est la société.. Très utile certainement est l'inamovibilité des juges ; de sorte que l'inertie d'un gouvernement, qui est en elle-même un mal très grave pour la société, est compensée par l'impuissance où il est de faire un mal positif... Et cela est négativement ou, si l'on veut, relativement un bien. Mais cette impuissance au mal est à la fois l'impuissance au bien et à un bien tel qu'il est de première nécessité pour l'existence et la vie de la société... Car cette vie et cette existence diminuent ou cessent dans la mesure

(1) V. tome II. c. V.

que diminuent et cessent, dans l'être social, l'autorité centrale et l'unité. Prenons un exemple:

1138. — La France, avant le 2 décembre, avait bien une magistrature réellement inamovible; ni les pouvoirs ni les partis n'avaient osé y toucher... Elle était loin cependant d'avoir la plus parfaite des machines gouvernementales... Si leur impuissance rendait les chefs de la nation incapables de violer des droits, elle leur rendait impossible également la défense nécessaire de l'ordre. Le manque d'union politique entre les différentes parties organiques de la société était la raison de cette impuissance; elle enlevait ainsi à cette nation bouleversée l'unité morale du droit, elle mettait en péril l'unité matérielle qui s'appuie sur la force. Les bons citoyens étaient inquiets du lendemain et l'Europe anxieuse attendait l'issue d'une pareille situation.

L'inamovibilité des magistrats considérée comme un effet de l'impuissance gouvernementale est donc un bien pour la société dans le même sens que l'abattement et la léthargie sont un bien pour le maniaque épuisé par ses crises. Il ne peut plus attenter à sa vie en se jetant par la fenêtre. Mais de même que cet abattement, bien relatif pour le maniaque, est un mal pour un homme sain, de même l'inamovibilité judiciaire serait un vrai mal dans une société florissante et bien ordonnée... Elle ne pourrait s'appeler un bien qu'à la condition d'avoir pour cause la rectitude inviolable d'une volonté souveraine, un attachement inébranlable à tout ce qui est juste et un empire invincible sur les passions. Cette inamovibilité serait louable. Elle aurait sa raison d'être dans une justice vivante et forte ; mais l'autre, si vous supposez une autorité suprême, réelle et vigoureuse, n'est qu'un songe ; et un songe d'autant plus impossible à réaliser qu'il est impossible que le gouvernement d'une société ne dépende pas totalement d'un gouvernant physiquement ou moralement *un*.

1139. — Savez-vous l'unique moyen d'obtenir d'une certaine manière cette indépendance absolue ? Ce serait d'attribuer le jugement des affaires d'une société à une autre société complètement indépendante de la première... Et cette œuvre admirable le divin auteur du christianisme l'avait réalisée : il avait perfectionné l'organisme législatif des nations chrétiennes par l'établissement de l'Eglise catholique. Il avait, au moins pour les lois les plus universelles, opéré depuis 18 siècles cette division du pouvoir législatif et du pouvoir exécutif que nos sophistes sont venus travestir stupidement pour le malheur des nations. Ils voulaient, disaient-ils, organiser un gouvernement où le législateur ne pût être poussé par l'intérêt à altérer la justice. Mais en fait et dans le délire de leur orgueil ils ont forgé cette représentation qui ne représente point et ce pouvoir exécutif qui est impuissant, comme nous l'avons montré.

1140. — Tout autrement procède le divin restaurateur des nations. La faute originelle les avait blessées et rendues infirmes : il les fait entrer dans l'unité catholique ; il rétablit chez elles l'unité de la famille, de la pensée, de la volonté, du langage ; il leur donne, dans l'autorité catholique, ce vrai pouvoir législatif, indépendant dans la confection des lois, mais distinct de celui qui les exécute et qui peut s'adapter aux caractères de toutes les sociétés publiques : si bien qu'en maintenant intacts les principes du vrai et du juste, elles corrigeront facilement les erreurs d'application, ayant appris à les connaître peu à peu, soit par le raisonnement, soit par l'expérience, soit par l'enseignement même de l'Eglise. Jésus-Christ a donc donné aux nations une autorité pleinement indépendante d'elles, une autorité qui est la gardienne infaillible des principes de toute bonne législation et la réparatrice franche et loyale des erreurs particulières lorsqu'elles sont connues.

Or, cette gardienne impartiale et désintéressée est précisément celle à qui les réformateurs modernes ont enlevé toute influence sur les lois. N'était-elle pas, ont-ils répété calomnieusement, le tyran des peuples, une usurpatrice du pouvoir, une puissance étrangère? — Ils ont donc détruit chez les peuples modernes l'unique séparation vraie qui puisse exister entre le pouvoir législatif et le pouvoir exécutif. Ils ont complètement exclu de la législation cette société catholique vraiment indépendante, dont les peuples catholiques sont les sujets et les membres. Bref, à l'invention divine ils ont substitué l'absurde rêve d'une autorité sans unité et d'un pouvoir impuissant.

Or, ce que le Rédempteur a fait pour la législation a son contre-coup dans l'ordre judiciaire, puisque les sentences de celui-ci sont simplement l'application des lois. Le magistrat catholique, tant qu'il ne forfait pas à son devoir de catholique, est doublement indépendant du pouvoir exécutif. Il l'est dans ses principes universels :

si bien qu'en les suivant il ne sentira jamais vaciller les fondements de la justice : il l'est dans l'application ; car la conscience catholique ne peut, comme la conscience hétérodoxe, se soumettre à la prétendue reine du monde, *l'opinion*, ni au vil mobile de l'intérêt, guide logique des actions selon la théorie moderne.

1141. — Nous avons montré quelle valeur avait dans les sociétés modernes l'indépendance accordée aux juges par les lois constitutionnelles. Mais ces lois sont-elles toujours traduites fidèlement dans les faits ? Il y avait à peine deux ans que la régénération de la France était entreprise — et déjà le gouvernement sentait combien pèse aux puissants le joug de la justice et combien il leur est commode de le briser. La loi du 24 août 1790 séparait les fonctions judiciaires des fonctions administratives : l'ordre était intimé aux juges d'empêcher de façon quelconque la marche des administrateurs et de les citer à leur barre : « Les fonctions judiciaires sont distinctes et demeureront toujours séparées des fonctions administratives. Les juges ne pourront, à peine de forfaiture, troubler de quelque manière que ce soit les opérations des corps administratifs ni citer devant eux les administrateurs, pour raison de leurs fonctions. » (Loi du 24 août 1790.)

La régénération n'était qu'à son berceau que déjà elle désabusait ses crédules partisans!... La Terreur continua sous les mêmes auspices et la Constitution de l'an III, en soumettant en dernière instance tous les conflits de juridiction à la décision du Directoire, prouva une fois de plus que les jugements des tribunaux ne peuvent jamais être complètement indépendants de l'autorité suprème, quelle que soit sur ce point la théorie et l'opinion des sophistes. — Les germes naturels des êtres se développent toujours. Aussi l'arrêt du 13 brumaire an X attribua-t-il les mêmes pouvoirs au Conseil d'Etat... Ils furent diminués mais non révoqués par un décret du 1ᵉʳ juin 1828.

Des observations semblables ne regardent point l'Angleterre... Cette nation, nous l'avons dit, fomente ardemment chez les autres la propagation des idées nouvelles... Mais elle entretient chez elle, de toutes ses forces, les principes anciens... Et le premier axiome de sa Magistrature est encore celui-ci : « Toute justice émane du Roi. »

En Italie, les conflits de juridiction n'ont pas encore, que je sache, fait leur apparition dans la sphère de la légalité constitutionnelle : et nous ne pouvons savoir où se trouve la suprème autorité judiciaire.

Mais il est facile de deviner que, sur une plainte de l'administration contre les tribunaux, la question serait portée devant les Chambres, si toutefois elle n'était pas résolue despotiquement par le ministère... D'où il suit que la prétendue indépendance des tribunaux se réduirait toujours à l'omnipotence des députés, supérieurs aux juges en cela, comme ils le sont aux ministres en d'autres points...

Ces preuves historiques démontrent donc clairement ce que nous avons avancé, à savoir « que l'indépendance totale et la séparation absolue du pouvoir judiciaire d'avec le pouvoir législatif et exécutif est chose impos-

sible, même lorsque des esprits droits se restreignent à
la sphère de la plus parfaite légalité ».

1142. — Aussi, pour cette raison, l'ingérence du
pouvoir suprême dans les jugements a dû et devra toujours se produire, lorsqu'il se laissera dominer par la
passion... et cela quelle que soit la forme du gouvernement. Sous les régimes modernes, le pouvoir exécutif usurpe les droits judiciaires aussi facilement que les
ont usurpés jadis des ministres ou des monarques poussés aussi par leurs passions. L'injustice est donc la
même, que le droit soit violé par l'envoi d'un « billet
royal » ou par une mesure exceptionnelle... Mais, dans
le second cas, l'audace et l'impudence sont beaucoup plus
honteuses que dans le premier : les ministres du roi
ne prétendaient pas tromper le peuple en laissant les
juges responsables de leurs actes; ils leur disaient
franchement : « Ainsi décide le roi, parce qu'il a le
droit de juger; mais le ministre constitutionnel dit implicitement : « Je suis incompétent, et cependant je
veux juger ainsi. »

1143. — Résumons ce que nous avons dit de cette
inamovibilité des juges... tant vantée de notre temps.
Théoriquement ce devrait être une institution destinée
à préserver tout juge de la crainte des puissants, ceux-
ci ne pouvant, si élevés qu'on les suppose, les éloigner
de leur charge ni envahir leur compétence.

Cette inviolabilité, sous tous les régimes, est le droit
de tous les juges, et point de pouvoir suprême qui ne
doive la respecter.

Pourtant l'indépendance judiciaire ne saurait être

totale que dans le dépositaire même de cette autorité suprême, puisque c'est de lui qu'émanent tous les pouvoirs politiques. Supposez donc souverain un monarque, un Sénat aristocratique, un Conseil démocratique, c'est d'eux qu'émanera le pouvoir judiciaire. Si vous acceptez au contraire l'erreur protestante (1) qui proclame indépendante toute raison privée, ou en d'autres ter..... « la souveraineté du peuple », vous devrez faire sortir tout jugement et toute justice de cette multitude agglomérée et inorganique, et de la majorité de hasard qui sont une conséquence forcée de la souveraineté populaire.

§ III

LE JURY. — SON ORIGINE

Sommaire : — 1144. Contradiction des partisans du jury. — 1145. Esprit de notre *Examen critique*. — 1146. L'idée du jury. — 1147. Principe de cette forme judiciaire. — 1148. Compétence. — 1149. Expérience. — 1150. Probabilité des origines historiques du jury. — 1151. Signalées par les érudits. — 1152. Mais rejetées par les partisans des régimes modernes. — 1153. Absurdité de leur principe. *Tout homme doit être jugé par ses pairs.* — 1154. Et du droit qu'ils donnent à l'accusé de choisir des juges. — 1155. Absurdité du fondement de leur doctrine, je veux dire « le *pacte social* ». — 1156. Ce pacte a pour racine l'indépendance individuelle. — 1157. Il produit la *nation-juge* dans les tribunaux. — 1158. Analogue à la *nation législatrice* dans les Chambres. — 1159. A la *nation représentée* sans être représentée. — 1160. Il s'en suivrait qu'il n'y aurait plus qu'un seul tribunal compétent. — 1161. Ce serait revenir à la forme rudimentaire de l'arbitrage. — 1162. Autres erreurs d'un auteur belge, Sévestre. — 1163. Il conclut du particulier à l'universel. — 1164. Il suppose l'homme incapable de juger. — 1165. Ridicule arrogance dans sa manière de prouver. — 1166. Et surtout de tirer cette conclusion : donc le peuple est le juge naturel de tous les coupables.

(1) L'erreur protestante, c'est-à-dire l'esprit protestant... car il n'y a pas à craindre que la France, l'Italie, l'Espagne... se fassent luthériennes, calvinistes, etc... ce sont des sectes mortes... mais ce qui est à redouter, c'est l'esprit de la réforme...

1144. — Voici une seconde modification introduite dans les jugements comme une règle de première importance par toutes les législations modernes : c'est l'institution du Jury, une de ces panacées qui doivent nous ramener à l'âge d'or. Les critiques un peu revêches n'auront pas manqué de froncer le sourcil en entendant dire que la civilisation contemporaine avait besoin de demander ce grand perfectionnement aux âges de la barbarie. Pour nos lecteurs qui savent que la société va puiser sa perfection dans l'individualisme, et qui sont au courant des conséquences contradictoires de l'idée hétérodoxe, ils ne seront pas étonnés de voir la civilisation tendre la main aux âges barbares et solliciter d'eux des leçons de progrès. Quant à nous, l'on nous accuse d'aimer avec folie le Moyen-âge. Nous pourrions au moins, sans nous contredire, en accepter des principes de perfection sociale.

1145. — Mais nous n'avons l'intention ni d'établir ni de détruire des institutions. Nous voulons seulement réduire à leur juste valeur les idées touchant à notre sujet... Nous nous contenterons donc d'examiner brièvement et le mérite réel de ce tribunal populaire, le Jury, et les raisons qui l'ont si fort accrédité chez les partisans de la civilisation moderne... Nous le ferons selon notre habitude, c'est-à-dire en considérant cette institution sous les influences de la souveraineté du peuple. Ce qui est ici d'autant plus nécessaire que, toute légitimité reposant, d'après l'erreur moderne, sur la multitude, l'on feint, pour se défendre, d'invoquer les institutions du Moyen-âge, tandis qu'en réalité l'on en prend le cadavre, mais après en avoir banni l'esprit qui l'animait.

1146. — Nos lecteurs savent en quoi l'on fait consister communément l'institution dite du Jury. Partant de principes dont nous examinerons plus tard la valeur, on établit comme un aphorisme indubitable : que tout homme a le droit de n'être jugé que par ses pairs, spécialement en matière criminelle. Car, en matière purement civile, les opinions sont divisées. Conséquemment, au jury, l'office du juge n'est pas de prononcer sur le fait criminel ; il lui appartient seulement d'appliquer la peine, lorsque, le procès discuté et toutes les pièces ayant été lues devant des citoyens égaux à l'accusé et non recusés par lui, ces derniers auront déclaré qu'il conste réellement du crime en question.

1147. — Or qu'est-ce qui peut légitimer aux yeux de la raison cette forme de judicature ? — Ce sont en particulier deux éléments contenus dans l'idée même de tout jugement. En effet, un jugement n'étant rien autre chose qu'une sentence autorisée pour faire triompher la justice dans la société, le pouvoir suprême doit exiger des magistrats deux choses : « l'habileté pour connaître le juste et le droit pour le maintenir. » D'où il suit que, quand les tribunaux ne pourraient pas, sans les jurés, avoir ces conditions, l'institution du Jury devrait être regardée comme conforme aux indications de la nature elle-même.

1148. — Or, dans deux cas au moins, l'une des deux conditions peut se vérifier. Le droit de porter des sentences autorisées n'existe pas au premier âge de la vie sociale et lorsque l'organisme civil n'a encore que ses premiers linéaments dans la famille patriarcale ou dans celle des anciens : car alors les chefs de famille peuvent se trouver égaux au point de vue politique — soit qu'ils se soient librement réunis en société volontaire, soit qu'après la mort de l'aïeul ou du père qui exerçait l'autorité suprême ils soient restés indépendants les uns des autres. Dans ces cas, ces chefs de famille sont naturellement les possesseurs de l'autorité gouvernementale, — et c'est à eux qu'il appartient de choisir des juges parmi leurs pairs et d'établir les formes des jugements. Dans de telles circonstances, il est naturel que l'institution du jury naisse, se perfectionne et se consolide, grâce à ce respect, à cette sorte de vénération que l'on porte aux anciennes institutions, et qui est une vertu propre de l'homme social, lorsqu'elle n'est pas travestie par les passions et par les sophismes.

1149. — Un tribunal peut ensuite n'avoir pas la science nécessaire pour connaître ce qui est juste, lorsque cette connaissance dépend du genre spécial des professions ou des arts. C'est le principe qui a fait recourir aux jugements des prud'hommes... maîtres de métiers, etc., toutes les fois que, dans certaines matières, les juges ordinaires n'auraient pu porter une sentence bien fondée. Ainsi consulte-t-on un chirurgien dans le cas de blessures, un médecin pour les empoisonnements, un arpenteur pour les délimitations de terres, un calligraphe pour la contrefaçon des écritures, un orfèvre pour la falsification des métaux, le clergé sur la doctrine catholique dans tout pays où l'on croit que la religion doit être enseignée par ceux qui l'ont étudiée et en ont été consacrés les maîtres et les ministres.

1150. — A l'époque des invasions barbares ces deux raisons ont inspiré des établissements semblables à ceux que nous trouvons chez les peuples modernes... Car d'un côté les pères de famille dans les hordes germaniques, les feudataires inférieurs sous le régime féodal étaient égaux en droits... Ils devaient donc, pour l'exercice de la justice, aboutir aux moyens que nous avons constatés dans les sociétés primordiales; d'un autre côté les différences de législation introduites ou conservées par les barbares dans cette société mixte qui se forma après les guerres et se composa de vainqueurs et de vaincus, donnèrent naturellement à chacun le droit d'être jugé selon les lois de sa propre nation, lois qui n'étaient bien connues que des hommes de sa nation. Et c'est ce qui donna lieu à cette « professio juris », profession de droit ou déclaration par laquelle chacun faisait connaître la législation sous laquelle il voulait vivre.

1151. — Nous laisserons aux érudits le soin d'étudier et d'examiner les faits... Pour ne point nous éloigner de notre sujet, nous nous contenterons d'avoir indiqué quelques-unes des causes qui ont rendu légitimes chez plusieurs peuples ces formes de jugements... dont il est ici question... Puisque nous les regardons comme légitimes, on voit par là que nous sommes impartiaux par rapport à toutes les institutions sociales, lorsqu'elles sont conformes à la justice (1).

(1) Pour plus de détails historiques sur l'origine du jury, voir « His-

1152. — Ainsi l'autorité du Jury a donc pu se constituer et se fortifier, comme toute autre possession de l'autorité par la voie des faits.

Mais les sociologues modernes excluent du droit tout élément historique : ils ont l'habitude, nous l'avons vu souvent, de faire violence à la nature pour lui attribuer leur théorie absolue ; épris des avantages qu'ils espèrent en retirer non pas tant pour la société que pour leur parti et leur égoïsme, ils attaquent toutes les institutions différentes de celles qu'ils patronnent.. Pour les défendre ils cherchent des raisons non seulement dans leur imagination, mais souvent dans une ignorance audacieuse et outrageante pour des lecteurs qu'ils supposent ignorants comme eux. Ils prennent alors un ton d'oracle et ils imposent aux esprits crédules, avec une franchise brutale, les doctrines les plus gratuites, les plus incompréhensibles. Ils vont enfin jusqu'à les présenter comme des axiomes adoptés par le genre humain tout entier.

1153. — Nous allons en donner un exemple tiré d'un opuscule d'un Belge, jurisconsulte et ancien magistrat à la cour de Bruxelles : cet opuscule ou rapport fut présenté aux Etats généraux des Pays-Bas en 1827. Nous choisissons cet exemple à cause de l'autorité de l'écrivain et de l'Assemblée où il parla... Nos lecteurs verront par là que nous n'avons point choisi à dessein un adversaire impuissant à se défendre (1). Après avoir

toire du droit criminel, par Albert du Boys... Université catholique, t. 31, pages 314 et 324...

(1) Voir Sévestre, Des lois pénales, ch. xix.

protesté de son impartialité dans la discussion, il commence par établir comme un aphorisme hors de conteste que « tout homme doit être jugé par ses pairs (1) ». Ce qui est précisément le contraire de ce que la raison naturelle inspire au plus borné comme au plus intelligent ; témoin Vatel, qui n'est point sans crédit, on le sait, parmi tous les publicistes modernes. Le droit de punir, dit-il, n'appartient jamais à un homme particulier vis-à-vis de son égal (2).

En fait que signifie ce mot « juger » dans l'ordre social ? Il signifie imposer aux plaideurs son propre jugement en vertu de l'autorité suprême. Or, quel droit peut avoir un égal pour imposer à ses égaux son jugement propre comme règle de leur conduite.

1154. — L'axiome prétendu de Sévestre est donc en contradiction avec le sens commun... Il ne pourrait pas davantage être soutenu par un sincère partisan de l'indépendance individuelle inaliénable, à moins qu'il n'admette le songe ridicule du contrat social, comme le fait l'auteur belge. Mais celui-ci ne s'en tient pas à une première absurdité : il affirme en second lieu que tout individu a le droit de choisir lui-même ses juges et de récuser ceux qui sont nommés par le pouvoir public — puisque, dit-il, personne n'a le droit de porter une sentence sur son semblable, s'il n'y a pas été d'avance autorisé par l'accusé (3).

(1) Il est de droit public que tout homme doit être jugé par ses pairs.
(2) Le droit de punir, c'est-à-dire de corriger celui qui fait mal en le faisant souffrir, n'appartient jamais à chaque particulier vis-à-vis de son égal (Vatel, le Droit des gens , t. I, ch. XIII.)
(3) Tout individu traduit en justice a le droit de choisir ses juges ; de récuser même ceux qu'on lui présente... et nul ne doit prononcer

1155. Ne nous arrêtons pas à montrer la fausseté du principe universel avancé si audacieusement : il saute aux yeux que permettre à un fripon de choisir pour juges ses pareils ce serait la ruine de la justice. Et pourtant, c'est la conséquence du principe en question… D'ailleurs les partisans de l'institution du Jury ne l'admettent pas.

Encore moins nous arrêterons-nous à réfuter l'absurdité du contrat social : il est aujourd'hui tourné en ridicule par tous les publicistes dignes de ce nom. Il n'y a qu'à signaler la preuve sur laquelle l'auteur veut appuyer sa très gratuite affirmation : elle fait toucher du doigt, que, dans les gouvernements modernes, l'institution du jury trouve sa racine dans l'indépendance hétérodoxe et dans les doctrines de Rousseau : car une fois posé ce principe, « que tous les hommes sont égaux et indépendants », il en infère qu'ils ne peuvent former entre eux de société ni exercer de juridiction, si chacun n'accorde à ses coassociés le droit de le punir de ses fautes.

1156. — Autre point de vue qui nous fera reconnaître pour le jury la même origine, c'est celui qui nous rappelle que l'indépendance, dans sa cause première, est l'affranchissement de la raison ou l'esprit privé… Or, nous l'avons démontré plus d'une fois : point de vérité objective qui résiste longtemps aux assauts insensés des rêveries individuelles ; et dans les sociétés modernes, ce qui se substitue à la vérité, c'est le règne de cette divi-

sur le sort et la vie de son semblable, s'il n'en a reçu, par cette élection, le pouvoir plein et entier de celui qui répond à l'accusation (ibid.).

nité mobile qu'on appelle l'opinion, et que le parti dominant change à son gré par les honteux artifices connus de tous. Mais d'après ce que nous avons dit, le pouvoir judiciaire appartenant de droit naturel à l'ordonnateur suprême de la société, il est clair que si l'opinion de la majorité est reine, c'est elle aussi qui doit être juge.

1157. — Mais comment avoir la majorité de la nation sur les quelques sièges d'un tribunal? Qu'on choisisse, répondent les réformateurs modernes, qu'on choisisse dans la société la fleur des hommes honnêtes et qu'on leur confie la part principale dans les jugements : le magistrat ordinaire n'aura pour ainsi dire que des fonctions matérielles : il instruira le procès; il feuillettera le code; mais les jurés représenteront la nation en jugeant sur le fait, ce qui est, à proprement parler, le point essentiel de toute question criminelle.

1158. — Ainsi une de ces fictions de droit, fictio juris, tant vantées par les novateurs et servilement acceptée par le troupeau de ces moutons indépendants si fiers de l'émancipation de leur propre raison, nous déclare d'un ton magistral que douze hommes du peuple sont la nation, que la nation prononce ses jugements, que le jugement de la nation est l'oracle de la vérité... Ainsi la nation magistrat non moins que la nation législateur se trouve constituée par une poignée d'hommes, qu'on pourra d'autant mieux appeler le peuple qu'ils auront été pris dans les rangs les plus bas de la société et dans la nuit de l'ignorance. Ainsi une nation composée de cuisiniers, de pâtissiers, de cordonniers, de serruriers, etc., est appelée à donner son verdict sur un écrivain, sur un prélat, etc...; elle décidera si telle idée se trouve dans telle phrase, si telle fonction, l'absolution par exemple, est d'ordre spirituel ou civil. Ainsi ce même peuple souverain qui passe des barricades de la révolte aux Chambres de la législature pourra siéger avec un droit égal dans les tribunaux : il prononcera ici sur les faits comme à la Chambre il prononce sur le droit.

1159. — Vous le voyez, cher lecteur; l'institution du Jury regardée comme la voix de la nation prononçant dans les tribunaux est simplement une application de la théorie qui, par le moyen du suffrage universel, fait sortir du peuple toute justice et toute vérité, mais en excluant tout principe d'autorité pour réduire tout à la force de la majorité. Dans les tribunaux, il est vrai, cette majorité ne se voit qu'à l'état microscopique; mais cela tient à l'impossibilité de réunir tout un peuple dans un tribunal. Car, en droit, selon nos docteurs modernes, le peuple entier devrait être juge : « Le jugement du fait criminel appartient donc au peuple ou à la nation, dit Sevestre (l. c.); et un auteur italien : la justice émanant du peuple... tel est le fondement du Jury moderne (1). »

1160. — Si ce principe était vrai, le jury devrait son origine, comme le prétendent les modernes réformateurs, non pas à une série de faits historiques, mais à une loi inéluctable de la nature... Et toute autre sorte de tribunaux seraient injustes, incompétents, et sans lendemain.

(1) Pescatore... Rivista italiana, nuova serie. Vol. I, p. 401.

1161. — Or, remarquez-le, je vous prie : cette manière de rendre la justice est celle que nous nommons d'ordinaire « un arbitrage », et c'est la forme la plus rudimentaire que nous trouvons dans les sociétés naissantes. Car alors l'autorité n'étant encore ni bien formée, ni bien reconnue, les personnes en litige choisissent volontairement des arbitres : et ceux-ci n'ont d'autre pouvoir que celui qu'ils reçoivent des deux parties. Mais lorsque, dans une société qui progresse, l'on comprend que tous les intérêts des individus dépendent essentiellement de l'ordre public et qu'on ne peut, sans de graves injustices, les laisser à la merci des parties plaignantes, alors l'on voit du même coup que le pouvoir judiciaire social est « une institution d'ordre naturel » et qu'il ne dépend pas du bon vouloir des individus; l'on voit que l'ordonnateur suprême a besoin de ce pouvoir pour assurer à chacun ses droits; par conséquent, qu'il appartient à un supérieur et non à des égaux de juger des sujets, enfin que, pour atteindre ce but, le chef suprême d'une nation a le droit de choisir et de déléguer des juges. « Rendre justice, c'est le devoir du « souverain : il est naturellement le juge de son peu- « ple... Il est impossible que le prince se charge lui- « même de ce pénible travail.. Il doit le confier sous son « autorité... Il n'y a aucun inconvénient à confier le « jugement d'un procès à une compagnie de gens sa- « ges, intègres et éclairés (1). »

1162. — Sévestre tire des principes faux, sur lesquels

____

(1) Vatel, le Droit des gens t. I. l. 1er. c. XIII.

il s'appuie, cette conséquence que personne n'a le droit
d'imposer des juges à un accusé pour un fait criminel,
pas même le souverain, qui pourtant a droit de faire
grâce : et pourquoi? Parce que, dit l'auteur, en faisant grâce, il se contredirait lui-même, si les juges choisis par lui avaient condamné l'accusé... Raison vraiment curieuse! Car elle suppose qu'on fait grâce non à
un coupable mais seulement à un homme injustement
condamné ; elle suppose que les délégués ne vont jamais contre les intentions de qui les délègue ; enfin
que la nation elle-même, si elle avait nommé les juges,
ne pourrait faire grâce, etc., etc.

Mais laissons ces aberrations de moindre importance,
et revenons à la preuve principale tirée de l'indépendance et de l'égalité naturelles. Si l'on admet cette
preuve, on doit admettre du même coup que le jury est
une institution d'ordre naturel et prescrite par la justice éternelle. « Toutes ces vérités, dit l'auteur, ont la
justice éternelle pour base. » — Toute autre forme de
jugement est une violence de l'absolutisme, un mépris
de l'humanité, une oppression des petits, et un privilège des grands.

1163. — L'auteur a déduit ces dernières conclusions
d'un fait accidentel et particulier, c'est-à-dire de ces cas
dans lesquels le jugement dépend de connaissances spéciales et force par suite à recourir aux hommes de la
partie. Un médecin, dit-il, est accusé d'empoisonne-
ment. Il a droit que le fait soit examiné par ses pairs,
par d'autres médecins. Ici l'auteur a pleinement raison.
Mais être médecin, être accusé d'un fait qui relève de la

médecine, c'est pour un citoyen une circonstance accidentelle, personnelle ; un citoyen pourrait fort bien être accusé d'un fait relevant de la médecine et l'ignorer complètement. Dans cette hypothèse, au lieu de prendre pour juges des hommes de sa profession, il devrait en choisir de condition différente. De ce fait purement accidentel et auquel il a été pourvu dans toutes les législations, l'auteur a voulu tirer une conclusion universelle, comme si elle sortait de la nature même des choses. Dans tous les jugements, dit-il, tous les citoyens ont les mêmes droits. Cette proposition ne dérive point des prémisses, comme chacun le voit. A toutes les époques et chez tous les peuples il y a eu, pour les cas professionnels, des hommes pris parmi les plus capables dans les professions respectives. Ils devaient ou donner leur avis ou porter un jugement ; mais jamais personne n'a pensé pour cela que tous les jugements dussent être rendus par les hommes spéciaux. Les devoirs de citoyen ne sont-ils pas communs à tous et connus de tous ? Et pour cette raison ne devrait-on pas attribuer plus de science et d'habileté au magistrat public chargé de porter des jugements ?

1164. — L'auteur essaie ensuite de confirmer sa doctrine par une autre preuve non moins curieuse que la première. « Le pouvoir judiciaire, dit-il, ne peut jamais appartenir à une seule personne ; car juger signifie discuter, comparer. Or, la discussion exige nécessairement le concours de plusieurs. » Qu'en dites-vous, cher lecteur. N'est-ce pas là se railler des gens ? Car comment ce magistrat a-t-il oublié que l'homme raisonnable peut juger par lui-même et discuter le pour et le contre dans son intelligence?

1165. — C'est pourtant ce qu'il suppose; et il ne craint pas d'ajouter : « Ces vérités immuables sont à la portée de tous les temps; elles ont donné naissance au jury qu'avaient adopté les nations anciennes. » Il devrait dire que les jurys d'autrefois différaient beaucoup du jury moderne. Nous ne rechercherons pas ici les points de ressemblance entre les tribunaux d'Athènes et de Rome avec l'institution du jury. Déjà nous avons reconnu qu'au berceau des sociétés il y a toujours, sous la forme de l'arbitrage, une manière analogue de rendre la justice. Mais c'est aller trop loin que de tirer de ce fait une conclusion universelle. « Les sociétés primitives, dit l'auteur, par suite du développement imparfait de la famille ont, en l'absence de toute autorité supérieure, choisi des arbitres pour rendre la justice : donc (quelle logique!) dans une société pourvue d'une autorité légitime reconnue la justice devra être rendue par des arbitres.

1166. — La conclusion est plus que risquée, on le voit, mais que dire de la suivante qui est également de notre auteur : « Donc, le peuple est le juge naturel de tous les coupables »? — A quoi bon, s'il en est ainsi, nous avoir tant parlé de l'indépendance personnelle, du droit de choisir ou de récuser ses propres juges, de la nécessité de recourir aux hommes spéciaux des différentes professions? Si la nation a le droit de juger, je ne suis donc plus indépendant; si c'est elle-même qui juge, je n'ai donc rien à choisir; et si tout le peuple juge de tout, le peuple possède les connaissances spéciales de toutes les professions.

RAISONS DE LA FAVEUR DONT JOUIT LE JURY

SOMMAIRE : — 1167. Raisons secrètes. — 1168. Il favorise la corruption et le droit de récuser certains juges. — 1169. Avantages pour ceux qui veulent bouleverser la société.— 1170. Quoi qu'ils disent pour les dissimuler. — 1171. Epilogue.

1167. — Telles sont les principales raisons de la théorie moderne pour proclamer de droit universel une des nombreuses formes que l'administration de la justice peut prendre dans la société. Laissons-les, puisqu'elles ne prouvent rien.

Mais leur insuffisance nous fait soupçonner quelque anguille sous roche ; et peut-être que l'institution du Moyen-âge sourit aux novateurs pour d'autres motifs pratiques. Nous allons les examiner brièvement.

1168. — Je vous l'ai démontré. Les novateurs, en vertu même de leur principe, doivent bouleverser toutes les anciennes institutions. Or, afin d'atteindre ce but, il leur faut, pour juger, des hommes qui non seulement ne rejettent pas ce principe de destruction, mais qui l'admettent comme une règle de conduite sociale ; d'un autre côté, ils n'auraient pas trouvé ces hommes, du moins en majorité, parmi ces magistrats de l'ancienne école, juges intègres, possesseurs d'une fonction héréditaire dans leur famille, éclairés par de profondes études et inébranlables dans les habitudes d'une grave et impartiale justice. — Qu'ont-ils donc fait ? — Ils ont décrété que tous les citoyens seraient jugés, sur le fait, par leurs pairs.

— Et, en cela, ils trouvaient un double avantage. Le premier d'obtenir, à mesure que l'opinion corromprait la masse aveugle et mobile du peuple, des juges semblables au milieu dont ils seraient tirés ; le second de pouvoir récuser certains citoyens honnêtes décidés à ne point se prêter aux idées subversives. A ceux-là l'accusé dirait sans crainte : « Je vous récuse, parce que vous n'êtes pas compétents pour juger du fait, et que vous n'entendez rien à cette affaire, vous ne connaissez pas l'art que j'exerce; ma..... religion est connue de mes confrères; je me défends contre la société qui m'accuse, c'est-à-dire par ceux que j'ai le droit de désigner dans son sein. » Il réclamera donc, avec justice, le jugement de ses pairs sur le fait ; et, par une transaction spéciale, il s'en rapportera aux juges du souverain, sur le droit.

— Rien de plus commode, vous le voyez, dans les temps d'agitation politique. — Et quel est le coupable qui n'accepterait volontiers d'être condamné à être pendu — à la condition de choisir l'instrument pour le pendre? Il choisirait un brin de laine.

1169. — Rappelez-vous ce que nous avons dit de la tyrannie des partis dominants, de la timidité et de l'impuissance des gens honnêtes, de l'abolition de toute unité sociale, du manque d'influence de la part de l'autorité dans les sociétés modernes, et vous comprendrez combien l'institution du jury doit être précieuse pour ceux qui veulent bouleverser la société... Cela ne veut point dire qu'un tel mode de rendre la justice soit en lui-même absolument mauvais. Non : puisqu'il peut être, nous l'avons dit, une nécessité pour un peuple enfant, un droit fondé sur une série de faits, une garantie contre la puissance excessive des grands.

1170. — Mais ce qui n'a qu'une bonté relative et accidentelle devient facilement mauvais quand on veut le transformer en chose absolue et universelle. Et c'est précisément le tort de ceux qui voient dans le jury un instrument de parti, tandis qu'ils devraient le regarder simplement comme un moyen de mieux connaître la vérité et de mieux défendre le droit. Si ces hommes avaient un peu plus de cette sincérité dont ils font l'éloge vingt fois dans un discours, au lieu d'en appeler aux lois de la nature, ils avoueraient ingénument le profit que leur promet une pareille institution... Alors leur raisonnement serait de toute évidence ; car, personne ne peut le nier, il est tout à fait avantageux au parti qui triomphe de dicter les lois à la Chambre, de les faire exécuter par le ministère, de les garantir par la force au moyen de la garde nationale, enfin de les sanctionner par des jugements, en se rendant maître des tribunaux.

— Mais, qu'ils avouent ou n'avouent pas, le fait parle clairement par lui-même, surtout en matière de presse et de délits politiques. Car les anomalies y sont tellement habituelles qu'on les prendrait pour des lois constantes partout où les gouvernements se sont laissé pénétrer par l'esprit de la réforme.

1171. — Nous avons suffisamment montré les influences de l'idée réformatrice sur la personne des magistrats.

Leur inamovibilité est la conséquence naturelle de la souveraineté du peuple... Car celle-ci présupposée, tous les organes du pouvoir politique dépendent d'elle et les juges sont aussi indépendants des ministres et des députés que ceux-ci le sont des juges. Ces trois pouvoirs ressemblent à trois colonels dans une brigade, à trois généraux de division dans une armée, égaux entre eux et ne relevant que du chef suprême... Dans les régimes modernes, ce chef suprême est le peuple ; donc le peuple seul aurait le droit de destituer les juges, comme il peut, d'après la théorie hétérodoxe, destituer les députés, les ministres et même le chef ministériel de tout l'Etat.

Cette inamovibilité sert à donner à la magistrature l'indépendance qui convient à un pouvoir souverain, tel qu'est celui de rendre la justice... Dans les monarchies elle appartient essentiellement au roi, mais elle serait perdue pour le pouvoir judiciaire sous un régime populaire : car le peuple ne peut pas l'exercer par lui-même ; — mais il peut bien exciter des troubles contre les juges et mettre à de dures épreuves leur intégrité. Ici donc l'inamovibilité est de nécessité absolue — ; elle peut aussi, dans les monarchies, avoir ses avantages et garantir la conscience des juges contre les excès de quelque ministre trop puissant.

La crainte de ces excès rend le jury cher aux nations pénétrées de l'idée moderne : elles regardent l'honnêteté comme impossible aux gouvernants ; elles croient qu'ils agissent toujours par le mobile de leur intérêt propre... Or, une nation remplie de ces préoccupations n'a pas plutôt confié quelque parcelle du pouvoir à l'une de ses créatures qu'aussitôt elle en redoute l'abus, et s'ingénie par des inspecteurs ou par d'autres moyens à reprendre ce qu'elle a donné et ne peut exercer par elle-même... Voilà la raison psychologique de l'institution du jury dans l'ordre judiciaire : le peuple espère ainsi, dans une certaine mesure, exercer par lui-même ce qu'il a été forcé de laisser aux magistrats : il fait en cela ce qu'il a fait pour la force publique... Après l'avoir confiée au prince ou au ministre chef de l'armée, il cherche à la reprendre en partie dans l'institution de la garde nationale.

— Efforts inutiles du reste ! Car la nature est indomptable : elle revendique ses droits; et ne tarde pas à faire comprendre à la multitude qu'elle est par essence sujette et non pas souveraine. Des hommes influents dans les communes, les fonctionnaires stipendiés par les ministres, les meneurs habiles des partis composent à leur dévotion la liste des jurés et ravissent au peuple la faible confiance qu'il avait de garantir aux magistrats leur inviolabilité... Car combien de fois leur conscience n'est-elle pas mise en échec par un peuple mobile qui suit tantôt l'influence du ministère, tantôt l'action d'un parti dominant, tantôt sa répugnance instinctive pour toute suggestion. Il voulait l'infaillibilité absolue des tribunaux; il aboutit à leur nullité; il voulait avoir en main la puissance judiciaire; il l'abandonne aux mains de l'ignorance ou de la tyrannie.

Voilà ce que produit dans l'ordre de la justice l'idée d'indépendance et l'anéantissement de la conscience publique : ces deux causes de désordre social y trouvent, il est vrai, une matière moins accessible à leur action...

Mais en altérant les principes fondamentaux de la société, elles l'acheminent vers de grands dangers et changent en instruments de parti la balance et l'épée de la justice elle-même.

§ IV

PUBLICITÉ DE LA DISCUSSION DEVANT LES TRIBUNAUX

SOMMAIRE : — 1172. Notre impartialité. — 1173. Raison donnée en faveur de la publicité. — 1174. 1° La société tout entière en péril. — 1175. Elle est défendue par la conscience des magistrats. — 1176. 2° Danger que court la liberté, quand elle n'est pas défendue par la volonté générale. — 1177. Cette volonté n'est pas souveraine. — 1178. 3° Sans publicité point de responsabilité. — 1179. 4° La justice vient du peuple. — 1180. Il s'ensuivrait que le peuple devrait examiner tous les procès. — 1181. 5° L'honneur des magistrats intéressé à la publicité. — 1182. 6° La publicité de l'exemple. — 1183. 7° La solennité des jugements. — 1184. 8° La nécessité de connaître les innocents et les coupables. — 1185. De plus la nécessité de défendre la réputation des citoyens. — 1186. Imprudence qu'il y a à s'appuyer sur la souveraineté du peuple. — 1187. La publicité favorable aux perturbateurs. — 1188. Précaution à prendre pour remédier aux inconvénients. — 1189. Les avantages qui en résulteraient seraient de favoriser l'unité nationale. — 1190. De diriger le peuple dans sa conduite ; et de l'éclairer dans ses jugements. — 1191. De le persuader plus facilement. — 1192. Au moins quand la chose est possible. — 1193. Le pouvoir suprême d'un gouvernement est suffisamment efficace. — 1194. Différence des jugements d'ordre civil et d'ordre politique. — 1195. Le sujet n'est pas le juge du droit. — 1196. Une telle fiction nuit à la théorie des libéraux. — 1197. Epilogue: Avantages de la publicité. — 1198. Ses désavantages. — 1199. Son principe.

1172. — La publicité des jugements est une des innovations dont nos réformateurs se vantent par-dessus tout... Elle leur a donné, croient-ils, une abondante moisson de gloire. Nombre d'auteurs qui, sur d'autres points, ne leur accordent pas facilement la victoire, n'osent ici s'opposer à l'évidence de leurs raisons...

Pourtant ces raisons ne sont pas évidentes pour tous... et les adversaires ne manquent point dans cette question.

Pour nous, nous n'avons épousé ni l'une ni l'autre des deux opinions. Nous réduirons donc à leur juste valeur les raisons pour et contre n'ayant en vue que de rechercher, comme nous l'avons annoncé déjà, pourquoi l'influence de l'idée réformatrice a été jusqu'ici dans l'ordre de la justice moins féconde en ruines sociales.

1173. — Le même auteur, Louis Sévestre (1), nous fournira les raisons qui militent en faveur de la publicité.

1174. — D'abord, écrit ce magistrat et jurisconsulte, « le délit bouleverse la société dont tous les membres sont solidaires, si bien que si un seul citoyen est offensé, tous les autres peuvent en être légitimement inquiets.. Mais, continue l'auteur, si toute la société sent le danger qui la menace, elle doit pouvoir assister tout entière au jugement établi pour la rassurer. »

1175. — On le voit, cette première raison s'appuie sur ce principe de défiance qu'on retrouve constamment dans les théories modernes, ceux qui les soutiennent ayant perdu toute idée et même toute possibilité d'une conscience publique, n'espérant plus trouver de sécurité que si chacun peut scruter à fond la probité de ses chefs, ou, du moins, la justice de leurs commandements.

1176. — De fait, telle est la seconde raison de notre

<hr>

(1) Des lois pénales considérées comme moyen de répression, par J.-Louis Sévestre. Bruxelles, 1827, c. 18.

jurisconsulte. « Lorsqu'un coupable, dit-il, est condamné seulement par une cour de magistrats, l'innocence et la liberté de la volonté publique manquent d'un appui suffisant. Voilà pourquoi la liberté n'existe pas là où la justice ferme ses tribunaux et ne dévoile que ses instruments de supplice. »

1177. — Cette seconde raison est fondée sur cet axiome prétendu que « le concours de la volonté générale est nécessaire pour assurer la liberté et l'innocence ». C'est en substance recourir à la souveraineté du peuple et par suite en admettre toutes les absurdités et tous les inconvénients... Puis, comme « confirmatur », l'auteur ne manque point d'ajouter quelqu'un des arguments propres à la tragédie. « Il suffit, dit-il, que la tête d'un individu tombe sous le glaive de la colère et qu'elle soit montrée aux esclaves du tyran ! »

Il espérait, sans doute, par ce coup de théâtre émouvoir ses auditeurs de 1827.

1178. — Mais nous avons maintenant l'expérience de 25 années. Nous sommes renseignés sur la valeur des garanties constitutionnelles et de la responsabilité des ministres ; et nous savons très bien que si la publicité des jugements peut mettre un frein à la tyrannie très rare des tribunaux, elle fomente et rassure la tyrannie trop fréquente de la rue et des barricades... Puis, sous quel gouvernement absolu trouverait-on que, dans l'espace de quatre années seulement, l'on a chassé de leur siège ou dépouillé sans jugement deux ou trois évêques, vingt à vingt-cinq maisons religieuses, une institution vénérable de charité catholique qui avait bien mérité de la patrie, etc., sans parler des usurpations continuelles que les réguliers subissent de la part de l'administration, lorsqu'ils s'établissent dans les Etats modernes. Après ces exemples et tant d'autres, vanter la sécurité de la liberté, grâce à la publicité des tribunaux, ce serait provoquer la risée des hommes de bon sens, si ce n'était exciter leur indignation. Car c'est toute la réponse que mérite la troisième raison de Sévestre tirée de la responsabilité des ministres.

1179. — Il y a une quatrième preuve. Elle confirme ce que nous avons dit ailleurs touchant l'origine du pouvoir judiciaire : « La justice, dit le magistrat belge, est rendue par tous et au nom de tous sous les insignes du Prince... Donc chacun a le droit de voir par lui-même comment elle est administrée. »

1180. — L'auteur oublie que si c'était un droit, ce serait aussi un devoir : car, veiller sur la conduite de ses inférieurs n'est un droit pour le pouvoir suprême que parce que c'est un devoir. Donc, si vous accordez à chaque citoyen la souveraineté et par suite la censure des tribunaux, vous lui imposez du même coup l'obligation de s'assurer par lui-même que la justice est bien administrée. Or, un magistrat, comme celui dont nous étudions les théories, ne peut ignorer le ridicule d'une telle doctrine. Car, serait-il encore possible à une société d'avoir des juges s'il était permis et même prescrit à chacun des hommes du peuple d'examiner toutes les pièces du procès?... Je dis « toutes les pièces du procès. » Le magistrat belge ne demande, il est vrai, que l'assistance des citoyens aux débats publics;

mais d'autres sont plus scrupuleux, quand il s'agit de la vie des citoyens ; et ils pourraient exiger une étude beaucoup plus détaillée que celle que l'on peut faire en écoutant des débats... Sévestre répondra peut-être que c'est trop d'exigence ; mais alors pourquoi ne pas se contenter d'institutions qui ont obtenu pendant tant de siècles non seulement la confiance du peuple, mais encore celle de tant de savants et honorables citoyens?...

1181. — Même réponse pour la sixième raison. Elle est tirée de la dignité et de l'indépendance des magistrats. Et celles-ci, dit l'auteur, viennent de leur réputation d'intégrité... Or, cette réputation suppose la publicité de ses actes.

Poussez l'argument jusqu'au bout ; et vous verrez que toute action d'un juge, accomplie même dans le sanctuaire de la famille, pourra le rendre suspect ; et qu'il n'aura plus qu'à vivre dans une maison de cristal... Pour qu'un juge soit réputé juste, dit l'auteur, l'entière publicité des audiences est indispensable. Autrement, l'on réveille la défiance et le soupçon... Voilà comme toujours le soupçon qui marche sur les pas de toute autorité ; voilà, comme de coutume, l'inévitable contradiction. L'on a déclaré que le peuple devait nécessairement être jugé par un magistrat... Et maintenant l'on soutient la proposition contraire ; il est nécessaire que le peuple juge les magistrats.

1182. — Sixième raison appuyée sur les avantages sociaux de l'exemple ; comme si la société ne pouvait être convaincue de la justice d'une condamnation et édifiée par le châtiment d'un délit dès que le peuple serait absent « de la plus petite partie des audiences criminelles ». — Il y a certainement des cas où la publicité des débats est propre à moraliser le peuple. — Mais combien de fois l'atrocité du crime, l'audace du coupable, la présence fortifiante de ses complices, l'apologie de son avocat, les mensonges des témoins, l'espoir de l'impunité, les fruits retirés de la faute et beaucoup de circonstances semblables seront de nature à augmenter le scandale au lieu de le réparer, à provoquer aux mêmes crimes au lieu d'en détourner par la crainte des peines.

1183. — La publicité des débats, continue l'Auteur, donne aux sentences des juges plus de poids, plus de dignité...? Soit, mais cette solennité ne saurait-elle être compensée par d'autres avantages?

— L'innocent, dites-vous, n'est pas garanti contre la prévarication du juge. Mais qui le rassurera contre la conspiration de ses adversaires ?

— Le public juge sainement parce qu'il n'est pas en lutte comme le magistat l'est avec l'inculpé et ses partisans. — Mais ces curieux qui constituent le public ont-ils la science, l'éducation, la probité des juges?... C'est là un point de grande importance et qui diminue de beaucoup l'avantage que l'on prête à la publicité des tribunaux... Ceux qui les fréquentent le plus sont-ils vraiment des savants, des hommes de prudence, capables et intègres? Ne sont-ce pas la plupart du temps des désœuvrés, des esprits légers, turbulents, complices des accusés eux-mêmes ?

1184. — Argument final de l'auteur : « La publicité

des jugements est requise, ajoute-t-il, pour que chaque citoyen connaisse le mérite de ceux qui, comme électeurs ou comme éligibles, peuvent participer d'une manière quelconque au gouvernement de l'Etat... Ce qui, d'après le dire des réformateurs, n'avait pas été prévu dans l'ancienne manière de rendre la justice.

1185. — Cette raison procède encore de l'esprit de suspicion. Mais elle est d'ailleurs très favorable à l'opinion contraire. Car si les tribunaux doivent protéger les citoyens contre un inculpé coupable, à plus forte raison doivent-ils protéger la réputation d'un accusé innocent; cette réputation est si délicate et si facile à flétrir même par de pures calomnies principalement dans l'esprit d'un vulgaire, incapable de discerner la vérité des ruses du mensonge et toujours enclin à croire le mal!... Ajoutez à cela que l'accusation d'une personne en compromettra peut-être beaucoup d'autres, que des hontes domestiques seront peut-être mises au jour, que bien des gens seront rendus suspects et qu'entre plusieurs s'allumera le feu de terribles inimitiés... Aussi cette loi de publicité, qui est la règle ordinaire, subit-elle de nombreuses exceptions; preuve la plus claire des dangers renfermés dans une pareille institution.

1186. — Voilà, si je ne me trompe, les principales raisons pour et contre la publicité des débats dans les causes soumises à la justice : je ne veux point porter de jugement sur l'un ou l'autre système... Mais je ne puis moins faire que de reprouver le prétendu dogme de la souveraineté du peuple, d'où partent nos réformateurs... Il les met dans leur tort, tandis qu'en s'appuyant sur d'autres principes ils pourraient avoir raison, au moins en plusieurs choses... Mais embrasser, comme ils le font, une pareille erreur, pousse naturellement leurs adversaires à condamner le système tout entier; — d'autant plus qu'il répandra l'erreur même dont il sort dans toute la société, corrompra les véritables doctrines et infusera son venin dans les sentences de la justice.

1187. — Et tel est précisément le motif principal qui pousse les réformateurs à soutenir la nécessité de la discussion publique... Ils la revendiquent pour le tribunal du Jury, pour les délibérations des chambres; ils en font un droit de la liberté de la presse, et de la profession des journalistes, etc., etc... Toute publicité leur sert à répandre leurs sophismes, à échauffer les passions, à tramer des conspirations, à entraver les gouvernements, à agiter les multitudes. « Profitez de la plus petite concession pour réunir les foules, disait Mazzini, en 1846, aux amis de la jeune Italie... Les rassemblements et les rapports fréquents d'hommes de différentes opinions suffisent pour faire jaillir les idées et les répandre au loin (1). Que ces idées soient chantées par un poète, déclamées par un acteur au théâtre, enseignées dans une chaire par un professeur, défendues à la tribune par un député, au barreau par un avocat, pourvu qu'elles soient proposées à la foule ignorante, l'effet produit sur elle est toujours le même. Elle saisit mieux l'objection que la réponse, et son cœur obéit beaucoup plus facilement aux attraits de la passion

(1) Lettre de Mazzini aux coopérateurs de la jeune Italie. Octobre 1846.

qu'aux raisons de la justice... La publicité des débats judiciaires passant de l'ordre civil à l'ordre politique prépare manifestement un double triomphe à la cause des perturbateurs. D'un autre côté, ceux des frères et amis qui sont traduits à la barre trouvent dans ce nombreux rassemblement de leurs complices ou bien une force pour les défendre ou du moins un auditoire pour les encourager. Si à ces conspirateurs de parti sont mêlés des désœuvrés curieux, ils recevront le mot d'ordre d'avocats fanatiques... Et ceux-ci, sous prétexte de liberté dans la défense, pratiqueront la liberté de la séduction. D'un autre côté, ce ne sera pas un petit avantage pour les factieux que de voir leurs avocats se former ainsi à l'éloquence, acquérir une popularité turbulente, une ambition insatiable... Ajoutez ces raisons secrètes à celles qu'a publiées le magistrat belge et vous comprendrez pourquoi la publicité des débats judiciaires est si chère aux réformateurs et si mal vue de leurs opposants.

1188. — Toutefois, cette innovation, si elle était entourée de mesures propres à garantir l'indépendance des juges, l'exécration des crimes, la confusion des coupables, la réputation des innocents, l'honnêteté des avocats, cette innovation, disons-nous, pourrait s'introduire avec quelque avantage dans les jugements d'ordre civil; et cela parce que, comme nous l'avons montré, l'élément individuel peut exercer plus raisonnablement son influence dans l'ordre civil que dans l'ordre politique.

1189. — En fait quel est le but des jugements dans

la société? Apaiser les différends, oui; mais aussi faire triompher notoirement la justice, unir dans une même conviction les esprits et les volontés de tous les membres de la communauté. — Cette unité intellectuelle et morale est proprement celle qui fait de la réunion des individus une société humaine; elle a sa racine dans ces principes incontestables de morale que la raison suggère et que la religion consacre... Mais ces principes sont universels; ils peuvent être violés par la force, interprétés par la raison de manières fort différentes selon les différents points de vue. Un gouvernement juste oppose la puissance supérieure de sa milice aux violations de la force, et, pour fortifier l'unité sociale, l'autorité de ses jugements aux attaques de la raison... Or, des jugements cachés pourraient-ils fortifier cette unité? Et comment contribueraient-ils à produire une même conviction chez tous les associés?

1190. — Il est donc évident que par eux-mêmes les jugements tendent à devenir publics; et d'autant plus que la matière en est plus facile à comprendre et les raisons plus claires. Voilà pourquoi les tribunaux dignes de respect ont toujours publié leurs jugements et les motifs de leurs sentences; même lorsqu'ils n'admettaient pas la publicité des débats. Ces jugements réunis dans de volumineux recueils ont servi et serviront encore aux jugements postérieurs. C'est ainsi qu'on recueille les sentences des cours suprêmes, les décisions de la rote romaine, etc., etc... Sans doute ces décisions ne regardent que des cas particuliers : mais elles supposent un principe universel qui trouve non seulement son application mais sa sanction expresse ou tacite dans la sentence rendue. Et ces décisions passant en habitude au barreau revêtent l'autorité de lois pour les cas semblables.

Or, la discussion publique, dans laquelle les avocats adverses s'efforcent de montrer leur plaidoirie respective appuyée sur les principes est très propre à en réveiller la connaissance dans l'esprit des multitudes qui n'y sont point tout à fait étrangères. Puis l'autorité du magistrat, si le peuple la respecte encore, montrant clairement où est le droit, répare d'ordinaire les inconvénients qu'entraîne la publicité des débats, alors que le peuple est pour ainsi dire constitué juge entre les deux parties sans avoir de fil conducteur pour sortir du labyrinthe où les sophismes des avocats l'ont égaré.

1191. — Il est vrai; la seule publication de la sentence, même sans discussion publique, suffit absolument pour que les sujets reçoivent l'impulsion de l'autorité et se conforment à l'unité de la direction sociale. Mais qu'on réfléchisse au véritable caractère de l'action gouvernementale — et l'on comprendra combien il est plus naturel pour le sujet d'obéir avec connaissance de cause et au pouvoir de commander en donnant à ses ordres l'auxiliaire de la persuasion. Car, sans doute, la raison de l'obéissance pour le sujet n'est pas dans l'évidence des motifs invoqués par la loi, mais bien dans l'autorité du supérieur qui commande. Toutefois le supérieur doit se rappeler qu'il ne meut ni un pur esprit ni une pierre ou une plante inintelligente, mais bien un homme doué de raison pour connaître la vérité et de sentiment pour goûter le plaisir : conséquemment plus il fera valoir de raisons pour convaincre l'intelligence et d'intérêts pour frapper la sensibilité et plus on pourra dire qu'il gouverne l'homme humainement; pourvu d'ailleurs que la raison commande toujours et ne vienne pas mettre en doute les droits de l'autorité, en voulant lui prêter aide et secours.

1192. — Nous disons : aide et secours : car nous sommes loin d'admettre la fausse théorie qui court aujourd'hui dans les têtes et dans les livres et d'après laquelle un sujet ne serait tenu d'accomplir une loi que s'il la juge raisonnable. C'est là une erreur tellement pernicieuse qu'elle rendrait la société impossible; puisqu'il est impossible que non seulement la populace, mais encore les héros de salon saisissent et estiment toujours la valeur des raisons civiles et politiques. Il n'est donc pas nécessaire, pour créer l'obligation de l'obéissance civile, de faire comprendre au sujet les raisons intrinsèques du commandement; il suffit de la raison très universelle, fondement de toute obéissance civile. Car, comme il est moralement impossible que toutes les intelligences et toutes les volontés libres aient une même manière de voir et de vouloir, c'est une loi de nature que, si les hommes doivent s'associer, ils doivent aussi accepter un principe d'unité raisonnable dans leurs actions publiques.

1193. — Cette vérité suffit pour lier d'une certaine façon la conscience de l'homme raisonnable. Suffit-elle pour lier sa sensibilité ? Non, très certainement; parce que les sens demandent une satisfaction, visent à l'intérêt et s'agitent au feu des passions. Bien plus ; l'homme raisonnable lui-même se porte avec moins d'ardeur à l'action, lorsqu'il accepte par devoir un commandement, mais sans en comprendre avec une certaine évidence la justice et la sagesse. Car quand il n'est poussé que par le devoir, son principe d'action est en grande partie extérieur ; mais si l'évidence personnelle se joint à la voix du devoir, il agit avec une spontanéité presque irrésistible, surtout si ces deux premiers motifs sont fortifiés par l'instinct de la sensibilité : l'autorité fait qu'il doit obéir, la persuasion qu'il veut obéir.

Or, le grand art du gouvernement est de faire que les sujets veuillent obéir... Ce qui montre que si la publicité des débats judiciaires aide à ce résultat, la société peut en retirer de grands avantages. Le sujet qui peut assister aux débats croit volontiers que les plaideurs sont libres, les juges impartiaux et la sentence juste. D'autant plus, comme nous l'avons remarqué, que les causes soumises aux tribunaux sont faciles à comprendre et que la question de droits et de délits est une de celles qui entrent trop souvent dans l'héritage des familles. Ajoutez à cela le spectacle saisissant d'une cour de justice ; spectacle qui en impose au juge pour qu'il ne viole point le droit, au sujet pour qu'il le reconnaisse ; et vous comprendrez de quel avantage peut être pour les tribunaux la publicité de la discussion, au moins dans les causes ordinaires.

Cela n'empêche point qu'il ne doive y avoir des exceptions, par exemple, quand il s'agit de crimes honteux ou de causes qui soulèveraient les passions. Il n'y a aucune loi sans exceptions et ces exceptions ne sont pas un motif pour abolir ou blâmer la loi.

1194. — Ceux qui désirent la publicité des débats judiciaires, sous n'importe quelle forme de gouvernement, peuvent donc avoir de bonnes raisons. Aussi nous semble-t-il que Romagnosi a sagement combattu l'opinion d'un avocat italien (1) prétendant que cette publicité d'essence républicaine ne convenait pas sous la monarchie. Cet avocat, comme tant d'autres, confondait l'un avec l'autre l'ordre civil et l'ordre politique. Et cette confusion l'empêchait de voir combien une institution est différente d'elle-même selon qu'elle fonctionne dans l'un ou dans l'autre de ces ordres. En effet, le mal de la publicité ne vient pas de la présence du peuple aux débats; il vient de ce qu'on veut mettre sur ses épaules une charge qu'il ne peut porter ou l'ériger en juge de ceux à qui il doit l'obéissance. Son impuissance à juger, et à juger sans passion, fait que la publicité de la discussion convient généralement moins dans les grands États; tandis qu'elle peut bien convenir aux petits, par exemple, aux cantons de la Suisse. Leur intérêt politique en effet ne s'étend guère au delà des confins de la commune, et ne dépasse point l'intelligence du peuple. Il peut donc bien discerner les affaires d'ordre politique des affaires d'ordre civil. Et de ce qu'une monarchie s'accommode mal de la publicité des discussions politiques, il ne s'ensuit pas qu'elle doive écarter aussi le peuple des débats judiciaires d'ordre civil.

1195. — Le secret dont on comprend la nécessité

____
(1) Marocco.

serait une seconde raison pour maintenir les sujets dans leur rôle propre, qui est l'obéissance ; cela les préserverait de cette arrogance qui les porte à citer à leur propre tribunal l'autorité même dont ils doivent respecter les jugements. Et c'est ici à notre sens, que se trouve la pomme de discorde entre l'ancienne société et la société modernisée ; c'est ici qu'en laisant sortir d'un mauvais principe une innovation acceptable en elle-même les réformateurs ont gâté et discrédité leur propre cause. Ils ont dit : « Le peuple est souverain, donc il est juge, donc la discussion doit être publique. Car comment ferait le peuple pour juger, si les débats n'étaient pas publics ? C'est un abus d'interdire au peuple l'assistance à l'action publique ; c'est une usurpation de ses droits de lui enlever la connaissance et le jugement du fait criminel (1). »

1196. — Ainsi, pour prouver que les jugements devraient être publics, les réformateurs se servent d'un argument qui démontre que régulièrement ils devraient être secrets. Ils voudraient la publicité, afin que le peuple eût confiance en lui-même et se fît le juge des questions ; et ce motif la ferait précisément condamner aux yeux de la raison, s'il n'y avait point par ailleurs certain avantage à l'admettre, lorsqu'on peut sauvegarder la soumission dans les sujets. Les modernes transforment la question d'utilité en question de principe, la publicité des débats en hommage au peuple souverain.

Est-il étonnant après cela que quiconque rejette leur

____

(1) Sévestre I. C.

doctrine sur les prétendus droits de la multitude rejette aussi leur théorie sur la publicité des jugements?

1197. — Résumons ce que nous avons dit. Selon des points de vue différents, la publicité des débats judiciaires a ses avantages et ses désavantages, comme toute autre institution humaine.

Les avantages sont surtout les suivants. La société acquiert par la la conviction que justice est faite et que les crimes sont punis; les innocents sont tranquillisés, les magistrats y trouvent une sauvegarde contre la séduction et une défense contre les calomnies, l'accusé en conçoit plus d'espoir de faire valoir ses droits et craint moins la partialité des juges.

1198. — Mais, à un autre point de vue, la foule peut exercer une influence tyrannique sur les jugements, en s'imposant aux magistrats pour le malheur des innocents; les coupables peuvent être confirmés dans leur crime — ou par l'impunité, on par le suffrage populaire; le vulgaire séduit par des sophismes, encouragé dans ses passions; avoir école ouverte où il apprendra la manière de commettre impunément des délits, enfin la réputation des citoyens peut être compromise, la paix des familles... troublée.

Impossible donc de juger absolument cette institution. Il faut, pour l'apprécier avec équité, considérer les conditions de la société, la nature des délits et la personne en qui réside la souveraineté.

1199. — Quant aux réformateurs modernes, comme ils visent au bouleversement des ordres politiques, ils ont élevé jusqu'au ciel les droits de la publicité; non seulement parce que c'est un moyen de troubler les têtes, mais parce que c'est une conséquence nécessaire de la souveraineté du peuple ; cette source erronée de tous leurs systèmes et qui les pousse à transformer en droit absolu et inaliénable ce qui serait simplement une question d'opportunité et d'utilité.

Fondée sur ce principe, la publicité des débats judiciaires doit nécessairement nuire à la société. Car quel avantage durable retirer du mensonge ? Pourtant ce mal ne se produirait point, si ces débats se renfermaient dans les tribunaux civils et ne pénétraient point dans l'ordre politique. Car, nous l'avons dit, si le peuple n'a pas le droit de juger même dans les affaires civiles, pourtant il est utile et parfois nécessaire qu'il soit éclairé et guidé non seulement par les sentences des magistrats, mais encore par des débats publics ; puisque ces sentences et ces débats ont pour but d'amener les citoyens à une même conviction, lorsque des doutes se sont élevés sur la prédominance d'un droit sur un autre. — Passons maintenant à la troisième considération : l'adoucissement des peines.

§ V

DE LA DOUCEUR EN GÉNÉRAL

Sommaire : — 1200. Division. — 1201. On doit distinguer la douceur en général de l'adoucissement des peines. — 1202. La douceur est conforme à la nature de l'homme : 1° Raisonnable. — 1203. 2° Sensible. — 1204. 3° Matériel. — 1205. Les moyens qu'elle emploie pour gouverner les hommes sont coordonnés dans le catholicisme. — 1206. La douceur est une qualité absolue. — 1207. La mitigation des peines une qualité relative. — 1208. Influences qui l'ont amenée. — 1209. Dans le catholicisme. — 1210. Il unit l'horreur du crime avec

1200. — Qui donc oserait nier que le xixᵉ siècle est
plus humain dans son droit criminel que les siècles passés? Quand est-ce que les supplices ont été plus légers,
l'indulgence plus en honneur, les tribunaux plus modérés?

— Nous n'attaquerons point cette vérité historique.
Mais il ne nous sera pas défendu de la présenter sous
son aspect véritable, ni d'examiner les causes de ce
progrès afin d'en attribuer le mérite à qui de droit. —
Il est avant tout nécessaire de se faire une idée juste de
cette douceur dont on parle tant, — et de ne pas faire
sottement d'un objet de confusion un objet de louanges.
Il faut ensuite voir d'où procède la douceur des tribunaux... afin de savoir si l'œuvre est aussi méritoire que
ses fruits semblent conformes au sentiment de l'humanité.

1201. — Pour bien comprendre la nature de cet
adoucissement, de ce tempérament plus humain qui,
dans ce siècle, a modifié le Code pénal de l'Europe, il
faut d'abord, dans une considération générale, préciser
ce qu'on entend par la douceur des mœurs d'où découle
celle des tribunaux... Pour cela il faut distinguer avec
soin l'idée générique de « douceur dans le gouvernement » de son application spéciale dans la mitigation

des peines. La douceur considérée dans les gouvernants n'est pas autre chose que la « conformité entre le pouvoir et la nature gouvernée ». Toute chose marche doucement qui marche selon les lois de la nature — puisque, dans cette hypothèse, il n'y a plus besoin de violence c'est-à-dire d'efforts opposés à l'inclination de la nature... Cela est vrai toujours et en tout : nous appelons violent le mouvement d'une pierre lancée en haut; naturelle, au contraire, sa chute vers la terre; violente encore la position d'une plante recourbée et attachée avec des osiers; naturelle la forme qu'elle prend en croissant spontanément... Ainsi devons-nous raisonner en matière de gouvernement et dire que « la violence est l'antithèse de la nature ». Un gouvernement qui ne sait rien obtenir des sujets, si ce n'est par le sabre et la guillotine, sera un gouvernement violent; s'il obtient au contraire l'obéissance grâce à la conviction de l'esprit, aux affections du cœur, à la combinaison des intérêts, ce sera un gouvernement doux, parce qu'il fera jouer ces forces attractives vers lesquelles se portent spontanément les inclinations humaines.

1202. — La nature humaine, il est vrai, est un composé de raison et de sensibilité, d'où il suit que les chefs du peuple devront avoir des moyens très variés pour amener les sujets à embrasser leurs intentions. Le principe universel de l'obéissance peut convaincre et lier la raison, si l'on a profondément pénétré les esprits de cette vérité, base de l'existence sociale, à savoir : « qu'il faut nécessairement sacrifier l'individualisme qui désagrège à l'autorité qui réunit. Une conviction pratique peut avoir le même résultat lorsqu'on montre aux sujets la justice d'une mesure particulière. C'est dans le but de soumettre ainsi la raison qu'on a établi des discussions publiques dans les États représentatifs, qu'on plaide le pour et le contre de toutes les lois dans les parlements, — puis qu'on les promulgue par la voie des journaux dans toute la société afin de former, comme l'on dit (1), ou d'interroger l'opinion. Et quand, à la force de la raison bien persuadée du principe universel, se joint dans les sujets la ferme volonté de l'appliquer en rigueur, il suffit de cette seule parole : « Ainsi le commande celui qui en a le droit » pour obtenir l'obéissance. N'est-ce pas la forme du commandement pour les militaires, chez qui ce grand principe est profondément gravé. — Voyez au contraire les ordres des maires, des communes et des autres sociétés plus ou moins démocratiques. Ils sont d'autant plus accompagnés de motifs et de raisons que les sujets croient avoir plus de part au gouvernement.

1203. — L'homme n'est pas seulement raisonnable : il est sensitif, et sous ce rapport il veut être conduit avec vigueur soit par la vue du bien soit par la crainte du mal. Ici la douceur d'un gouvernement consiste à conduire ses sujets non par le bâton et les menottes; mais par l'attrait des récompenses et la crainte des peines.

(1) *Former l'opinion?* « C'est bien, si l'on entend par là faire connaître au peuple la loi promulguée et l'idée qu'il doit en avoir, en supposant que cette loi soit juste. — Mais former l'opinion et la former par les journaux dans un pays de suffrage universel, c'est contradictoire et inefficace ; contradictoire parce que le peuple est souverain, — inefficace parce que les journaux sont divisés d'opinions ; — leur lutte produira plutôt la division que l'unité. »

C'est sur cette théorie des récompenses et des châtiments que les utilitaires appuient tout leur espoir de l'ordre social... Mais c'est à tort ; car elle est incom.ète et ne répond qu'aux exigences de l'homme sensitif et animal.

— Qu'un gouvernement sache donc unir ces deux forces, la raison et la sensibilité ; qu'il soumette toujours celle-ci à celle-là ; et ce sera un gouvernement vraiment humain, puisqu'il secondera la nature humaine d'après l'idée adéquate de ses deux parties composantes, en maintenant chacune d'elles au rang que le Créateur lui a donné.

1204. — Pourtant l'usage de la force purement matérielle, lorsque les autres moyens sont inutiles par la faute du délinquant, ne va point contre l'idée de douceur et d'humanité dans un gouvernement... ; pas plus que la réclusion des maniaques ou la chemise de force imposée à des malades furieux. Bien plus ; l'homme étant naturellement fait pour la société, et la société pour l'ordre, la nature elle-même veut qu'une force désordonnée soit réprimée par une force raisonnable... Si donc une pareille conduite est voulue par la nature, on ne peut pas dire qu'elle soit violente au point de vue social... Car c'est pour le bien de la société que l'autorité est principalement et directement ordonnée et c'est de cette fin que son action reçoit ses différentes dénominations... Nous savons bien que la contrainte matérielle ne répond point à l'instinct déraisonnable du maniaque ou à la malice de l'homme pervers ; ils ne se soumettent que malgré eux et la passion les emporterait loin du but vers lequel on les pousse. — Mais cette opposition faite à la passion individuelle est parfaitement naturelle à la raison sociale ou à l'autorité destinée par Dieu à ramener à l'ordre les sujets qui s'en écartent. Voilà pourquoi ceux-là se trompent lourdement, qui, friands du renom populaire de gouvernement plein d'humanité, laissent les crimes impunis sous prétexte de clémence, et usant d'une bonté mal entendue pour des instincts sauvages, arment les hommes pervers contre les honnêtes gens, c'est-à-dire contre ceux que le pouvoir suprême devrait naturellement favoriser dans la société... Et qu'arrive-t-il de ce bouleversement de l'ordre ? C'est que ces gouvernements sans vigueur sont punis par la nature elle-même... Elle leur fait perdre la légitime popularité qui vient de l'approbation des honnêtes gens lorsqu'ils sont protégés, et ils n'acquièrent point auprès des méchants cette réputation de mauvais aloi qu'ils voudraient obtenir par leurs basses condescendances. Car les hommes qu'ils flattent comprennent très bien que cette indulgence n'est point le fait de cœurs vertueux, mais bien d'une ambition faible et déraisonnable.

1205. — La douceur vraie d'un gouvernement consiste donc à amener les sujets à toute l'honnêteté possible de la vie extérieure et sociale avec les moyens les plus conformes à la nature humaine et selon les degrés de perfection de ces inférieurs. De là vient que celui qui conduirait des hommes héroïques pourrait s'appuyer presque uniquement sur le mobile de la vertu. Et c'est justement ce que nous voyons dans le fondateur de chacun des ordres religieux qui ont été réellement, du moins à leur berceau, des instituts d'une sainteté héroïque. Mais celui qui, dans la société publique, commande à des hommes ordinaires doit procéder d'autre façon. Sans doute il usera le plus possible des mobiles de la vertu ; puisqu'ils s'adressent à la plus noble partie de l'homme ; mais il sera bien persuadé aussi que la noblesse de la vertu ne suffit pas sans l'aiguillon des récompenses ou des peines; que les unes et les autres soutiennent l'homme sensible, à moins qu'il ne veuille rabaisser sa raison au-dessous des sens.

Et puisque l'amour du bien est plus efficace que la crainte du mal pour inspirer une conduite raisonnable; puisque, de tous les biens, le plus conforme à la raison c'est celui de l'honneur intimement lié à la grandeur morale et source de joies proportionnées aux mérites de chacun ; puisque du reste, en récompensant par des honneurs, la société n'en diminue point la source, il suit de là qu'un gouvernement sera plus doux en attirant par la vue du bien qu'en faisant craindre par la vue du mal et que de tous les moyens à sa disposition il devra préférer, tant qu'ils seront efficaces, l'honneur et le blâme au salaire et au châtiment...

— Que si certains hommes tombés au-dessous des animaux n'entendent plus ni la raison ni l'instinct, il faut bien employer la violence, comme pour des rochers ou des troncs d'arbre afin de les maintenir au lieu qui leur convient. Mais ce n'est pas manquer de douceur dans le gouvernement que d'en agir ainsi à leur égard, à moins de n'avoir pas auparavant expérimenté des moyens plus humains et moins répugnants.

1206. — Il est donc évident, d'après ces explications, qu'il ne faut pas parler de la douceur du gouvernement, comme de la mitigation des peines; la première est une qualité absolue, la seconde est relative et limitée; la première est indéfiniment perfectible et doit viser, en se conformant à la nature, à atteindre tous les degrés possibles de son développement. C'est là précisément l'idée que nous devons nous faire de la douceur dans l'exercice de l'autorité, si nous voulons comprendre ce qu'elle est dans les gouvernements catholiques. Car elle ne peut y être vraie que si elle est unie à l'élément surnaturel, essentiel au catholicisme... Ici, sans doute, la nature est élevée si haut qu'elle est comme divinisée. Et pourtant un bon gouvernement doit la seconder dans ses efforts, et regarder cette coopération comme un privilège céleste... Aussi celui qui, par une ingrate et brutale sottise, refuse et méprise un si grand avantage ne peut plus dès lors être appelé un gouvernement doux et humain, quoi qu'en disent les flatteurs de ce Mécène; il ne sera payé de sa conduite que par l'indignation publique et jamais elle ne s'apaisera tant qu'il restera à la société un souffle de vie catholique. Punition très juste, même selon les lois de la nature : car il n'est pas moins contraire à la nature de violer des ordres reçus du ciel pour suivre les vues de notre fragile raison que d'étouffer la voix de notre raison et de la justice pour obéir aux instincts grossiers des sens et de l'intérêt. Ces bassesses misérables sont parfois voilées du nom de modération et de douceur; elles rendent toujours violents les gouvernements des peuples catholiques : car peut-il y avoir de la douceur dans une conduite qui favorise une seule partie de la nature humaine et la moins noble pour blesser la partie la plus noble et l'empêcher de s'élever à ces hauteurs du monde surnaturel où elle est appelée ?

1207. — D'un autre côté la mitigation des peines doit se proportionner non pas à la nature en général, mais aux dispositions accidentelles des délinquants et de la société ; elle ne doit pas viser au dernier degré de perfection, mais seulement à la peine suffisante et nécessaire pour réprimer les délits... Car en fait qui admettrait comme un principe la mitigation absolue des peines tomberait dans l'absurde et devrait demander l'abolition entière de tout châtiment, puisque le plus léger de tous sera toujours plus dur qu'une totale indulgence.

1208. — Nous avons mis dans son vrai jour la douceur gouvernementale par rapport à la mitigation des peines. Il sera maintenant facile de comprendre comment ont contribué à cette mitigation et l'esprit catholique et la réforme hétérodoxe qui fait tant de bruit de ce qu'elle appelle sa conquête... Nous assignerons à l'un et à l'autre leur véritable mérite. Nous jugerons de leur influence d'après la nature des principes, c'est-à-dire des règles morales dont le catholicisme et la réforme animent leur conduite, et nous comparerons ces principes avec ce que nous avons établi sur la douceur dans le gouvernement. Quant au mérite, il dépend de l'intention ; nous verrons les intentions de ces deux puissances dans la mitigation des supplices, le mérite dépendant de la moralité et celle-ci dérivant nécessairement de la fin.

1209. — Voulez-vous connaître l'influence exercée par le catholicisme pour la mitigation des supplices ? Rappelez-vous que toute sa direction relève essentiellement du principe de la fin dernière de l'homme; principe qui nous le montre comme un exilé sur la terre, et comme un voyageur vers la patrie céleste où il trouvera la véritable félicité. Rappelez-vous qu'il suit de là que toute créature, tout état, toute modification de l'existence n'est pour l'homme qu'un moyen et qu'il ne peut regarder ici-bas une chose quelconque comme bonne qu'autant qu'elle le conduit à sa fin. Ajoutez à ce principe le sentiment de la charité fraternelle qui nous porte à vouloir pour les autres ce que nous voudrions raisonnablement pour nous-mêmes et vous verrez que le catholicisme devait sans doute travailler à la mitigation des peines, mais avec cette discrétion et cette prudence qui mesurent les moyens à la fin, ne les estimant qu'en raison de la fin, bons s'ils y conduisaient, mauvais ou inopportuns s'ils en éloignaient.

1210. — Et de fait vous ne voyez point le catholicisme agir autrement dans l'histoire. Rempli d'horreur pour le crime, vous ne l'entendrez jamais prendre son parti, le sauver de l'exécration, l'innocenter en niant la vérité du libre arbitre, le justifier en sanctifiant ce qui l'engendre : l'intérêt et la passion. Mais laissant le crime sous le poids de son ignominie, la charité catholique se retourne vers le coupable, et ne considère plus en lui la malice qui le possède et crie vengeance, mais la fragilité humaine, mais la nature, mais la rédemption et la grâce, principe de sa grandeur surnaturelle. Pour adoucir le supplice de ce coupable, elle fait d'autant plus d'efforts que son malheur est plus grand, sa condition plus basse; mais elle ne voit pas en lui que le corps ; elle voit aussi son âme : elle n'accuse ni le juge d'injustice, ni le supplice de cruauté ; bien plus, elle fait comprendre au condamné que son châtiment est juste et utile, pareil à ces sentences qui tombent des lèvres du Père céleste non pour perdre, mais pour corriger et sauver un fils prodigue.

1211. — Pour la même raison le catholicisme a toujours condamné les supplices qui, en punissant le coupable de mort temporelle, compromettaient son salut éternel. Des prélats trop sévères avaient interdit l'absolution dans le cas de certains crimes monstrueux: des magistrats auraient voulu parfois priver les suppliciés de la consolation des sacrements. L'Eglise, en véritable mère, fut émue de ces mesures jusque dans ses entrailles. Elle dit aux hommes de la justice : vous irez jusqu'à la mort temporelle ; soit : mais vous n'irez pas plus loin. Je suis la gardienne inébranlable du pont qui joint le temps à l'éternité. Et dans les dernières heures du malheureux condamné, dans ces moments où son crime ne se dresse devant lui que pour le torturer par le remords et l'effrayer par le désespoir ; quand la société l'a rejeté de son sein couvert d'opprobres et remis au bourreau, qu'est-ce qui s'empresse auprès de cet infortuné? N'est-ce pas encore l'Eglise avec sa charité chrétienne? Aussi laissez un peuple quelconque écouter librement la voix de cette mère, et vous le verrez immédiatement trouver dans son sein des âmes compatissantes pour seconder le prêtre et adoucir le calice amer présenté à la victime de la justice humaine.

1212. — Ces sentiments inspirés par le catholicisme à l'égard du coupable doivent naturellement incliner les législateurs à mitiger les peines autant qu'il se pourra sans nuire à la communauté. Mais, de plus, la religion favorise cet adoucissement des peines d'une manière très efficace bien qu'indirectement, en inspirant à toute la société un respect du droit et une élévation de pensée qui permettent au législateur d'adoucir le droit pénal sans nuire au bien commun.

Nous l'avons déjà dit : les peines doivent être proportionnées à la nécessité sociale et à la perfection morale de chaque peuple. Or, plus un peuple a progressé dans l'esprit catholique, plus il est pénétré d'horreur pour le crime, d'abord par crainte des châtiments spirituels, puis par le désir des récompenses et enfin par l'amour de la justice et de la vertu. Cet esprit a été cultivé en lui d'abord par le sacrement de la réconciliation qui demande comme disposition essentielle la haine des fautes. Qu'un peuple pèse fréquemment les raisons, qu'il ranime souvent les sentiments d'une telle haine et, vous le comprenez, peu à peu il se pénétrera de pensées si nobles que les délits diminueront naturellement dans son sein et que les plus légers châtiments auront une grande puissance morale pour le corriger. Quand ensuite ces châtiments légers auront acquis dans la conscience sociale la vertu des peines les plus graves, ils suffiront pour protéger la société ; et les législateurs, la chose est évidente, non seulement pourront sans danger, mais ils devront par justice adoucir le Code pénal ; puisque toute peine est injuste qui n'est pas nécessaire.

— Voilà pourquoi toutes les nations européennes ont mitigé les pénalités publiques à mesure que la civilisation catholique s'est développée chez elles. Témoin ce tribunal, l'effroi des publicistes modernes et de leurs dupes, l'Inquisition espagnole. Elle en était venue à n'infliger d'autres peines que des rosaires et des retraites. On peut voir le fait constaté dans un histoire peu suspecte d'indulgence pour les Inquisiteurs, celle du misérable Llorente.

1213.— Telle est la conséquence naturelle des principes catholiques sur le droit pénal : ils conserveront toujours vives dans l'esprit social l'horreur du crime et la compassion pour l'homme qui en porte la peine. Mais prenez un hétérodoxe ferme dans ses idées et qui ne recule pas devant les conclusions: celles-ci seront tout autres et par suite toute différente la théorie du système pénal.

1214. — Indépendance de la raison, incompétence d'une autorité quelconque pour condamner les opinions, impossibilité dans le coupable de ne pas voir ce que lui montre l'évidence, tels sont, dans la question présente, les principes fondamentaux de la réforme moderne.. Eh bien ! laissez-les se mouvoir, pour ainsi dire, dans la tête du délinquant et dans la société. Et vous les verrez balayer de leur souffle l'idée du crime. « Vous êtes digne de mort, déclare le Magistrat à l'accuse. Digne de mort : pourquoi? Parce que vous avez commis tel crime. Un crime ? C'est ainsi que vous appelez mon acte. Quant à moi, j'ai suivi l'instinct de ma nature et par conséquent de ma conscience ou au moins d'une passion à laquelle je n'ai pu résister. Et c'est précisément cette passion qui vous fait condamner au supplice. Quoi ! une passion irrésistible, un acte inévitable, une opinion que personne n'a le droit de condamner, puisque, fût-elle fausse, mon esprit ne peut la voir autrement, voilà ce que vous appelez mon crime ! Avec tout homme de bon sens vous devriez l'appeler « mon malheur ». Et me livrer à la mort parce que j'ai été malheureux est une cruauté telle qu'elle me fera paraître aux yeux de toute la société comme une victime et vous comme un assassin plutôt que comme l'exécuteur des hautes œuvres !

Voilà malheureusement les pensées dont se pénètre de plus en plus la société à mesure qu'elle se laisse dominer davantage par le principe hétérodoxe de l'indépendance intellectuelle et de cette fatalité qui s'étale tous les jours dans les romans, sur le théâtre, qui fait l'apologie de tous les crimes et travaille à abolir jusqu'à l'idée de la conscience publique. C'est une tendance, je le veux bien. Une société n'ira jamais tout entière jusqu'aux dernières conséquences de l'erreur ; ce serait la destruction de toute intelligence et de tout bien social. Mais sans aller à cette extrémité dernière, sans absoudre ou glorifier absolument tous les crimes, parce qu'on ne peut renoncer à tout principe de sécurité sociale par un amour aveugle et entêté de l'erreur, l'on tire clairement nombre d'autres conséquences funestes et de plus en plus s'accentue l'habitude de blâmer toute autorité, toute magistrature, d'absoudre et de justifier le crime au moins tant que l'intérêt privé n'a pas été trop entamé et que l'on ne redoute pas encore la ruine absolue de la société par le retour des attentats précédents. En fait, où trouverez-vous aujourd'hui un traité de droit criminel qui ose faire voir une expiation dans le châtiment ? Non ? Les auteurs de ces traités se retranchent dans l'idée de « défense sociale ». Ils fondent sur elle uniquement le droit d'infliger des peines aux coupables : ce qui équivaut à dire que le délit commis par un homme ne mériterait pas de châtiment par lui-même, que la peine n'est point l'expiation du désordre, mais une défense contre un assaillant. Par conséquent la condition du malfaiteur est ici celle d'un soldat que l'ennemi met à mort non pour le châtier d'un délit, mais pour se défendre lui-même contre son attaque. Quel renversement des idées ! Mettre sur la même ligne, au point de vue de la dignité morale, celui qui sacrifie sa vie pour défendre ses concitoyens et celui qui la risque pour les troubler et les déchirer !

1215. — L'idée et l'horreur du crime sont donc abolies par l'influence du principe hétérodoxe, et du même coup disparaît l'idée du châtiment, puisque sans crime il n'y a pas de châtiment.

La société pourra bien tuer une victime comme on tue un veau à la boucherie ; les uns la plaindre par sympathie, les autres la condamner et approuver sa mort par intérêt pour leur propre conservation. Mais cette immolation n'est point un châtiment ; et l'hétérodoxe logique ne verra là que le triomphe d'une société forte qui se défend contre un agresseur ; plus faible, elle n'y verra point le mal de la peine châtiant le mal de la faute. N'est-ce pas depuis plusieurs siècles, le jugement du monde élégant sur cet assassinat prémédité, entrepris à armes égales, pour le motif de l'honneur et qu'on appelle le duel ?... Ainsi en est-il aujourd'hui des délits politiques : on les nomme, par euphémisme, des délits d'opinion, et c'est à leur sujet qu'on use spécialement du droit inaliénable de juger selon sa propre raison ; ainsi commence-t-on à parler des délits contre la propriété, quand ils se commettent logiquement d'après les principes de Proudhon ou de Louis Blanc : ainsi en adviendra-t-il demain de tout autre délit, si l'on parvient à introduire dans la société un aphorisme qui abolira la culpabilité morale et la responsabilité des actions. Dès que le délinquant pourra se persuader que son acte n'est pas un crime en soi ou bien qu'il lui a été impossible de l'éviter, le châtiment aura perdu son caractèr et son nom naturels ; ce ne sera plus que l'exécution d'une vie humaine semblable à la tuerie d'un boucher.

1216. — Mais l'indépendance de la raison conduit à l'Epicurisme en morale. Nous l'avons démontré et les faits le font voir trop évidemment pour qu'il soit besoin d'en rappeler ici les preuves. C'est d'ailleurs chose commune que d'entendre même des honnêtes gens répéter que le bonheur de l'homme est essentiellement dans le plaisir ; si bien que les défenseurs de l'ordre, de la justice, de la religion semblent se résigner à cet apothéose du plaisir, faisant graver ou au moins sous-

entendant dans leur apologie la sentence de Montesquieu
citée par Chateaubriand (1): « La religion descendue du
ciel pour nous procurer le bonheur éternel fait encore
le bonheur de l'homme sur cette terre... » Tant il est
vrai que désormais le principe épicurien est comme passé
en nature dans les intelligences !

1217. — Mais si le bonheur de l'homme est de jouir,
quoi que dise l'Evangile, son malheur sera de souffrir.
Par conséquent quiconque ne veut pas le malheur de
l'homme devra s'efforcer d'abolir la souffrance. Qu'en
disent nos philanthropes, ceux au moins qui ne sont point
brutalement égoïstes ? Les voilà sommés d'abolir tout
supplice pour les malfaiteurs et de multiplier les plaisirs
pour leurs concitoyens. Et cette abolition de toute souffrance doit être d'autant plus raisonnable à leurs yeux
qu'ils voient dans le délinquant non point un coupable,
mais un malheureux. L'esprit est ici d'accord avec le
cœur, l'indépendance de la raison avec la tendance au
plaisir, la logique avec la compassion. D'où il suit que
la mitigation successive des peines, et même l'abolition
des supplices ne trouve d'autre limite que le besoin de
la propre défense. Et s'il était possible de placer tous
les malfaiteurs dans un paradis terrestre pour y jouir
de toutes les délices à la seule condition que la société
fût désormais à l'abri de leurs coups, la philanthropie
les y conduirait en triomphe. Elle croirait avoir atteint
par là l'idéal même de l'humanitarisme, tout appliquée
désormais à épargner les souffrances du corps sans se

(1) Génie du Christianisme.

préoccuper de l'honnêteté morale, puisque celle-ci dépend de l'opinion privée du délinquant.

1218. — Ces philanthropes sont encore honnêtes et poussés par une bienveillance sincère, bien que purement naturelle, pour leurs concitoyens. Mais une autre fleur du même épicurisme, je veux dire une autre raison, peut les incliner à la mitigation des supplices, c'est l'horreur non pas de la peine d'autrui, mais de la leur propre. Tant que la sensualité brutale ne cherche pas encore à s'assouvir dans le sang et dans la cruauté ; tant qu'elle se contente de s'efféminer dans le luxe sans en appeler à la fureur de passions violentes, les esprits sont amollis, sans vigueur ; ils deviennent incapables de supporter la vue d'un objet repoussant ; ils font tout pour que rien ne vienne assombrir leurs fêtes incessantes, corrompre leur atmosphère parfumée, mêler une goutte d'amertume aux délices recherchées de leur table. Dans de telles conditions l'horreur que l'homme a du sang et des larmes n'est pas une compassion raisonnable et capable de fortifier un malheureux ; c'est la subtilité d'une volupté qui recule devant l'ombre d'une souffrance. Quant au bon effet qui en résulte pour un condamné, c'est le résultat d'une combinaison fortuite qui pouvait avoir une toute autre fin. La jeune dame, le jeune freluquet ne veulent point entendre parler de potence de peur de tomber en pamoison ; ils demandent aujourd'hui l'abolition de la peine de mort, comme ils demanderont demain l'incarcération de tous les mendiants, de tous les estropiés afin de n'être point importunés par la vue rebutante de leurs haillons et de leurs blessures ; hier, leur amour du plaisir sauvait de la mort un scélérat, aujourd'hui ce même amour condamne des milliers d'innocents à la prison... Ce monstre de Marat envoyait des milliers d'hommes à la guillotine et il n'avait pas le courage de tordre le cou à un poulet. Combien aujourd'hui qui demandent l'abolition de la peine de mort pour les criminels et qui encouragent par leur présence le combat sauvage et meurtrier des duellistes !... Voilà donc quelle est la douceur de l'épicurisme, cette passion également déraisonnable dans le mal et dans le bien, également sensible à la mort de l'assassin et à celle de l'assassiné ; qui n'aurait pas le cœur de visiter les malades dans un hôpital par la même raison qui la portera à distribuer l'aumône et des secours à une petite servante qui pleure.

1219. — Si la mitigation des peines se fût introduite dans les tribunaux uniquement sous de telles influences, les racines n'en seraient pas profondes et les applications seraient souvent déraisonnables ! Heureusement qu'ici l'égoïsme épicurien marche d'accord avec la charité chrétienne. Car c'est cette charité qui répand partout dans la société catholique son esprit de mansuétude et d'amour non moins suave que raisonnable ; il a pénétré même dans les tribunaux et y produit ce vif sentiment d'humanité que les philanthropes ont reçu de lui sans le comprendre. Ils se vantent d'en être les inspirateurs ; ils ne font que le travestir.

1220. — Ce qu'il y a de pire, c'est que ces esprits sans malice se laissent prendre à ces hâbleries. Ils croient que le bien se fait à grands renforts de paroles et que celui qui se pavanne le plus en produit davantage... Ces esprits mettraient au Panthéon Rousseau à côté de saint Vincent de Paul, ils attribueraient la félicité des nègres au sentimentalisme de Marmontel, ou aux croisières des navires anglais sur les côtes de Guinée. Aussi continueront-ils sans difficulté de vanter la douceur des jugements criminels comme un fruit de la civilisation, sans se douter que la civilisation n'aurait jamais eu l'idée d'une telle mansuétude, si le Nazaréen ne l'avait prêchée du haut de sa croix! Comme ils se laissent facilement prendre, ces esprits, par les phrases de ces humanitaires qui, étendus sur leur divan, dissertent en sommeillant de philanthropie et de progrès !

Je me trompe, tous ne mènent pas une vie molle. Il y a même des philanthropes d'une activité pleine de feu qui persuadent aux gens crédules qu'ils sont, eux, les grands apôtres de la mitigation des peines. Les ignorants le croient parce que le propre des intelligences vulgaires est de rapporter les effets non pas à des causes plus éloignées, plus constantes, plus secrètes — mais bien à des causes immédiates, soudaines, retentissantes. Pour bien comprendre tout ce qu'a fait le christianisme afin d'adoucir la justice humaine, il faudrait parcourir toute l'histoire de l'Église, pénétrer les arcanes du cœur humain, dont elle fait son point d'appui toutes les fois qu'elle veut produire un de ces changements prodigieux qui renouvellent la face de la terre. C'est ce qu'a fait le génie de Balmès dans son grand ouvrage sur la civilisation européenne, lorsqu'il traite

en général de la douceur des mœurs et en particulier
de l'abolition de l'esclavage (1). Mais cela appartient
aux esprits vastes, profonds, érudits... Les cerveaux
étroits et ordinaires ne peuvent monter si haut... Pour
eux, qu'ils voient la foudre et les tempêtes tomber
sur la société, en déraciner les chênes, en jeter bas les
plus grands édifices — c'est-à-dire les grandes institutions, — mais en même temps ensevelir quelques abus,
ils sont capables d'appeler ces fléaux les libérateurs et
les sauveurs de la société. Ils verront un abus de moins,
ils ne penseront pas aux ruines immenses causées par
ces bouleversements. Supposez, pour rester dans notre
sujet, que la philanthropie eût réussi à donner à tous
les crimes un sauf-conduit d'impunité, elle aurait, aux
yeux de ces esprits, mérité d'être placée sur les autels à
côté du Sauveur des hommes ! Et pourquoi ? Parce que,
d'un côté, elle eût, sans doute, bouleversé toute la société, mais de l'autre elle aurait fait disparaître quelques-
uns de ces abus qui régnaient encore dans l'administration de la justice pénale ? — N'avez-vous jamais entendu parler des fameuses conquêtes de 93 ?...

1221. — Voilà donc quatre raisons qui font attribuer
la mitigation des tribunaux à la philanthropie hétérodoxe. Elle l'encourage par des réclames retentissantes,
elle l'encourage par un instinct de volupté qui lui fait
diviniser le plaisir ; elle l'encourage en fomentant l'erreur intellectuelle, en excusant et en justifiant le crime.
Mais c'est là le propre d'une société modernisée sous
quelque forme de gouvernement que ce soit.

(1) V. Balmès, le Protestantisme comparé au catholicisme.

Nous allons appliquer ce caractère universel au sujet particulier que nous traitons ; nous allons voir quel rapport il y a entre la mitigation des supplices et les formes du gouvernement représentatif, vicié, comme nous l'avons maintes fois démontré, par l'erreur protestante.

LA MITIGATION DES PEINES DANS LES GOUVERNEMENTS REPRÉSENTATIFS

Sommaire : — 1222. Application aux gouvernements représentatifs. — 1223. Ils adoucissent les peines, parce qu'ils les supposent acceptées par les sujets. — 1224. Digression sur la détention. — 1225. Les prisons dans le catholicisme. — 1226. Ils adoucissent les peines pour flatter l'orgueil du citoyen. — 1227. Réminiscence du privilège du citoyen romain. — 1228. Ils adoucissent les peines par besoin d'équité entre les partis. — 1229. En vue de leur propre intérêt. — 1230. Mais ces adoucissements sont de temps à autre contrebalancés par les fureurs du peuple (glorieuses journées). — 1231. Ces grandes exécutions ne retombent pas sur les tribunaux. — 1232. Ceux-ci plus indulgents parce qu'ils ont conscience de leur faiblesse, — 1233, puis par un sentiment d'équité, — et 1234 parce que la loi est inexorable, — 1235, et n'admet plus le droit de la clémence dans le pouvoir suprême. — 1236. Epilogue.

1222. — Selon les principes de la réforme, le régime représentatif est celui où l'individu est indépendant, le peuple souverain, la loi faite par la majorité, le gouvernement composé d'hommes de parti — et où les changements politiques se succèdent sans cesse avec l'avènement de partis nouveaux. Or, dans ces conditions, la mitigation du Code pénal doit être un des caractères d'une pareille société, spécialement quand on suppose la fameuse inamovibilité des magistrats.

1223. — En premier lieu, si l'individu est naturellement indépendant, la société n'a pas le droit de le punir, ni même de lui faire souffrir la plus petite peine, à moins qu'il n'y consente ; et il n'y consentira jamais, si la société ne commence pas par lui démontrer qu'il est coupable ; car quel homme voudra jamais être tourmenté, tant qu'il est innocent ? C'est de là que vient cette inviolabilité si connue par sa formule, « l'habeas corpus »...

1224. — Dans l'ordre abstrait, cette inviolabilité est raisonnable, point de doute ; puisque rien ne répugne plus à la justice naturelle que de maltraiter l'innocence. Mais dans l'ordre concret des relations sociales, il en va différemment : car ce principe pourrait être très favorable au malfaiteur pour éviter les perquisitions judiciaires et bénéficier de l'impunité, malgré son crime. Dans la pensée de ceux qui ne mettent pas le plaisir au-dessus de tous les biens mais le subordonnent à l'ordre et à la justice, l'inviolabilité personnelle sera aussi subordonnée à l'ordre social, et quelque mesure que l'on prenne pour adoucir les maux de la détention, l'on n'ira jamais jusqu'à enlever à la justice sa force et sa vigueur. En effet, si la détention est un moyen nécessaire pour assurer l'ordre de la justice, s'il est vrai que cet ordre est le premier bien de l'homme sur la terre, il est évident que la détention qui garantit cet ordre devient un bien véritable, même pour l'inculpé qui la subit, — si bien que, parfois, des hommes d'honneur et de probité, sous le poids d'une injuste accusation, se présentent d'eux-mêmes à la réclusion... Nous en avons eu de nombreux et récents exemples à Rome. Dans de telles conjonctures, la justice et la charité bien entendues n'iront pas jusqu'à décréter l'inviolabilité absolue de l'individu ; ce serait un péril : mais elles feront tout pour rendre moins pénible à l'accusé les souffrances de la détention.

1225. — Quel champ immense s'ouvrirait devant moi, si je voulais faire le tableau des merveilles opérées par la charité chrétienne en faveur des détenus ! Dans ce royaume de Naples, par ex., dont les prisons ont été l'objet de calomnies éhontées, que n'a pas fait la charité catholique ? Elle a changé le bagne en monastère et la peine en repos, si bien qu'on y a vu des détenus, supplier qu'on leur permît de continuer leur vie de réclusion, au prix de leur liberté. A ce propos je veux ici rectifier un fait très honorable pour l'indulgence de la justice pontificale, mais faussé par des journaux qui ne perdent jamais une occasion de calomnier les hommes d'église. Ils publièrent donc avec beaucoup de bruit qu'un fonctionnaire, le comte Alberti, avait été accusé d'avoir vendu quelques autographes du Tasse, incarcéré, puis finalement déclaré innocent après sept ans de réclusion... Par suite, concert général de plaintes en faveur de la pauvre victime, de reproches sanglants aux magistrats. Or, voulez-vous savoir la vérité ? Cherchez-la sincèrement. Vous trouverez que la réclusion avait été prolongée à la demande de l'accusé lui-même. On l'avait laissé libre pendant le jour, afin qu'il pût plus facilement préparer sa propre défense. Par ailleurs, comme il n'avait pas de fortune, il trouvait très avantageuse une réclusion qui non seulement le dispensait de louer un gîte, mais lui procurait encore une vingtaine de sous pour sa nourriture quotidienne.

Vous avouerez que, quand les détenus sont traités avec cette bonté, la prison n'est plus un supplice. Ou au moins que si, malgré cela, plusieurs la trouvent encore trop dure, ce désagrément n'est pas tel qu'on ne doive le faire passer après l'intérêt public de la société tout entière.

Que dire après cela de ces prisons dirigées par l'admirable charité des filles de saint Vincent de Paul, de ces héroïnes qui montrent aux catholiques français cette forme nouvelle de réclusion où quelques religieuses animées de l'esprit de J.-C. ont entrepris de transformer des bagnes, par la seule force morale de leur foi et de leur amour, en maisons de repentir et de prière ?

Qu'on laisse donc toute liberté à la religion. Elle est féconde en ressources pour sauver toute justice ; elle sait défendre la société sans sacrifier les innocents. Les fameux défenseurs des Droits de l'homme font tout le contraire... Afin de délivrer les noirs de la servitude, ils n'ont rien trouvé de plus merveilleux que de les armer contre les blancs et de préférer à l'apostolat de Las Casas celui d'un Toussaint-Louverture ; ils préféreront même de sauver le coupable au péril de la société plutôt que d'assurer avec quelques souffrances pour le coupable l'ordre entier du pays. Et ils peuvent s'en féliciter ; puisqu'il n'y a pas de moyen plus opportun pour qui médite des bouleversements que d'être toujours prêt et d'avoir toujours une porte ouverte pour prendre la fuite. Nous ne voulons point par ces paroles condamner « l'habeas corpus ». Dans certains pays, la discipline de la société, l'activité de la police, la qualité des coupables, la configuration géographique de la terre rendent possible un mode de procédure hérissé de difficultés. Nous voulons seulement démontrer qu'il y aurait sottise à ériger en droit universel ce qui peut être simplement d'une opportunité particulière dans telle nation ; car combien de motifs secrets pousseraient à user d'une pareille procédure, motifs pris de cet amour philanthropique fondé sur le prétendu principe de l'indépendance individuelle et de la souveraineté du peuple.

1226. — Cette idée de l'inviolabilité personnelle est louable ou condamnable selon qu'elle garantit ou ne garantit pas l'ordre social, mais elle est entretenue et le plus souvent faussée dans les esprits par le principe de la souveraineté du peuple. Elle flatte ce secret orgueil qu'engendrent naturellement dans l'âme du vulgaire l'appellation du peuple souverain et les éloges incessants qu'on lui accorde de ce titre. Voyez plutôt : « Nouvelle élection, publication de journaux, cercle politique, circonstance qui amène le besoin de recourir à ces éloges pour un ministre, pour un ambitieux, pour un innocent opprimé… et voilà que les flatteurs répètent à chaque citoyen qu'il est souverain, qu'il doit avoir le sentiment de sa propre dignité, et ne jamais souffrir qu'on injurie la majesté du peuple. Cette notion du citoyen lui remplit la tête et le cœur de superbe, elle lui rend intolérable tout moyen de coaction : il rappellerait au coupable qu'il n'est que sujet, à la société que toute majesté suprême dépend de la justice éternelle, source unique d'où toutes les lois sociales tirent leur force, et la condition humaine toute sa grandeur.

1227. — En langage chrétien, on appellerait cet orgueil d'une pauvre créature une audace abominable aux yeux de Dieu; en langage païen, c'est le juste orgueil d'un homme qui a le sentiment de sa propre dignité. Ces nuages d'encens enivrent naturellement le peuple et produisent en lui le même effet que produisait jadis le titre de citoyen romain. Le Romain se croyait destiné à gouverner les nations par l'Empire ; il se croyait membre d'un peuple souverain et il s'était réservé pour lui seul cette immunité des peines afflictives, signalée si souvent dans l'histoire sacrée et dans l'histoire profane. Est-il étonnant, après cela, que le paganisme nouveau porte les mêmes fruits que l'ancien, en s'appuyant sur la prétendue souveraineté de l'homme ? Est-il étonnant que chacun des citoyens réclame pour lui l'adoucissement de peines qu'il ne subit qu'avec son consentement et que les juges et les législateurs n'aient pas le courage de les aggraver ?

1228. — Un autre motif de cette tendance à la mitigation des peines nous est révélé par l'organisme tout artificiel des sociétés modernes; il vient de la lutte des partis contraires. En effet, le parti vainqueur qui fait la loi sent très bien quelle énorme injustice il commettrait s'il condamnait, surtout en matière politique, les hommes d'un parti adverse. Est-ce pour eux une faute d'avoir été vaincus? Et qui empêche qu'ils ne ressaisissent la victoire?... Condamner quelqu'un parce qu'il a succombé est une injustice trop criante pour qu'un esprit bien né la commette. Par conséquent, tant que les législateurs garderont dans leur âme un reste d'équité, la division des partis y gardera la tendance à la mitigation des peines.

1229. — Bien plus : supposez que ce respect de l'équité meure dans les âmes. Le mobile de l'intérêt lui survivra, toutes les fois du moins qu'il ne s'accouplera pas avec la sauvage férocité du terrorisme. Le parti triomphant comprendra très bien que ses lauriers ne sont pas immortels, que le jour de la chute pourra venir pour lui et qu'alors on le traitera comme il aura traité les autres, par conséquent qu'il vaut mieux acheter d'avance l'indulgence par l'indulgence : « Veniam petimusque damusque vicissim. » De là vient cette versatilité des partis parlementaires, passant le plus facilement du monde de l'amitié à l'inimitié, des promesses à la trahison. On dirait qu'il y a entre eux une convention au moins tacite, spécialement dans les pays où depuis longtemps ils sont habitués à des alternatives de bonne et de mauvaise fortune ; car là le vainqueur ne tire jamais toutes les conséquences de sa victoire ; il craindrait de tomber trop bas au jour de sa défaite.

Voilà donc comment l'intérêt s'accorde avec l'équité pour rendre les peines plus légères. L'équité refuse de punir un délit qui demain s'appellera peut-être une vertu ; l'intérêt commande la discrétion dans la répression des vaincus du jour, afin d'obtenir demain pareille indulgence, si la fortune se tourne contre lui. Bref, il arrive aux partis ce que Melegari fait ressortir à propos des ministres : ils n'osent pas, dit-il, faire des lois oppressives ; ils sont trop convaincus que leur portefeuille n'est pas éternel.

1230. — Toutefois ces vicissitudes ne se déroulent point sans qu'il y ait de temps en temps de sanglantes batailles, des journées dans lesquelles le vainqueur s'imagine avoir escaladé les plus hauts sommets de la puissance. C'est alors qu'il bannit toute crainte ; qu'il se croit invincible aux assauts de la fortune ou du moins aux attaques d'un parti ruiné à jamais. Et de là naissent des jours de terreur ; de là des sentences de proscriptions pour extirper jusqu'au dernier rejeton du parti vaincu et lui ravir toute espérance de résurrection. C'est alors que la vengeance s'exerce en toute liberté, que la mitigation des peines n'existe plus dans le code qu'à l'état de lettre morte, et que le glaive de la justice a été remis aux bandes d'une populace forcenée. Alors vous avez les glorieuses journées, les journées des barricades, des pires révolutions, alors que le peuple souverain sur son trône de fange et de sang se montre dans toute la splendeur de sa majesté, maniant sans compassion le sceptre de ses droits inaliénables. Puis l'œuvre de ces cannibales accomplie, et toutes les victimes désignées d'avance, immolées, les meneurs du parti rassemblent le peuple sur la place publique, ils adressent à leur idole leur louange accoutumée, ils célèbrent ce peuple souverain si calme dans sa dignité, si fort dans son droit, si clément dans sa vengeance — ce peuple qui n'a châtié qu'une faible partie des ennemis de la patrie, de ces orgueilleux qui conjuraient sa ruine.

Enfin quand la colère du peuple a fait son œuvre de justice, l'on sanctionne par une loi le fait accompli : qui est mort est bien mort, qui est tombé est bien tombé, qui a été volé est bien volé. On publie l'état de siège afin de mieux consolider le triomphe. Puis, en quelques heures, les affaires reprennent leur marche accoutumée et l'on entonne à nouveau des hymnes de gloire à l'humanité du siècle, à la mitigation des peines. Ainsi se terminent ces jugements sommaires du peuple souverain, plus sévères, on en conviendra, plus précipités et plus passionnés que ceux des cours martiales contre lesquels, cependant, on élève tant de bruyantes invectives.

1231. — En attendant, cette procédure sommaire contribue non seulement à l'adoucissement du Code pénal (lequel bien entendu fait silence sur les exécutions extra-légales des sanglantes révolutions), mais encore à l'honneur des juges et à la majesté des tribunaux. L'on ne fait point des premiers les exécuteurs et des seconds les instruments des grandes scélératesses. Et le magistrat conserve ces habitudes de justice impartiale, ce renom d'intégrité, cette influence morale que la sainteté du droit assure à tout homme qui en est la représentation sociale.— C'est là, nous l'avons dit, une des raisons, qui rendent le principe hétérodoxe moins malfaisant dans l'ordre judiciaire. En effet, rien ne devrait être plus funeste que la mitigation ou plutôt l'application inégale des châtiments à l'égard des grands crimes et surtout de ceux qui compromettent toute la société. Elle fausserait la conscience publique grâce à des jugements qui ne sont que le travestissement de la justice; elle mettrait en question l'existence de la société elle-même. Mais la société est divisée en factions et les factions, pour se maintenir au pouvoir, recourent à la violence beaucoup plus qu'aux tribunaux ; d'où il arrive que la tranquillité matérielle bénéficie du despotisme des partis et ne ressent point ces secousses qui devraient sortir naturellement de l'impunité accordée aux délits politiques. Puis la conscience publique s'accoutume à regarder les délits légaux, non plus comme des fautes morales, mais comme des actes innocents ou même comme des actes de vertu. Et si l'intérêt de parti leur fait donner le nom de méfaits, elle conserve au moins la notion universelle de la justice morale. Elle n'est donc pas trop scandalisée par la vue de cette impunité et de l'indulgence de la magistrature.

Ainsi le principe hétérodoxe ne produit pas de suite tous ses effets naturels dans les fonctions judiciaires — la magistrature en général conserve, au sein d'une société déjà corrompue, une intégrité et une réputation telles quelles, jusqu'au jour du moins où la lâcheté de quelques-uns les conduit à sacrifier, avec la justice, la vie d'un Naboth à un Achab ou à une Jézabel.

1232. — Autre conséquence : cette intégrité et cette inamovibilité des magistrats sanctionnent et affermissent la mitigation introduite dans le Code pénal. Car dans une société sans conscience publique et esclave des votes d'une majorité changeante, comment un juge, pénétré d'ailleurs de son obligation, aura-t-il le courage de poursuivre et de châtier un crime, quand la loi elle-même lui interdit de voir dans ce crime la possibilité d'une faute ? Et le législateur pourra-t-il décréter des châtiments contre un acte qui ne peut être reconnu comme coupable ?

1233. — Rapprochons de notre cas la comparaison que l'illustre Newman fait à propos de la prédication, entre les orateurs catholiques et les orateurs protestants. — Parmi les catholiques, dit Newman, surgit un missionnaire ; il arbore le drapeau de la croix ; il descend de la chaire sur la place publique ; il promulgue des commandements au nom du Dieu de vérité, il fulmine des reproches, il menace de la vengeance divine, et la foule du peuple l'écoute avec respect, avec crainte ; elle se frappe la poitrine, crie miséricorde ; et personne ne s'étonne ni ne s'irrite de l'autorité, ni du zèle avec lesquels un seul homme ose s'ériger en maître et correcteur d'un peuple tout entier, nobles, dignitaires, fonctionnaires compris. — Est-ce que jamais un prédicateur protestant oserait en faire autant ? Et, s'il l'osait, pourrait-il compter sur un accueil pareil ? L'auditoire lui répondrait par le rire ou par le mépris — il lui ferait peut-être, et à bon droit, le reproche injuste des juifs à N.-S. : « Vous n'êtes qu'un homme, et vous vous faites Dieu ! Dieu seul a le droit de nous imposer un dogme, un précepte, de nous adresser un reproche ; pour vous, vous n'êtes qu'un homme comme nous ; vous pouvez bien nous manifester votre pensée ; mais vous n'avez pas le droit de pénétrer dans les nôtres ; de nous tracer notre chemin dans l'ordre moral, ni, par suite, de condamner ce que vous appelez notre égarement. — A nous de peser toutes les raisons, de tirer des conséquences, de condamner ou d'absoudre notre propre conduite. »

Qui ne voit que la même réponse pourrait, d'après le

système hétérodoxe, être lancée contre n'importe quel juge par un accusé cité devant les tribunaux? Et comment ce juge pourrait-il dénouer la difficulté sans renier le principe protestant? Que s'il voulait y être fidèle et cependant raisonner en rigueur de logique et de justice, oserait-il appliquer une peine et surtout une peine grave à un homme qu'il ne peut convaincre de crime?

1234. — Tous les procès criminels prennent alors un caractère équivoque comme ceux qui sont intentés aux catholiques en Angleterre. Là en effet la législation cruelle d'Henri VIII et d'Elisabeth n'est point encore complètement abolie, mais le juge n'a point le courage d'en faire l'application et de souiller sa conscience par la mort des innocents. On est donc sûr au parlement anglais que de telles lois ne seront pas exécutées; ce qui enhardit le législateur à être injuste, car il sait que le magistrat ne tiendra pas compte de ses décrets. Au fond, c'est là une condition misérable pour un peuple. Elle est en elle-même trop contradictoire pour s'implanter universellement chez les nations qui gardent encore des réminiscences catholiques et par suite un bon usage de la logique dans les questions de morale! Chez elles, par conséquent, le juge et l'accusé aimeront mieux, le premier commettre, le second souffrir une médiocre injustice. Et c'est ainsi que la mitigation des peines s'introduit nécessairement dans les constitutions à la moderne.

1235. — Autre raison de cet adoucissement des peines. Un des joyaux les plus éclatants du diadème royal, c'est le droit de grâce : or l'esprit moderne a détruit ou du moins tenté de détruire ce droit : « Vous n'êtes point souverains, ont dit aux rois les réformateurs ; vous êtes simplement le pouvoir exécutif, destiné par le peuple non pas à réformer la loi, mais à la faire exécuter... Pensez donc à cette obligation ; et gardez-vous de briser ce frein qui la rend redoutable aux malfaiteurs... D'où lui vient en effet sa force, sinon de la certitude du châtiment, qui, comme une épée de Damoclès, est toujours suspendu sur la tête des criminels ? Que si vous faites luire à leurs yeux le moindre espoir d'éluder la loi, vous verrez s'évanouir cette crainte salutaire qui arrête le coupable et sauve l'innocent. Si la loi condamne à des peines imméritées parce qu'elles ne sont pas nécessaires, elle doit être abolie par le législateur ; si elle condamne à des peines nécessaires, elles ne doivent point être remises par le pouvoir exécutif. Tel a été le raisonnement dédaigneux des réformateurs afin d'enlever aux rois ce que, dans leur système, ils ne pouvaient enlever au peuple. Mais d'ailleurs ce souverain de carrefour est inepte et sans force ; de façon qu'une fois le droit de grâce enlevé à celui qui gouverne de fait, c'est en substance la remise d'une peine rendue impossible. Voilà pourquoi la mitigation des supplices devient plus nécessaire à l'égard de tous les coupables : car on en aura besoin pour sauver certains hommes considérés comme innocents dans des conjonctures extraordinaires et impossibles à prévoir. Puis le respect naturel que commande l'innocence, la commisération qui pardonne à la fragilité et au repentir ne rendent-elles pas impossible, dans certains cas de délits même très graves, l'application de la peine méritée ? Témoin l'indulgence de Rome envers le vainqueur des Albains ? Voilà donc la loi réduite à l'inflexible rigidité du destin ! Après quoi, il est naturel que les législateurs soient poussés à mitiger les peines, afin de n'avoir point devant les yeux les spectres menaçants de ces infortunés plus malheureux que coupables, et dans lesquels la sévérité de la loi s'appliquerait beaucoup plus à la gravité objective du méfait qu'à la culpabilité subjective des personnes.

1236. — Ainsi tout conspire, dans les institutions modernes, à la mitigation légale des peines; l'abolition de la conscience publique : elle n'a plus de principes incontestés; l'origine du droit pénal : on le fait dériver du consentement de l'individu indépendant; l'orgueil des citoyens: on en fait un peuple souverain; la férocité des révolutions: elle excuse les juges et le bourreau; les restes des sentiments de justice dans les tribunaux: les juges y ont hérité des idées de leurs pères; l'abolition du droit de grâce : elle rend la loi inexorable; l'impossibilité de faire parler le peuple souverain: le seul pourtant qui, possédant à la fois et le pouvoir législatif et le pouvoir exécutif, a seul le droit de suspendre l'exécution de la loi; mais par-dessus tout les déchirements d'une société divisée en partis; car, tantôt vainqueurs et tantôt vaincus, ils craignent même au jour de leur triomphe d'appliquer des lois qui plus tard se retourneraient contre eux.

A ces raisons particulières, propres aux gouvernements représentatifs modernes, ajoutez les idées que la religion catholique a infusées aux nations depuis plus de 18 siècles, puis les sentiments que la mollesse épicurienne suggère à la philanthropie de notre temps; et vous comprendrez que vanter comme une conquête du siècle la mitigation des peines, c'est souvent le louer de ce qui devrait lui être reproché; confondre l'intérêt et l'égoïsme avec la charité et la clémence; enfin admirer en aveugle quelques bons effets dans le présent, sans prévoir, pour l'avenir, la corruption et les bouleversements sociaux qui seront les conséquences de ces idées. Par ailleurs ces suites sont en grande partie neutralisées dans l'ordre civil : parce que la philanthropie travaille beaucoup moins dans cet ordre que dans l'ordre politique, et parce que, dans l'ordre civil, on laisse plus volontiers les lois suivre leur cours et la religion exercer sa bienfaisante influence; car les réformateurs modernes n'ont pas d'intérêt, du moins jusqu'à ce que triomphent les idées de Proudhon, à briser le frein qui arrête les délits d'ordre commun.

Après avoir traité de la mitigation des peines, nous allons maintenant parler de l'unité de tribunal, autre conquête, dit-on, de la civilisation moderne.

§ VI

L'UNITÉ DU TRIBUNAL

SOMMAIRE : — 1237. Opportunité de la question. — 1238. Division. —1239. Les éléments d'un jugement moral. — 1240. On s'en sert pour résoudre la question présente : —1241. Élément de droit. — 1242. Il semblerait contraire à la multiplicité des tribunaux ; — 1243. 1° parce que

la Société ne dépend que d'un ordonnateur; — 1244. 2° parce que les
citoyens sont égaux. — 1245. C'est là un raisonnement abstrait. —
1246 qui confond le rôle du juge et le rôle du législateur; — 1247. Il y
a proportion entre des tribunaux multiples et les classes diverses d'une
société; — 1248. Cette proportion ou harmonie est reconnue en pratique. — 1249. Deux faux supposés. — 1250. L'unité de l'ordonnateur
n'exclut pas des classes secondaires, parce que cet ordonnateur est
un — 1251. et que les différentes classes peuvent avoir des droits différents.

1237. — On connaît les bruyantes agitations excitées
en Piémont par des hommes qui, sous prétexte de rendre à ce pays la félicité de l'Eden, prétendaient que le
moyen nécessaire et le plus expéditif était d'abolir le for
ecclésiastique, déjà presque supprimé du reste. Cette
abolition est, partout où il règne, un des fruits de l'esprit moderne : en Piémont, elle a été réclamée au nom
de la Constitution qui proclame l'égalité absolue de tous
les citoyens devant la loi : — ça été une victoire rem-
portée sur les chancelleries épiscopales ; victoire plus
facile à obtenir que celles qu'on rêvait sur les armes
autrichiennes.

Mais il faut dresser un monument commémoratif
de ce triomphe — et il faut à ce monument une base
solide.

Malheureusement il paraît qu'elle est difficile à trouver... Me permettrait-on, à moi qui depuis si longtemps
défonce le terrain pour rencontrer les fondements des
réformes modernes, me permettrait-on d'apporter ma
coopération à ce travail? Je n'y mettrai la main qu'en
me dirigeant d'après ce principe bien connu : la base
des institutions sociales, c'est la justice; leur appui,
c'est la prudence ou la convenance dans l'application.

1238. — Cherchons donc : 1° quand sont justes et convenables les plaintes sur la multiplicité des tribunaux ; juste et convenable l'abolition de cette multiplicité ; 2° quels rapports il y a entre le gouvernement représentatif et l'unité de tribunal, et avec quelle logique ce gouvernement provoque et exécute cette réforme.

— Raisons générales de la multiplicité des tribunaux.

1239. — La justice d'une institution quelconque se détermine, comme toute autre appréciation morale, d'après deux principes, l'un de droit, l'autre de fait. Car c'est là, sans aucune exception, ce qui est propre à tout jugement moral : sans principe universel qui serve de base à votre jugement, le fait matériel n'aura aucun caractère moral ; et sans un fait, auquel vous appliquiez un principe, celui-ci restera une idée pure et ne sortira pas du pays des abstractions : il ne descendra jamais dans l'ordre moral, c'est-à-dire pratique. Telle est aussi la règle à suivre pour juger une institution : si elle n'existe pas, au moins hypothétiquement, nous n'aurons aucune matière sur laquelle porte notre jugement ; et si l'institution existe, mais que nous ne la mettions pas en regard d'un principe, d'une doctrine morale, jamais nous ne pourrons la juger ; puisqu'une appréciation, une sentence n'est rien autre chose que l'application de la loi à un fait.

1240. — Quand donc nous recherchons la raison fondamentale de la multiplicité des tribunaux, pour la déclarer ou juste ou injuste, nous pouvons l'examiner sous un double aspect. Y a-t-il dans l'ordre naturel des données qui prescrivent qu'une société ne doit avoir qu'un seul tribunal pour juger tous les citoyens ? C'est la première question, une question de droit. — En supposant ensuite que la réponse de l'ordre naturel ne soit point absolue, nous passons à une seconde question, une question de fait, celle-ci : l'existence réelle de tribunaux divers, historiquement considérée, est-elle injuste, et ces tribunaux sont-ils condamnés à disparaître? La première question est d'ordre nécessaire, métaphysique; la seconde d'ordre historique et contingent. Si la réponse à la première était affirmative, ce serait par là même la radiation de tous les tribunaux particuliers, ou comme l'on a coutume de dire, de tout for privilégié : et c'est précisément pour cela que nous avons posé la question en termes très généraux, en termes qui comprennent une multiplicité quelconque, sans faire allusion au for ecclésiastique. C'est pourtant celui-là qui est en cause : nous avons voulu d'abord donner à la question une ampleur telle que tous les publicistes puissent la discuter; puis nous avons voulu préserver nos lecteurs de tout préjugé et de toute antipathie particulière : car il n'est point rare que l'on juge plutôt par passion que par raison.

Et combien de fois n'arrive-t-il pas que l'on se passionne contre l'Eglise en certaines matières où l'on discuterait avec calme et maturité si l'application des principes se faisait à d'autres sujets !

Si ensuite il s'agit de juger le fait, les sentences seront aussi nombreuses qu'il y a de faits divers; puisqu'il est impossible de tirer une seule conséquence de prémisses différentes et parfois contraires.

1241. — Examinons donc d'abord la première question. Et voyons si la nature du pouvoir judiciaire nous présente des caractères qui rendent intolérable la multiplicité spécifique des tribunaux. Je dis spécifique, afin de déterminer nettement le sens de la question ; car il ne s'agit pas de savoir s'il peut ou s'il doit y avoir plusieurs tribunaux de la même espèce, subordonnés les uns aux autres : personne n'a de doute sur ce point; puisque, pour une société un peu nombreuse, un seul magistrat ne suffirait point à juger tous les procès. Le doute est le suivant : est-il juste que certaines personnes, certaines matières soient jugées par d'autres tribunaux que celui auquel il appartient en général de veiller à l'ordre public, à la déclaration de tous les droits ?

1242. — Au premier coup d'œil l'unité des tribunaux paraît si naturelle, si simple, si raisonnable, qu'elle semble exclure la possibilité du doute. Eh quoi ! vous dira-t-on, est-ce que toutes les personnes ne sont pas égales devant la loi ? Pourquoi donc à personnes égales des jugements différents ? Toutes les causes déférées au pouvoir judiciaire regardent naturellement l'ordre public... Et l'ordre public n'a qu'un ordonnateur, et c'est de lui que vient aux juges le pouvoir qu'ils exercent, comme nous l'avons dit ; donc toutes les causes doivent dépendre de la même série de tribunaux subordonnés et qui tendent à se concentrer dans l'ordonnateur suprême.

1243. — Ce sont là les deux grands principes sur lesquels s'appuie quiconque pousse à l'abolition de ces tribunaux distincts et particuliers qui nous montrent, pendant le moyen-âge, l'administration de la justice comme toute bigarrée... L'on ne peut dénier à ces raisons toute valeur : car, comme le principe de l'unité sociale est un, il semble que la multiplicité des tribunaux doive nuire à ce bien de première importance, et que l'on brise l'unité dans la proportion où le principe ordonnateur s'incarne pour ainsi dire dans un nombre plus ou moins grand de personnes qui le représentent. Toutefois cette théorie tombe selon nous dans la confusion habituelle qui a fait le malheur des sociétés européennes : les réformateurs, en effet, prenant pour principe que tout dans le monde doit se gouverner à la lumière de l'évidence (comme si subjectivement l'évidence n'était pas souvent différente), se sont avisés de mouvoir la machine sociale à grands renforts de principes universels et de systèmes abstraits : et ils ont fermé les yeux sur les réalités concrètes et très diverses au milieu desquelles nous vivons.

1244. — Telle est de fait la première des deux raisons citées plus haut : « Tous les citoyens ne sont-ils pas égaux devant la loi ? » — Cette égalité est très vraie en ce sens que tous les droits des citoyens doivent être respectés par le juge, selon la valeur qu'ils reçoivent de la loi universelle. Ainsi quand le litige roulera sur un champ : la sentence devra être portée d'après les titres, sans examiner si ces titres sont aux mains d'un noble ou d'un homme du peuple, d'un savant ou d'un ignorant, d'un particulier ou d'un magistrat. Mais si quelqu'un prétendait que tous les citoyens et par conséquent tous les plaideurs doivent être considérés par le juge comme également possesseurs du champ en litige, en vérité celui-là donnerait à rire à tout homme de bon sens et serait regardé comme un des piliers du communisme.

1245. — L'égalité des citoyens devant la loi prouve donc bien que le juge doit être impartial en prononçant son arrêt selon la loi, mais elle ne prouve point qu'il soit interdit au législateur, par aucune donnée naturelle, d'assigner telle classe de personnes à un tribunal et telle autre classe à un autre tribunal.

1246. — Bien plus : examinons la nature des choses; et nous trouverons que, posée la nécessité d'avoir beaucoup de juges en raison de nombreux procès qui surgissent dans une grande société, le principe de l'égalité devant la loi peut fournir de solides raisons pour la création de tribunaux particuliers. Car il est conforme à la nature que, dans une société qui se développe, il se forme des classes différentes d'après les différents degrés d'intelligence, d'après les multiples professions d'arts et de métiers, et les conditions très variées de richesse et de puissance, etc. Par conséquent, que le législateur veuille donner à chacune de ces classes des juges propres et par suite des tribunaux particuliers, il n'y a là rien d'étonnant. Disons plus : il y est plutôt incliné par la nécessité. Quelle est en effet la fonction du juge ? C'est d'assurer le triomphe intégral et public du droit. Or, il est évident que, pour assurer pleinement le triomphe de ce droit, il faut le connaître pleinement; et il n'est pas moins clair que, vu le grand nombre de droits spéciaux, il faut pour les connaître pleinement des études et une pratique spéciales, études et pratique qu'on ne peut raisonnablement demander aux juges des tribunaux ordinaires... Car qui prétendra jamais que tout magistrat doive connaître à fond tout ce qui est utile ou nuisible à la société dans le commerce, dans les arts, dans les métiers, dans la médecine, l'enseignement, l'éducation, etc., etc. Et pourtant l'on jugera difficilement avec justice en ces matières, si l'on n'a pas une idée vraie des avantages ou des dommages sociaux qui peuvent provenir de chacune en particulier, par exemple du commerce, etc.

Si donc un législateur trouvait opportun d'attribuer à une classe déterminée de personnes appliquées à ces spécialités un tribunal de juges plus expérimentés dans ces questions, non seulement rien n'empêcherait qu'il ne le fît... ; mais il semble que la nature même des choses le demanderait.

1247. — D'ailleurs, n'est-ce pas vraiment la nature qui chez tous les peuples et en tout temps a établi ces diverses sortes de tribunaux ? N'est-ce pas elle qui, en dépit des théories abstraites des réformateurs, les a fait renaître dans le monde moderne ? Et n'est-il pas admis pratiquement que les affaires qui concernent le commerce, l'armée, etc..., ont besoin d'être traitées avec des connaissances, une célérité et une vigueur d'expédition qui ne sont pas réclamées pour les autres classes et les autres professions ?

Le Piémont a prétendu que l'égalité des citoyens le contraignait en justice à abolir le for ecclésiastique ? N'est-il pas au contraire contraint par l'inflexible nature à dévorer une énorme contradiction, et à excepter des lois communes de la procédure non seulement les sénateurs et les magistrats, mais encore de nombreuses classes de citoyens ? Ecoutez la voix autorisée du courageux maréchal de La Tour réprouvant une telle contradiction. Voici sa lettre du 1er juin 1852 au Sénat Piémontais. Elle est toute vibrante de raison et d'héroïsme :

« Le motif principal, dit-il, sur lequel on établissait le droit que nous aurions d'abolir le for ecclésiastique était que le Statut déclare tous les citoyens égaux devant la loi ; par conséquent qu'il ne doit y avoir qu'une loi égale pour tous, qu'une seule magistrature pour l'appliquer ; et de ce principe l'on concluait que tous les tribunaux particuliers devaient être abolis. Or, à cette époque, il y avait, dans notre pays, quatre tribunaux d'exception : les conseils de guerre, les conseils de l'amirauté, les tribunaux de commerce et les tribunaux ecclésiastiques. Ces quatre sortes de tribunaux jugeaient, dans des cas déterminés, les sujets de leur compétence. Les trois premiers avaient action sur deux cent mille citoyens à peu près, le quatrième sur quatre à cinq mille ecclésiastiques. Le « Statut » avait maintenu ces tribunaux en déclarant (art. 79) que les magistrats, les tribunaux, les juges actuellement existants étaient conservés et que l'on ne pourrait déroger à l'administration judiciaire que par le moyen d'une loi.

« Or, MM. les sénateurs, les conseils de guerre, ceux de l'amirauté, et les tribunaux de commerce sont une « institution, je dirai plus, une création du gouvernement, » et il a exclusivement le droit de les modifier ou même de les abroger, s'il le juge bon, tandis que l'institution des tribunaux ecclésiastiques, dont l'origine remonte au temps des apôtres, fait partie d'une convention conclue en 1842 entre le Roi et le Souverain Pontife et dont sa Majesté s'engage en son nom et au nom de ses successeurs d'observer tous les articles. Eh bien ! qu'arrive-t-il? Les tribunaux qui ont action sur plus de 200.000 citoyens, et qu'il dépend de nous de modifier ou d'abroger, sont conservés, tandis que celui qui n'a d'action que sur quatre à cinq mille individus, que nous nous sommes engagés solennellement à conserver et cela en nous liant à l'égard de la puissance la plus respectable qui soit au monde, tandis que ce tribunal, ai-je dit, a été aboli sans le concours et sans l'assentiment de cette puissance. De grâce, MM. les sénateurs, où est la raison, où est la logique, où est la justice dans une telle conduite ? »

Les adversaires du noble maréchal se trouveront sans doute assez embarrassés pour parer ces coups. Qu'ils ne nous gardent donc pas rancune, si nous répondons pour eux. « Seigneur, dirai-je, au terrible orateur : Oui, il y a une raison, et la raison, c'est que la nature est douée d'une force irrésistible. Un individu, un gouvernement, une société peuvent, dans un fait particulier, abuser de la liberté pour combattre la nature, mais abuser constamment de la première et combattre constamment la seconde, c'est une entreprise qui surpasse les forces et de la malice humaine et même de la malice diabolique. Vos adversaires comprennent très bien qu'un tribunal particulier peut être nécessaire pour beaucoup de conditions sociales. Mais la fureur contre un clergé sans armes est déchaînée. Elle respecte la loi naturelle dans les autres, parce qu'elle ne peut tenter l'impossible, mais elle irrite les esprits contre nous et prépare notre ruine.

Ainsi dire, dans un sens universel, que l'égalité des citoyens exige l'unité des tribunaux, n'est rien autre chose dans l'ordre judiciaire que l'application faite en France à tout l'ordre social de ce principe universel « que tous les hommes sont égaux par nature ».

1248. — Les adversaires des tribunaux privilégiés ne peuvent donc plus s'appuyer sur l'égalité personnelle. Examinons leur second argument, celui qui consiste à dire que toutes les affaires, toutes les causes doivent être soumises à l'ordonnateur unique de la société. Toutes les affaires appelées en jugement, disent-ils, appartiennent par là même à l'ordre public. Or, cet ordre public ne peut avoir qu'un seul ordonnateur. Donc il ne peut y avoir aussi qu'une seule espèce de tribunaux.

1249. — Cet argument a un double défaut : le premier, de supposer que l'unité d'un suprème ordonnateur exclut la pluralité d'ordres secondaires, le second de supposer encore qu'il ne peut y avoir d'autre ordre public que l'ordre civil ou temporel. Montrez la fausseté de ces deux supposés et l'argument croule de lui-même.

1250. — Or la fausseté du premier supposé saute aux yeux de tout le monde. Unique certainement est l'ordonnateur de la société publique. Mais oseriez-vous nier qu'il doive admettre ou créer une multitude de combinaisons secondaires et dans lesquelles entrent des personnes très différentes et quant à leur origine et quant au but qu'elles poursuivent ? Si la société fût sortie de la main du Créateur comme elle sort en idée du cerveau des utopistes, c'est-à-dire d'un seul jet, d'un seul bloc et d'une substance homogène, distinguée en tranches mathématiquement égales par le scalpel des réformateurs modernes, oui, si la société avait été coulée dans un pareil moule, nous comprendrions très bien qu'il ne pût y avoir qu'un seul ordre, comme il n'y aurait qu'un seul artisan de cette société. Mais la sagesse infinie de Dieu qui dans son unité très parfaite embrasse tout entière l'immense variété des mondes et des créatures a suivi un autre plan. Elle a voulu que la société sortît peu à peu du germe d'une seule famille ; et que ce germe dans son développement embrassât la multiplicité sans limites de ses transformations naturelles. C'est ainsi que quelques familles ont commencé par s'associer, puis que d'autres les ont imitées, que les uns sont entrés dans l'association par amour, d'autres par intérêt, ceux-ci par devoir, ceux-là par le fait de la violence ; que les uns en se multipliant ont eu une descendance nombreuse et puissante tandis que les autres n'ont eu qu'une progéniture faible et restreinte ; c'est ainsi que les uns incapables de hautes conceptions ont été heureux de se soumettre à une loi qui fût leur guide et leur défense ; tandis que les autres, d'un génie plus profond et plus étendu, se sont chargés de conduire leurs semblables et ont mérité d'être appelés tantôt des bienfaiteurs et tantôt des tyrans ; à ceux-ci est échu un ciel riant, une terre favorable ; à ceux-là les brumes et les rochers des montagnes ; les uns se sont fixés dans des centres de civilisation, les autres ont émigré dans des terres perdues au sein des océans, dans des sables inhabitables... Mille autres variétés, effet de la fécondité de la nature, pourraient être signalées... Eh bien ! ce que voudrait l'imagination tyrannique des utopistes modernes ce serait de marquer toutes les sociétés à un seul coin, et de rejeter comme des scories ou comme des bavures tout ce que la nature refuserait d'adapter à leur moule, ou à leur estampille. Mais quiconque ne veut pas accuser ainsi la nature et ruiner ses œuvres, remarquera nécessairement que beaucoup d'organisations secondaires ont dû se mêler au grand courant de la société sans perdre entièrement leur forme à peu près comme il arrive pour les laves volcaniques ou pour les stratifications du globe terrestre. La paléontologie y découvre en effet des débris du monde antédulivien et préadamique.

Prenez par exemple une société formée par l'alluvion des barbares. Supposerez-vous ces nouveaux venus si féroces qu'après leur conquête et leur prise de possession des pays envahis, les anciens citoyens n'y aient rien laissé de leur existence, de leurs églises, de leurs municipes, de leurs institutions ? — Supposez encore une union de peuples par suite de mariages entre les familles princières : voudrez-vous dépouiller si pleinement ces familles de toute personnalité morale que l'une des deux doive absolument recevoir de l'autre ses lois, ses coutumes, sa religion ? — Voyez encore des vaincus réduits à capituler avec le vainqueur. Capituler ne veut pas dire « se rendre à discrétion ». — Des belligérants faibles, menacés d'un péril imminent, invoquent le bras d'un plus fort. Ne pourront-ils mettre des conditions, pour demander secours et accepter la soumission? — Vous voyez quelle variété de tribunaux dans l'ordre judiciaire peuvent ainsi naître dans une société non par le caprice despotique des utopistes, mais par l'action douce et équitable de la nature.

1251. — Une société étant constituée avec une multitude de privilèges et d'exemptions, il faudrait, pour faire un dogme absolu de l'unité des tribunaux ou bien soutenir comme illicite qu'une société inférieure puisse pactiser avec une société plus grande à laquelle elle s'unit; et ce serait la négation de la liberté tant et tant exaltée; ou bien dire que la société plus grande n'est pas tenue d'observer son contrat... Et c'est l'opinion qu'ont embrassée beaucoup de ceux qui crient le plus fort contre les Rois violateurs des traités.

Pour éviter l'une de ces deux absurdités, il faut donc reconnaître, quand on a considéré l'état naturel de la société, que si l'unité des tribunaux est, à certains égards, désirable pour la commodité des gouvernants, elle ne peut jamais être imposée en droit et comme absolue.

LES RAISONS SPÉCIALES D'UN FOR ECCLÉSIASTIQUE

1252. — Jusqu'ici nous avons examiné les différentes sortes de tribunaux dans l'hypothèse d'une seule société publique : et de sa nature même nous avons déduit la théorie générale de tribunaux multiples et spéciaux. Cette théorie est applicable à toutes les sociétés en général.

Descendons à une doctrine plus concrète, à la question catholique, celle qui surtout est l'objet du litige. Ici nous ne devons pas seulement considérer la variété des organisations secondaires introduites par les faits, par des conventions, etc. Il nous faut envisager l'ordre public dans sa totalité ; car il est soumis aux deux autorités suprêmes qui gouvernent les sociétés catholiques.

L'homme (nombre de nos adversaires en conviennent) est nécessairement subordonné à deux autorités : car il a comme deux vies ici-bas, l'une matérielle et extérieure, l'autre spirituelle et intérieure... De même en est-il de la multitude tout entière des citoyens. L'une des deux autorités doit la guider vers la fin spirituelle et intérieure ; et cela est si vrai que chacune de ces autorités prend son nom de la fin qui lui est propre, l'autorité civile, l'autorité ecclésiastique : or quelle est la conséquence ? C'est qu'il y a dans la société prise en général deux séries de tribunaux spécifiquement distincts; chacune devant juger les affaires de sa compétence propre, mais sans pouvoir se confondre avec l'autre, ni usurper ses droits.

1253. — Cette distinction est tellement évidente pour quiconque n'a pas abjuré tout à fait les idées du catholicisme que les hérétiques eux-mêmes amenés aujourd'hui à raisonner en catholiques réclament pour l'autorité spirituelle des tribunaux particuliers après leur avoir refusé toute indépendance. Qu'est-ce, en réalité, que la grande question agitée en Angleterre, entre l'évêque d'Exeter et le ministère, sinon une réminiscence catholique reproduite dans l'Eglise anglicane ? Réminiscence absurde, contradictoire, je le veux bien, chez ceux qui demandent à la concubine Anne de Boleyn, puis à tous les papes et papesses ses successeurs, ces droits que tous connaissent. Mais peu importe... Il n'en est pas moins vrai que, dans une même nation, alors qu'elle se reconnaît dépendante de deux autorités, l'on conclut, d'après la nature même des choses, à la nécessité de deux espèces de tribunaux.

1254. — Bien plus (et c'est une nouvelle preuve de la puissance irrésistible de la nature), les incrédules et ceux-là même qui nous étourdissent de leurs catilinaires contre le for ecclésiastique, oui, ceux-là, sans s'en apercevoir, rendent hommage à la vérité que nous soutenons. — Mais quand donc, direz-vous ? — Quand ils proclament « la liberté de conscience ». Oui vraiment : L'introduction de la liberté de conscience dans la société n'est pas autre chose que le transfert du tribunal ecclésiastique. Il passe de l'Eglise catholique du Pape dans l'Eglise rationaliste de Kant et de ses successeurs.

Voulez-vous en être convaincu ? Rappelez-vous que le fameux sophiste de Kœnisberg, l'auteur de « la Religion dans les limites de la raison », a réduit l'homme à ne connaître avec certitude que sa propre individualité, et qu'il a concédé à cet individu le droit de se tracer sa religion d'après les lumières de sa raison. Par conséquent, lorsque l'individu déifié s'élève contre les pouvoirs temporels et leur signifie qu'ils n'ont aucune autorité sur les consciences, que ces consciences doivent être libres comme la pensée, que fait-il, je vous le demande, sinon distinguer les deux autorités, la temporelle qui appartient aux gouvernements, la spirituelle qui appartient à la conscience individuelle? Ici, tout individu devient une église déterminant la foi, commandant la morale, jugeant les œuvres. Et remarquez-le bien : s'il y a dissentiment entre le rationaliste qui réclame la liberté de conscience et le catholique qui veut conserver le for ecclésiastique, il ne roule pas sur l'existence des deux autorités et des deux tribunaux spirituel et temporel ; non : il y a accord sur ce point — il roule sur le sujet en qui réside l'autorité spirituelle. Le rationaliste dit : « L'autorité spirituelle, c'est moi ; donc j'ai droit à la liberté de juger dans les choses pirituelles... Et ce droit, notez-le, le rationaliste l'étend aux actions extérieures : il dispense le Quaker du serment, l'Israélite du travail du sabbat ou plutôt : « de la loi du sabbat », etc. Au contraire, le catholique dit : « L'autorité spirituelle réside dans l'Eglise. Donc, c'est à l'Eglise qu'appartient le droit de juger dans les matières mixtes. » — Qu'est-ce que le despotisme politique répond à ces deux adversaires : « Votre autorité, dit-il, est un embarras pour l'action du gouvernement. Elle veut s'ingérer dans tout l'ordre extérieur : Le catholique veut agir conformément aux enseignements de l'Église; le rationaliste, si nous le laissons libre, mettra sens dessus dessous la société. Qu'allons-nous faire ? Nous allons les enchaîner tous les deux : le catholique, en rognant par la force les ailes à l'Église, le rationaliste, un peu plus maniable, en lui achetant sa conscience et en enchaînant son intelligence par le monopole de l'enseignement et par la complicité des journaux.

1255. — Que vous en semble ? Ne voyez-vous pas qu'il y a là un hommage évident rendu à la distinction des deux tribunaux et des deux autorités ? Car n'est-il pas clair que comme les deux pouvoirs ont, dans une nation catholique, le droit de diriger chacune à sa fin propre, toute la multitude, ainsi chacune a pareillement le droit de juger dans les matières qui se rapportent à sa fin, et conséquemment que le juge laïque ne peut prononcer dans les causes spirituelles ni le juge ecclésiastique dans les causes purement temporelles ? Donc ici la variété spécifique des tribunaux est chose inévitable, du moins tant que les deux pouvoirs distincts ne seront pas tombés d'accord pour choisir un même juge délégué par les deux parties. Et c'est précisément ce à quoi l'on veut pourvoir par les Concordats ainsi appelés, parce qu'ils ne sont pas, comme vous le voyez, des traités entre deux nations ou entre les deux princes qui les gouvernent, mais une convention entre les deux autorités d'une même nation catholique.

Et maintenant supposez que, dans les matières mixtes, les deux autorités passent un concordat qui ne soit pas marqué au coin d'une égale condescendance, qu'arrivera-t-il alors ? C'est qu'il sera d'autant plus périlleux pour l'autorité civile de réunir les deux tribunaux que les esprits honnêtes se montreront plus revêches à recevoir d'elle la règle de leur croyance et de leur vie morale. Que des personnes bornées et sans conscience, toutes prêtes à nier demain ce qu'elles affirment aujourd'hui, acceptent ce joug honteux, cela se comprend ; ces gens sont enfoncés dans la matière : leur croyance sera demain égale à celle d'aujourd'hui, c'est-à-dire nulle... A l'heure actuelle, c'est là le cachet du monde politique et diplomatique où souvent vous vous heurtez à des hommes qui comptent plus de serments de fidélité que d'années de magistrature ou de vie militaire. Mais il en est pour qui la vérité et la conscience ne sont pas un mot. Et ceux-là seront-ils disposés à accepter d'un gouvernement civil des directions tendant à une fin spirituelle ? Les partisans du principat politique auront beau dire que, dans les jugements qu'ils revendiquent, il ne s'agit que de choses purement matérielles : église matérielle, mariage, etc. — Non seulement un bon catholique, mais un honnête homme, saura toujours que, dans ces questions, il ne s'agit pas de savoir avec quels matériaux on construira une église, comment on cultivera les champs d'une cure, ou comment on prendra les intérêts matériels de la famille, etc... Il s'agit de savoir comment, dans l'Eglise, l'on recevra la prédication et les sacrements, comment les biens d'une fabrique doivent être administrés pour subvenir aux besoins du clergé et des pauvres, quelles lois doivent présider au mariage pour la propagation des enfants de Dieu... On le voit, les questions, étant ainsi posées, un gouvernement laïque qui voudrait les trancher, sous prétexte que l'église est de pierre, le bénéfice constitué en terres, etc., celui-là ferait simplement rire de soi — et peut-être qu'il rirait lui-même de son étrange prétention, comme ces législateurs du Parlement de Turin qui, en voulant légiférer sur l'enseignement, se trouvèrent, sans s'y attendre, amenés à discuter théologie ?

1256. — Voilà l'absurdité d'un système qui introduit un juge dans un ordre relevant d'une autorité étrangère. Il s'y trouvera toujours incompétent, toujours incapable. Pourquoi ? Parce que les commandements de l'autorité sociale doivent, avant tout, s'adapter et se proportionner à la fin qu'ils veulent obtenir. Prenons l'exemple d'un général d'armée. Il commande de creuser un fossé, de démolir ou d'élever une muraille : militairement parlant, ce commandement sera bon ou mauvais, non parce que le général est ou n'est pas propriétaire du terrain que l'on creuse, des pierres qui composeront ce mur ; il sera bon ou mauvais selon que ce fossé, ce mur serviront à repousser ou à combattre l'ennemi. Or, c'est là la fin propre du commandement militaire. Dites-en autant des décisions ou sentences des juges : leur rectitude ne se mesure pas sur le droit de propriété — (ce droit n'appartient jamais au juge) — mais sur la fin morale visée et poursuivie par la sentence elle-même, c'est-à-dire par l'autorité qui la porte... Voilà pourquoi, lorsque l'affaire à juger se rapporte naturellement ou d'après la volonté des personnes à un but spirituel et intérieur, l'on n'obtiendra jamais des catholiques que, pour la voir décidée, ils s'adressent à un tribunal destiné uniquement à poursuivre une fin extérieure et temporelle.

Vous le voyez ; la nature même de la société réclame donc des tribunaux spéciaux et cela par une double raison :

1° En certaines matières et quand il s'agit de classes secondaires de personnes, les juges manquent d'expérience ; 2° quand elle veut traiter d'une fin qui n'est pas la sienne, l'autorité civile, fût-elle même très versée dans la matière en litige, sera toujours incompétente : son pouvoir ne s'étend pas jusqu'à la fin spirituelle.

1257. — Mais il y a pis. Si un beau jour l'Eglise s'apercevait que, dans les matières temporelles, certains magistrats laïques abusent de leur influence matérielle au détriment des catholiques, sachez qu'elle pourrait défendre à ses enfants de soumettre leurs procès aux tribunaux civils. Vous verriez alors de bons catholiques renouveler l'exemple de ces néophytes de la primitive Eglise, à qui saint Paul avait interdit de plaider devant les tribunaux payens. Ce qui prouve clairement qu'un tribunal laïque ne peut jamais décider dans les causes qui relèvent de l'Eglise, en la spoliant de sa juridiction ; mais que l'Eglise pourrait autoriser certains laïques à juger dans des cas très rares où la conscience des fidèles serait intéressée. Et elle opérerait alors sans sbires et sans chefs de bandes, mais en s'adressant, comme elle le fait d'ordinaire, à l'esprit et à la conscience.

1258. — Cela soit dit uniquement pour montrer ce qu'il y a de faux dans le principe universel sur lequel on s'appuie afin de défendre l'unité absolue des tribunaux.

Il y a, selon leurs fins diverses, différents ordres d'associations publiques ; donc il peut y avoir aussi différentes sortes de juridictions et de jugements. Chacune de ces sociétés publiques peut se composer d'une variété indéterminée de sociétés secondaires avec des droits inviolables et leurs tribunaux d'exception ; donc le pouvoir suprême ne pourra sans injustice violer de tels droits. Ils sont sacrés et dérivent de la parfaite égalité des citoyens devant la loi.

Enfin il y a des causes telles qu'elles demandent une habileté particulière dans les juges, en raison même des classes particulières constituées au sein de la société générale ; donc, pour obtenir que la justice soit bien administrée, le législateur pourra être obligé d'établir pour ces classes un tribunal spécial.

1259. — Si ces trois raisons sont vraies, le problème considéré au point de vue du droit nous semble résolu, et nous pouvons conclure, abstractivement parlant, que l'unité des tribunaux n'est pas absolument requise par le droit naturel. Par conséquent, vouloir appuyer sur la nature la loi de Siccardi et le monument destiné à perpétuer sa gloire, c'est risquer de creuser et de creuser encore sans jamais trouver le roc solide.

1260. — Mais descendons dans l'ordre des faits et voyons si l'histoire nous répondra plus facilement. Si nous écrivions un article de droit canon en faveur du for ecclésiastique nous devrions, afin de résoudre la question présente, remonter à l'origine des droits de l'Eglise et des droits du pouvoir civil. Mais inutile de revenir sur ce point. Nous en avons dit assez pour faire comprendre qu'un fait ne peut pas être par lui-même illégitime, puisque les faits sont une des conditions naturelles des sociétés humaines. De plus, nous nous sommes uniquement proposé d'examiner en général les influences du principe moderne sur la marche du pouvoir judiciaire, et non de censurer les actes de tel ou tel gouvernement, en retraçant l'histoire des tribunaux. Aussi le but que nous indiquons ici nous paraît plus que suffisant. Il fera facilement conclure à nos lecteurs :

1261. — 1° Que l'unité des tribunaux est un fruit naturel de cette indépendance absolue qui affranchit la raison de toutes les traditions du passé et les générations présentes de tous les droits héréditaires sortis du développement naturel des choses humaines ;

2° Que le seul moyen d'anéantir ces droits, c'est de démolir impitoyablement l'ancien édifice social ;

3° Que pour l'Église particulièrement cette démolition devra être inexorable ; vu que la distinction du for ecclésiastique est l'inéluctable conséquence de la distinction entre les deux autorités civile et religieuse. Car une fois l'idée de l'autorité spirituelle abolie par le dogme de la raison indépendante, il n'y a plus lieu de concéder un for extérieur à cette autorité.

1262. — D'après ces principes, les législateurs piémontais n'avaient donc point tout à fait tort de lancer contre l'autorité ecclésiastique les foudres de leur éloquence — ou, si vous l'aimez mieux, de leur loquacité, de déclamer jusqu'à extinction contre les tribunaux ecclésiastiques, protestant qu'ils sentaient le rance et ne pouvaient point s'accommoder avec la civilisation moderne (1). — Rien en effet de plus vrai : car, d'après eux, la « civilisation moderne » doit appliquer à toutes les parties de la société le dogme de la raison indépendante — et par conséquent exiger absolument l'abolition du for ecclésiastique : le conserver serait un anachronisme intolérable. Et ainsi fut fait dans les Etats modernisés. Mais on le comprend : impossible à tout bon catholique de voir dans cette abolition autre chose qu'un de ces actes logiquement nécessaires, mais souverainement despotiques qui caractérisent partout et en tout la réforme protestante.

1263. — Allons-nous inférer des raisons précédentes que tout est erreur dans les doctrines proposées par les publicistes modernes et relatives aux tribunaux? Non. — Que l'on sauvegarde la distinction entre le tribunal ecclésiastique et le tribunal civil, distinction absolument nécessaire si l'on ne veut pas tomber sous un des-

____

(1) Paroles de Galvagno et de Boncompagni... ministres piémontais.

potisme turc, que l'on sauvegarde l'inviolabilité des droits ou naturels ou conventionnels qui, nés au cours de l'histoire, sont venus tempérer le pouvoir absolu d'un gouvernement; et nous ne nierons point que l'unité des tribunaux soit en elle-même un bien que l'on peut viser à procurer, mais par des moyens conformes à la nature et à la justice. Et cela pour deux raisons principales que nous avons expliquées plus haut : « l'égalité des citoyens devant la loi et l'unité de l'ordonnateur suprême de la société. — L'on ne peut, en effet, nier la valeur de ces raisons que parce qu'elles ont été appliquées mal à propos : l'on a opposé l'intérêt à la justice, le relatif à l'absolu, l'ordre contingent à l'ordre nécessaire. Il n'y a point d'arme si bien trempée qui ne se fausse si l'on s'en sert à contre-temps; et quel général ne sera pas battu s'il veut ouvrir une brèche à coups d'épée ou escalader une muraille avec un régiment de cavalerie?

Ainsi font nos adversaires. Pour nous persuader que l'autorité spirituelle devrait être absorbée par l'autorité temporelle et que les droits conventionnels des sujets devraient être sacrifiés à l'intérêt des gouvernants, ils ne nous ont apporté que des raisons de convenance; ils ont brûlé leur poudre en pure perte et détruit la force de leurs arguments.

Mais nous le répétons, qu'on use bien de ces arguments : ils ne seront pas sans valeur, ni l'unité des tribunaux sans utilité.

L'ABOLITION DU FOR ECCLÉSIASTIQUE DANS LES GOUVERNEMENTS REPRÉSENTATIFS

SOMMAIRE : — 1264. Si les gouvernements représentatifs sont orthodoxes, ils admettent le for ecclésiastique. — 1265. S'ils sont hétérodoxes, ils le rejettent, en vertu de l'indépendance de la raison. — 1266. Au nom de la souveraineté du peuple. — 1267. Et à cause des partis politiques. — 1268. Hypocrisie dont on se sert pour supprimer la multiplicité ou diversité des tribunaux. — 1269. Puisqu'on la conserve pour d'autres citoyens, tandis qu'on les supprime pour les gens d'église. — 1270. Contradiction, — et 1271. injustice des régimes modernes. — 1272. Conclusion.

1264. — Ici le lecteur remarque sans doute que déjà nous sommes entrés dans la réponse à une seconde question, savoir : « Quel rapport y a-t-il entre le gouvernement représentatif et l'unité ou la pluralité spécifique des tribunaux? Les gouvernements représentatifs modernes sont ceux qui s'appuient sur le principe hétérodoxe; ils sont par là même en opposition nécessaire avec l'autorité ecclésiastique. — Et cette autorité ne pourra jamais s'associer avec l'hérésie, ni renoncer au droit de diriger la pensée, la parole, la presse, parmi les fidèles, ni manquer au devoir qui lui incombe de pousser la société tout entière à embrasser le joug de Jésus-Christ et à éviter toute cause qui pourrait ruiner ou diminuer la foi. Par conséquent, aussi longtemps qu'une société, qu'un peuple prendront le nom de catholique, aussi longtemps l'Église leur ordonne de mettre leur conduite d'accord avec leur foi, de regarder la vie future comme leur bien suprême, de tenir pour infaillible la doctrine révélée, pour leur souverain roi le seul Dieu en trois personnes, et pour loi fondamentale de l'État le décalogue et l'évangile. Cette société, ce peuple acceptent-ils ces conditions, ils seront catholiques : mais ils devront en même temps renoncer aux éloges des progressistes hétérodoxes ; ils devront s'entendre appeler par « la Gazette du peuple » des rétrogrades, des obscurantistes, des traîtres à la constitution et d'autres noms équivalents bien connus aujourd'hui de l'Europe. Ils pourront continuer d'avoir leur part dans le gouvernement, de faire des progrès dans l'industrie, de pratiquer la charité envers les pauvres, le zèle à promouvoir la culture des lettres et des arts. Toutes ces œuvres néanmoins seront toujours arriérées, tant qu'ils reconnaîtront dans l'Église la législatrice de la pensée et de la conscience.

1265. — Mais si, pour ne point perdre le « renom de progressistes si cher à leur siècle », ils veulent absolument la liberté de la pensée, de la parole, de la presse, s'ils déclarent souveraine et créatrice des lois et de la justice la volonté indépendante du peuple — alors qu'ils renoncent au titre de catholiques et qu'ils abolissent, après le tribunal ecclésiastique, toutes les institutions catholiques.

1266. — Voilà où les entraînera, malgré certaines répugnances, non seulement l'indépendance de la raison qui ne connaît pas d'autorité spirituelle, mais encore la souveraineté du peuple qui ne reconnaît pas davantage au-dessus d'elle l'autorité temporelle.

Habitué à ne pas même respecter comme supérieur le Prince qu'il appelle son mandataire, jugez si le peuple sera disposé à regarder comme justes les sentences des évêques et des prêtres qu'il n'aura point délégués !

Non, non; prêtres, évêques, sont des citoyens comme les autres, tous sont égaux devant la loi, comme le dernier des paysans: les premiers à l'Eglise, oui.—Mais en dehors du temple, il n'y a plus sur la place publique que le citoyen.

1267. — Prenez garde : car si le prêtre est égal aux autres, il aura tous leurs droits, mais aussi leurs passions politiques. Et voudriez-vous que dans des tribunaux ecclésiastiques ces passions prissent fait et cause pour les intérêts des citoyens?

1268. — Tout conspire donc dans les constitutions modernes à rendre impossible l'influence extérieure de l'Eglise... On ne le dit pas ouvertement toujours; on cache sous des dehors de politesse des desseins hypocrites... et l'on formule un de ces axiomes généraux qui atteindra le but. L'on dit : « Plus de tribunaux privilégiés! »

1269. — Mais, nous l'avons dit, avec une semblable universalité, cette loi est contraire à la nature. Et les pauvres réformateurs se voient bien vite contraints à parler, dans l'ordre des faits, un tout autre langage. On le sait, l'égalité qui répugne le plus est celle de la bourse, et il n'y en a pas de plus sensible que celle des gouvernants. Aussi vous aurez bientôt des tribunaux administratifs pour les gouvernants ; des tribunaux de commerce pour certaines classes de personnes privées. Puis, ce qu'on accorde à ces privilégiés, il faudra bien l'accorder à la force publique, à l'armée, à la marine...; à plus forte raison aux sénateurs, aux députés du peuple souverain. Car enfin songez que ces derniers sont les successeurs des Rois par la grâce de Dieu. Et vous voudriez qu'ils se contentassent de la loi commune! Non, non ; le député a été déclaré inviolable, à moins que la Chambre ne le livre au bras séculier. Quant aux ministres, aux sénateurs, il y a pour eux une cour de justice dans le Sénat même... Et bien! vous voyez maintenant si l'égalité des citoyens devant la loi cons- titue un principe inexorable comme le Destin! — Quant à justifier les exceptions indiquées plus haut, rien de plus facile : on invoque la « nécessité du peuple », dont les intérêts sont si chers à nos inviolables!

1270. — On le voit : nous sommes loin de l'égalité des citoyens devant la loi et d'un seul tribunal pour tous.

Toutefois ce n'est pas nous qui taxerions ces exceptions d'injustice, après avoir montré qu'elles sont naturelle- ment inévitables. Ce que nous trouvons d'injuste c'est d'avoir fait une loi dont l'exécution est impossible, — c'est d'alléguer un principe universel afin d'y soumettre tous les citoyens inférieurs et de trouver si facilement des raisons d'exception pour condescendre à l'ambition de ceux qui sont plus élevés.

1271. — Mais voici le comble de l'iniquité. L'on foule aux pieds le soi-disant principe universel afin de conférer l'inviolabilité à qui ne l'avait jamais eue, puis l'on fait revivre l'autorité du même principe pour enlever l'in- violabilité à qui la possédait de temps immémorial. L'on viole par là non seulement les prescriptions de l'Eglise qu'on accuse de tyrannie, mais les serments et le traité d'un Prince qui n'a pas écrit le « Statut » avec l'inten-

tention d'être infidèle à l'Eglise. — L'on dit : le sénateur, le député, le ministre sont nécessaires au bien du
peuple ; ils défendent ses intérêts matériels... Et c'est
là la raison de leur inviolabilité. Soit : qu'ils en jouissent
en paix... Mais le curé serait-il moins nécessaire à une
paroisse, le chapelain à une hospice, le directeur à un
collège, l'évêque à un diocèse ? Et le bien spirituel des
peuples ne mérite-t-il point les égards qu'on accorde
si facilement aux intérêts matériels ? — D'ailleurs, une
voix de plus ou de moins dans un parlement influe peu
d'ordinaire sur la marche des choses publiques, —
tandis qu'il en va tout autrement de l'absence d'un prélat
dans une fraction quelconque de la société catholique.
Cette absence est très nuisible. En supposant même que
le manque d'un député eût des inconvénients, n'est-il
pas beaucoup plus facile d'en trouver un autre que de
suppléer dans la hiérarchie catholique à l'absence d'un
Pasteur ordinaire ? — Il faut, dit-on encore, que nos
honorables soient toujours libres d'agir et de parler afin
de pouvoir en toute hypothèse procurer le bien public...
Mais la liberté de parole et d'action est-elle donc d'une
nécessité moins urgente pour les ministres de l'Evangile ? Sont-ils inférieurs en dignité ? Ou bien trouvent-
ils moins d'hostilités et de résistances à leurs ministères ?

1272. — L'injustice et la contradiction des réformateurs modernes brisant avec insolence leurs conventions
avec l'Eglise sont donc sans excuses... Elles prouvent à
l'évidence l'hypocrisie avec laquelle on réclame contre
les catholiques l'unité et la parité prétendues des tribu-

naux, puisque dans mille autres cas on n'en tient pas le moindre compte. Si ces déclamateurs agissaient avec conviction, ils feraient de leur théorie une application universelle, constante, principalement dans les causes de leur compétence... Mais non; cela les forcerait à se détromper. Tous ceux dont les droits auraient été broyés au nom de l'égalitarisme revendiqueraient leurs anciennes prérogatives; toutes les bévues commises dans des affaires spéciales, par des juges inhabiles, démontreraient la nécessité absolue de tribunaux particuliers; les consciences sous le coup des vexations d'un tribunal laïque le déclareraient incompétent à prononcer sur la foi et sur les mœurs... Par là nous reviendrions vite à ces doctrines plus pratiques et moins exclusives, inspirées de tout temps par la divine sagesse et marquées, comme toutes les œuvres divines, au coin de la variété dans l'unité. On saurait alors que si les principes universels doivent donner l'unité à la matière, celle-ci, à son tour, et conformément à l'idée créatrice, doit donner la variété et la fécondité aux principes : l'on saurait que, s'il est juste qu'un gouvernement use de son autorité pour unir, selon le droit, la multitude des citoyens, il serait souverainement injuste de priver ceux-ci de leurs droits pour les sacrifier aux théories et à l'avantage de ceux qui gouvernent; l'on saurait que gouverner des hommes « veut dire » les coordonner tels que la nature les a faits, les a développés et dotés, et non les dépouiller de leur bien, de leurs qualités acquises pour en composer une sorte de matière première apte à revêtir une forme quelconque, selon qu'il plaira au caprice d'un despote ; l'on saurait enfin qu'une société sortie d'aggrégations successives et anciennes ne peut pas sans injustice être spoliée de ces droits auxquels chaque partie de la nation s'est soumise et que l'on appelle sottement des privilèges.

Voilà ce que comprendraient aussi ces tyranneaux utopistes qui, devenus des honorables, grâce à quelques litres de vin ou à quelque intrigue de secte, s'en vont dire sur un ton de triomphe : nous sommes la nation... et, s'attribuant un pouvoir plus que divin, s'imaginent qu'ils peuvent, en un tour de main, fabriquer à leur guise la justice et le droit. Oui, je le répète, eux-mêmes le comprendraient s'ils voulaient embrasser et appliquer leurs principes avec loyauté. Malheureusement la loyauté n'a guère cours parmi les partisans des réformes modernes, si l'on en excepte des ignorants incapables ou ces esprits naïfs qui craignent en se prononçant de faire des jugements téméraires. — Ceux-ci seront les seuls à préconiser de bonne foi le grand principe de l'unité des tribunaux pour tous les citoyens. Pour les meneurs, ils débiteront comme de coutume leurs grandes phrases, mais ne cesseront point en pratique de fouler aux pieds ce même principe... En attendant, la violation même du principe sauvera la société de plus grands maux et diminuera par là même le mal de l'erreur.

Telles sont les principales influences de l'idée réformatrice sur le pouvoir judiciaire. L'étude que nous en avons faite complétera notre examen des gouvernements représentatifs modernes.

CHAPITRE IV

Epilogue.

I

DOCTRINE D'OU SORTENT LES EFFETS QUE TOUT LE MONDE DÉPLORE DANS LES GOUVERNEMENTS MODERNES

Nos adversaires nous accusent de rejeter les gouvernements tempérés et d'aimer les régimes despotiques...

Non, l'Eglise n'aime pas le despotisme... sans parler d'autres raisons, elle a eu, jusqu'à nos jours, trop à souffrir de pareils régimes. Nous catholiques nous avons parfois à les subir : mais personne qui les avertisse et les stigmatise comme nous.

La question n'est donc pas de savoir si un gouvernement doit être tempéré. Là-dessus pas de doute. Il s'agit de savoir comment un gouvernement doit être tempéré...

Les libéraux posent d'abord comme indiscutable leur principe universel : l'indépendance de la raison humaino... Ils en concluent, et ils doivent en conclure, l'impossibilité d'une conscience publique et d'une autorité spirituelle qui la dirige ; ils ne se fient, disent-ils, à la conscience de qui que ce soit, et pour eux les droits n'ont de valeur qu'autant qu'ils sont unis à la force... La force ! voilà en définitive où ils réduisent tout droit ; voilà pourquoi ils accordent toujours le droit à la majorité ; pourquoi encore ils ont inventé cet organisme (non, le mot est faux et trop noble), cette machine qui fonctionne de manière à produire une majorité, toujours juste, disent-ils, et qui prévaudra toujours.

Nous, au contraire, nous avons le sentiment intime de la conscience et de l'unité catholiques ; nous sentons que la base et le nerf de toute société est et doit être le droit ; que la force doit être mise à son service, mais justement, et sans briser des droits acquis. En étudiant et en considérant le concert universel des droits et des devoirs d'où sort la société humaine et ce commerce admirable de nécessités, de relations, de besoins, de secours... que la Providence du Créateur a établis entre les membres de l'humanité, nous sommes persuadés que le droit du prince n'est pas différent des autres droits sociaux ; que ceux-ci se modifient les uns par les autres, et que, de même que le droit du maître sur le serviteur n'est pas absolu, parce que le serviteur peut quitter un maître qui ne le paie pas, de même le droit de l'autorité sur les sujets n'est pas un droit absolu, puisque ceux-ci peuvent et même quelquefois doivent désobéir, si une loi est gravement injuste.

Les libéraux soutiennent qu'un prince n'a le droit de

commander qu'à ceux qui se sont volontairement soumis à lui, et qu'il ne peut obtenir légitimement cette autorité que par le consentement universel et le moyen d'une charte constitutionnelle. Hélas! le moyen d'une charte est aujourd'hui bien suranné !

Nous soutenons, nous, que le consentement du peuple n'est point essentiellement requis pour que des hommes ou un homme dans la société acquière et possède l'autorité, car cela peut arriver grâce à des faits positifs, et que le consentement est dû à celui qui commande légitimement. Nous pensons que le moyen des chartes constitutionnelles, s'il était appliqué d'après d'autres principes, pourrait être ou utile, ou du moins sans danger; mais que, placé sous la dépendance de la souveraineté du peuple, non seulement il ne fait pas de tous des souverains, mais qu'il amène pour tous une douloureuse oppression.

Les partisans de la Réforme veulent en appeler à l'organisme du moyen-âge. Or au moyen-âge il y avait le respect des droits acquis et de l'autorité spirituelle, tandis que la Réforme commence par ébranler les droits anciens et inculquer aux peuples l'indépendance de la conscience. Aussi tandis qu'au moyen-âge vous aviez un ordre social véritable, vous n'avez depuis trois siècles, dans les Etats gouvernés à la moderne, qu'une guerre religieuse et pour ainsi dire dogmatique. C'est d'un côté le parti conservateur ou catholique, et de l'autre le parti du libre examen ou protestant.

Rien donc d'étonnant si la démolition religieuse et sociale des états date de la Réforme. Pouvait-il en être autrement avec des doctrines aussi contradictoires, aussi contraires à la nature que celles-ci : indépendance de la créature vis-à-vis de Dieu; lutte incessante contre la nature et contre la divinité par la déification de l'homme; point de conscience publique; point d'autorité spirituelle pour la gouverner, mais simplement l'opinion ou la majorité, fantôme de conscience publique, et mobile comme le peuple que la parole d'un tribun fait changer si facilement.

Voilà, pour l'intelligence, les principes que la Réforme a semés et que les partisans des libertés modernes ne cessent encore de semer dans les esprits.

Quels sont, d'après les mêmes doctrines, les mobiles de la volonté?

La volonté tend au bien. Mais, posée l'indépendance de la raison ou le prétendu droit de la raison individuelle, le bien, c'est le plaisir; car la raison privée engendre la volonté privée et ce principe.« Je ne crois que ce que je vois » a pour corollaire : « Je ne désire que ce que je sens... » donc seulement le plaisir...

Si le plaisir est la fin ou même la déification de l'homme, le moyen de l'atteindre, c'est la possession et la recherche des richesses. Et de là la théorie de la législature.

En effet, elle doit rendre les hommes heureux par le plaisir; par conséquent les lois devront être faites et par l'intérêt, et pour l'intérêt.

Mais, direz-vous, que tous et chacun trouvent leur intérêt dans une même loi... c'est chose impossible, le bon sens le devine.

C'est vrai : aussi que fera le peuple, ce prétendu souverain ? Il enverra aux Chambres ses représentants. Mais ces représentants feront d'abord la loi pour leurs intérêts propres et ceux de leur parti... Ils auront soin seulement d'inventer une justice conventionnelle, de même qu'en s'appuyant d'abord sur l'opinion ils ont créé une vérité, une conscience conventionnelles.

Tel est, comme on le voit, le fameux principe utilitaire sur lequel reposent les théories des politiques modernes, les discussions parlementaires et d'après lequel la loi est faite pour protéger non pas les droits de chacun, mais les intérêts du plus grand nombre.

Tel est, ajouterons-nous, l'aphorisme admis non seulement par les démolisseurs de tout droit, mais aussi par nombre de naïfs conservateurs. — Et cela, en réalité, parce qu'ils confondent l'utile avec l'honnête, le droit moral avec le bien matériel. Pour préserver un pays d'inondations désastreuses, il faut creuser un canal, et pour le creuser dans telle direction, il faut abattre quelques maisons, tandis que, pour le creuser dans un autre sens, on devrait en abattre une centaine... Alors point de doute : il est très juste de choisir la 1re direction ; il ne s'agit ici que du bien utile, et il est juste que ce bien utile soit procuré au plus grand nombre. Ici, il n'y a de collision qu'entre les intérêts.

Mais supposez un cas où l'intérêt est en collision avec le droit moral, avec la conscience, avec la religion, alors les deux biens en collision ne sont plus de même nature, de même ordre ; et ce qui doit décider, ce n'est plus la majorité du nombre, mais la supériorité du droit. Dans un pareil cas, sacrifier les droits même de quelques-uns aux intérêts d'une multitude, c'est méconnaître la nature et l'essence du bien public et la plus noble fonction de l'autorité sociale, qui est, avant tout, de faire respecter le droit. Car l'autorité sociale a été établie, non par le suffrage universel, mais par la Providence d'un Dieu créateur, et ce Dieu l'a établie surtout pour défendre les petits et les faibles contre les ambitieux et les forts. Voilà pourquoi, si l'on voulait réduire au profit même d'un grand nombre une ville, une province en servitude, lui enlever ses propriétés, ses privilèges, ses institutions, etc., ce ne serait plus de la justice, mais un assassinat légal de quelques citoyens au profit d'un plus grand nombre. A la vue du droit tout intérêt doit se taire.

Or, je vous le demande, se taira-t-il dans le système des réformateurs? Ils ne connaissent de lois justes que celles qui visent à représenter les intérêts. Et pour ne parler que du premier de vos droits, ô catholiques, le droit de croire et d'obéir à Dieu, que deviendra-t-il, en face d'une Chambre dont la majorité met son intérêt à vous faire perdre la foi et à vous séparer de l'unité catholique?

De plus, si l'intérêt est la règle de la justice légale et si la jouissance est la règle de la conduite privée, s'il n'y a plus de conscience publique et que la conscience individuelle soit libre dans ses jugements, c'en est fait de toute confiance raisonnable des citoyens entre eux. Au plus restera-t-il une certaine confiance instinctive ; car les instincts obéissent plus difficilement aux jugements que les esprits aux sophismes. — Mais, s'il n'y a plus de confiance réciproque ni de mobile pour la produire et la conserver, à quoi recourir, sinon aux deux mobiles qui restent dans l'homme, — c'est-à-dire l'intérêt et la force ?

Il faudra donc combiner les intérêts si divers, si opposés… de façon que le mien s'accorde avec ceux du plus grand nombre, ou bien m'accorder le pouvoir de défendre mon intérêt personnel par la force.. La combinaison des intérêts est affaire des Chambres parlementaires, et ce qui me promet la force pour me défendre ce sont les prétendus droits d'insurrection, d'association, de pétition.., de grève… droits aussi nombreux et aussi variés dans l'application que le sont les individus et les cas où ils peuvent les revendiquer… Quant au droit de mettre mon intérêt en équilibre avec les autres, il repose, disent les publicistes modernes, sur la doctrine capitale de la division du Pouvoir.

Cette doctrine résulte en effet avec évidence et de la nullité de la conscience publique, et du droit à la jouissance. Car si celui qui a en main tout pouvoir trouve son intérêt à me faire sauter la tête aujourd'hui même, je ne verrai pas le lendemain… Mais si celui qui a intérêt à ma mort n'est pas celui qui m'exécutera et si celui qui doit m'exécuter doit être jugé par un 3e différent du premier, alors l'un des trois pourra peut-être avoir intérêt à me sauver… L'inconvénient (car il y en a un) serait que les trois personnes qui exercent les trois pouvoirs s'entendissent pour me faire disparaître ; car alors ce serait fait de moi...

Tels sont les principes émanés du libéralisme protestant et qui régissent les individus et le corps social... Et qu'on ne dise pas : ce sont là des théories et le peuple ne se gouverne pas par des théories et le peuple n'entend rien à des théories. — Car et les individus et le peuple, jusque dans ses dernières couches, se dirigent toujours d'après des idées et d'après des aspirations...; bien, si elles sont bonnes ; mal, si elles sont mauvaises... Le peuple n'entend rien, c'est vrai, aux théories de la mécanique céleste ou de la critique de la raison ; mais il entend très bien ce qui est juste et honnête, ce qui est inique et vil ; il sait aussi que la société ne repose pas sur l'intérêt, mais sur le droit... Sans doute, malgré cette connaissance, il se laisse prendre et entraîner aux aberrations.. Mais à qui la faute si ce n'est surtout à ceux qui le trompent et flattent ses passions ?

II

APPLICATION DÉSASTREUSE DE CES PRINCIPES A L'ORDRE MATÉRIEL

— Indépendance de la raison, amour du plaisir, voilà les deux principes qui guident l'homme soustrait à l'ordre providentiel et qui, depuis Martin Luther, ont bouleversé les sociétés de toutes les manières.

Le 1ᵉʳ effet a été la destruction des lois et des droits antérieurs. C'était fatal : car pour arriver à l'indépen-

dance et au plaisir matériel, il fallait bien trouver illégitime et tyrannique ce qui existait ; soutenir que les
détenteurs du pouvoir étaient les seuls auteurs du prétendu mal des sociétés, et qu'elles avaient besoin d'être
réformées.

De là les attaques de la démocratie presbytérienne
contre l'Eglise ; puis, dans l'ordre domestique, la ruine
de la famille par le divorce, par l'insubordination des
enfants, celle de l'individu par le suicide, etc.

De là la destruction des organes naturels de chaque
nation, c'est-à-dire de la commune, de la province, etc. ;
enfin la spoliation des biens de l'Eglise, des biens de
la royauté, de la noblesse, des biens des provinces et des
communes elles-mêmes.

Après la destruction, il fallait réédifier… Mais sur
quoi ? Sur les intérêts, puisque toute autre base avait
disparu comme incompatible avec les principes du
monde moderne…

Par ailleurs comme on ne pouvait appeler aux Chambres tous les citoyens, l'on se remit à créer de nouvelles
fictions de droit. On commença par éliminer de la représentation, malgré l'égalité de leur nature humaine,
les enfants, les femmes, les jeunes gens même émanci-
pés qui n'ont point atteint tel âge ; l'on proclama que c'est
tout un de gouverner et de choisir ses gouvernants ;
que, si celui-là est esclave qui subit la loi faite par un
autre homme, celui-là doit être appelé libre qui sera
gouverné par un homme dont le nom sort par hasard
de l'urne électorale, comme un numéro dans une lote-
rie ; enfin nouvelle fiction, l'on a porté et sanctionné

cette loi que les députés représenteraient tous les autres citoyens de façon que ceux-ci accompliraient leur propre volonté en faisant celle de leurs députés.

Cette fiction, il est vrai, n'eut pas l'heur de plaire à certains cerveaux capricieux. « On a bien changé notre bât, dirent-ils ; mais on ne nous a point enlevé notre fardeau. »

Comment, reprirent les réformateurs modernes, n'êtes-vous pas libres de vous associer, d'écrire dans les journaux, de gagner à vos idées l'opinion publique, de présenter au Gouvernement des remontrances et des pétitions? Si avec ces moyens vous attirez les autres à votre parti, qu'avez-vous à vous plaindre? Et si vous n'y réussissez pas, à qui la faute? A vous, mais non pas à la liberté; si bien qu'obéir est le rôle qui vous convient, puisque vous êtes incapables de commander. « La liberté est à qui s'en empare. » Obéissez aux vainqueurs ; ils ont obtenu la majorité. Vous devez vous trouver encore heureux qu'on vous laisse le droit de courir les chances d'une nouvelle bataille.

Telle est la condition d'une société refondue d'après les théories modernes. Elle nous fait toucher du doigt la cause du désordre social universel, de ces discordes, de ces calomnies, de ces haines implacables qui enlèvent aux relations tous les charmes d'une confiance réciproque — et cela jusque dans le sanctuaire de la famille, puisque cette cause divise les amis, les frères, les époux et que l'opposition de leurs idées politiques empoisonne leur vie. Voilà donc l'ancienne société démolie avec ses organes naturels, la famille, la com-

mune, la province ; voilà le peuple réduit à ses prétendus éléments premiers, à ces atomes de l'individualité
égalitaire... Mais parce que la nature n'est jamais tout
à fait détruite, voilà du même coup ces atomes poussés
par elle à se réunir, et à défaut des groupements naturels, à se réunir en partis ouverts ou en factions
secrètes... C'est bien, — mais ce n'est pas tout : il faut
trouver le moyen d'ordonner ces individus et ces partis
sans enchaîner la liberté des passions. — Pour cela
l'on partage l'autorité du gouvernement entre beaucoup
de sujets, de façon que, si l'un des détenteurs de cette
autorité répugne à satisfaire telle passion, celle-ci
puisse s'adresser à un autre ministre ; et, par cette belle
trouvaille, l'on arrive à ce résultat stupéfiant, d'un
gouvernement qui ne gouverne pas, mais qui est gouverné..., à cet axiome plus que ridicule : le Roi
règne et ne gouverne pas ; à la division des trois pouvoirs législatif, judiciaire, exécutif ; puis, les passions
n'étant jamais satisfaites, l'on invente l'expédient des
réélections, afin que, si une passion a été trop compri-
mée, elle puisse secouer le joug et voir son parti sortir
vainqueur des urnes... Il est vrai, l'application de
l'expédient met en échec l'existence des lois elles-
mêmes — On croit obvier à cet inconvénient en imagi-
nant une loi fondamentale, déclarée inviolable de par
la volonté de la nation. — Hélas ! la volonté du peuple
est-elle donc moins mobile que la volonté des individus ?
La raison et l'expérience répondent que non. La loi
fondamentale est elle-même une fiction... Car quoi de
plus connu que les perpétuelles modifications du Code,

que l'état d'incertitude habituelle des sociétés modernes
où le pouvoir oscille sans cesse d'un parti à un autre,
où, grâce aux intrigues secrètes et aux discours des
beaux parleurs, les différents caprices de la fortune
font sortir de l'urne parlementaire une multitude de
lois souvent opposées comme les partis et qui, par leur
seule multiplicité, forment un fouillis inextricable (1).

Quoi donc d'étonnant si de pareils gouvernements
n'ont pas à compter sur la durée? Car, s'il est vrai d'un
côté qu'avec l'argent de la nation le pouvoir exécutif
peut acheter les députés et leurs suffrages, qu'il a en
main la force militaire, il est vrai aussi, d'un autre
côté, qu'il est comme contraint d'appliquer les principes du libéralisme moderne et que, cette application ne
pouvant amener que le malheur de la société, il est inévitable qu'il en arrive à une crise ministérielle ou
même à une crise qui menace la forme du gouvernement. N'est-ce pas ce qui s'est vu cinq ou six fois en
France depuis un siècle? Alors tous les partis mécontents se sont unis pour le renverser. — Et il en sera
toujours ainsi tant que les peuples n'auront pas rejeté
de leur sein les principes essentiellement délétères et
anti-sociaux que nous avons rappelés au début de cet
épilogue.

(1) De 1789 à 1843, il y a eu en France 81.366 lois, décrets, ordon-
nances... sur la Presse... chacune de ces lois... contient en moyenne
50 articles, ce qui donne 4.068.300 dispositions législatives. Et combien
ont été ajoutées jusqu'à nos jours... (L'Opinione, 24 oct. 1851.)

III

APPLICATION DES PRINCIPES DU LIBÉRALISME MODERNE... DANS L'ORDRE MORAL

On peut considérer cette application dans l'ordre religieux, dans l'ordre moral proprement dit, dans l'ordre civil, administratif, politique.

Et d'abord quel sera l'esprit d'une société pénétrée des principes modernes? — Ce sera, comme en Allemagne au xvie siècle, un esprit irréligieux... Conséquence nécessaire, puisque après tout les hommes sont menés par les idées. Et de fait que voyons-nous dans les nations modernes? Nous y voyons le doute ébranlant les croyances les plus anciennes, le scepticisme, l'indifférentisme glacial qui tue la vie chrétienne dans un grand nombre. Nous y voyons, par suite de discussions passionnées, le mépris des Evêques, puis de l'Eglise tout entière, tandis qu'on achète la faveur du pouvoir séculier par d'hypocrites et serviles flatteries. Nous y voyons l'aveugle sécurité de ce pouvoir qui se croit solide sans l'appui de l'Eglise et qui n'hésite pas à accorder à ses sujets, comme des conquêtes du progrès, la liberté de conscience, la liberté de la presse, la séparation de l'Eglise et de l'Etat ; nous y voyons ensuite l'Etat s'emparer des biens de l'Eglise, usurper ses droits dans l'ordre législatif et judiciaire, l'enseignement et l'éducation de la jeunesse, la délimitation des diocèses et des paroisses, le règlement des fêtes et des cérémonies du culte, la censure des livres, de la prédication et de la vie religieuse... Bref nous voyons cet esprit préparer peu à peu la voie à une église nationale ou plutôt cette église nationale déjà créée en fait et n'attendant plus que la sanction publique du législateur.

N'est-ce pas là l'état de la France depuis un siècle; et plus ou moins celui de l'Autriche, de l'Italie et de l'Espagne depuis 1848?... Et pour toutes ces nations y a-t-il un autre dilemme que celui-ci, selon le mot de Montalembert : « Aujourd'hui pas de milieu : il faut choisir entre le catholicisme et le socialisme! »

Et en second lieu quelle morale produiront les institutions hétérodoxes ?

La moralité ou la morale d'une action, d'une institution, d'une société, dépend essentiellement de la fin qu'elles poursuivent. La fin des sociétés pénétrées de l'esprit moderne, c'est le bien politique, et c'est à lui que les partisans de ces sociétés sacrifient tous les autres biens, jusqu'à la religion et à la conscience. Par malheur l'indépendance intellectuelle et la recherche intéressée du plaisir produisent ici la multiplicité des opinions... et par suite les partis avec la division et l'hostilité... D'où la discorde, et avec la discorde la suspicion, l'espionnage, la calomnie, l'égoïsme et la vénalité... Oui, voilà dans l'ordre moral proprement dit, les mobiles et les habitudes plus ou moins générales des sociétés modernes.

Troisièmement l'ordre et la paix au point de vue civil dépendent du respect des lois et de la fidélité que les citoyens mettent à les observer en se contentant de leur situation sociale. Ce respect et cette modération produisent, même avec l'inégalité des conditions, l'harmonie et la tranquillité. C'est là vraiment le bien commun.

Or cette harmonie de l'ordre civil est non seulement inconnue dans les sociétés modernes; elle y est méprisée. Tous ne sont-ils pas égaux, tous citoyens? Tous n'ont-ils pas le droit de gouverner. Et ne manqueraient-ils pas à leur devoir s'ils ne s'efforçaient de participer à la direction des affaires ? — Avec ces idées, impossible que la fièvre de la politique ne s'empare point des citoyens et que cette manie n'amène pas chez un grand nombre le dégoût de leur condition, le déclassement, l'abandon de leurs devoirs familiaux ; puis, surtout à l'époque des élections, cette guerre de partis qui a pour théâtre les clubs, les tavernes et qui crée des haines si profondes entre les citoyens d'une même région, d'une même ville, d'une même commune, parfois d'une même famille.

Cette manie de la politique a bien un inconvénient : celui de mettre le peuple en contact fréquent avec ses législateurs et de lui révéler la valeur et les agissements des partis qui font les lois, enfin de lui apprendre le secret de sa propre force, s'il veut résister. N'est-il pas après tout le peuple souverain? On le conçoit ; loin de porter les citoyens à la soumission, tout cela n'est propre qu'à leur donner le goût des conspirations secrètes ou même de la rébellion ouverte... Or comment a-t-on imaginé de remédier à ce mal ? — En voulant couler, pour ainsi dire, la pensée de tous les citoyens dans un même moule par le monopole de l'instruction universitaire. On reproche à l'Eglise d'imposer des dog-

mes de foi aux intelligences, et par l'enseignement universitaire l'on courbe celles-ci sous le joug honteux du
rationalisme, du positivisme, de l'athéisme... Un peuple
qui n'a plus ni le respect de la loi, ni l'idée de l'ordre,
un gouvernement qui tyrannise l'instruction et l'éducation, voilà en deux mots ce qu'est l'ordre civil dans les
sociétés modernisées.

— Qu'en est-il maintenant de l'administration dans
ces mêmes sociétés? L'esprit qui les anime, à ce point
de vue, est en principe l'épicuréisme, et en pratique le
communisme. Quant au résultat final, c'est la dilapidation. — Avant tout, dit-on, l'homme doit viser à la
jouissance et par conséquent s'efforcer d'acquérir des
richesses. D'où il suit que la fureur du plaisir et la soif
de l'or sont l'âme même de l'administration et étouffent
naturellement dans les cœurs tout sentiment généreux.

Si pareille disposition ne se trouvait que dans le chef
de l'Etat, il rappellerait un de ces tyrans asiatiques qui
faisaient couler dans leur trésor, transformées en or et
en pierres précieuses, les sueurs de son peuple... Mais,
dans nos sociétés, le souverain c'est le peuple. Et après
avoir été pressuré jusqu'au sang, il se croit le droit de
se dédommager sur ses oppresseurs. Le trésor public est
sa chose ; il y puise autant qu'il peut par la contre-
bande, par la majoration des salaires, par le cumul,
par les fraudes de toute sorte au détriment du fisc; bref
par toutes sortes de moyens très efficaces, on le conçoit,
pour former des âmes basses et vénales.

Ils ne manquent pas, en effet, dans nos sociétés, ceux
qui se vendent à l'Etat... à la condition pourtant qu'il

y mette le prix. D'où encore pour le gouvernement la nécessité de se procurer des richesses ; nécessité d'autant plus funeste qu'elle prend le nom de bien public et d'intérêt général... Ne faut-il pas, sous ce prétexte, soutenir la grandeur nationale, promouvoir le progrès des arts, acheter électeurs, députés, journalistes, destituer les hommes anciens, établir des hommes nouveaux, multiplier les emplois et les employés et par là se faire autant de créatures, payer des espions à l'intérieur, des partisans à l'étranger ? Et tout cela ne devient-il pas licite, digne d'éloge, obligatoire même, puisqu'il s'agit de sauvegarder l'Etat ? Voici donc à quoi finalement se réduit l'administration dans les sociétés modernes : prendre de tous côtés afin de s'enrichir toujours plus et dépenser sans souci de l'épargne afin de jouir. — Venons à la politique des sociétés modernisées. Elle est facile à connaître. Les peuples de ces sociétés n'ont plus de conscience qui les gouverne : ils doivent donc vivre en défiance et dans leurs relations intérieures et dans leurs relations internationales. A l'intérieur la défiance existe surtout entre les gouvernants et les sujets : elle produit dans ces derniers le désir des garanties et dans les premiers le besoin d'une force armée ; chez tous, la conviction qu'un pareil régime et par conséquent l'Etat ne peuvent compter sur la durée. Défiance aussi dans les relations internationales. Car les changements soit ministériels soit sociaux sont toujours menaçants, si le peuple se gouverne d'après la Constitution ; et si les nations étrangères vivent en monarchie, la diversité des principes amène l'aversion et conduit à cette *paix armée* sous le poids de laquelle nous gémissons depuis si longtemps, sans espoir d'en être délivrés : puisqu'il faudrait pour cela substituer à cette défiance logique et rationnelle la sage et raisonnable unité de la conscience catholique. Tel est le tableau moral d'une société modernisée. Pour s'en convaincre, il suffit d'un coup d'œil sur les faits et sur le lamentable spectacle que présentent depuis longtemps les Etats de l'Europe : car les faits ne sont pas autre chose que la manifestation extérieure de l'esprit de ces sociétés, comme l'esprit n'est que la conséquence de ces deux principes hétérodoxes : indépendance et plaisir. En effet l'esprit social se forme et se moule nécessairement sur les principes admis et les faits sont les fruits mêmes de cet esprit. Aussi peut-on dire que, malgré la bassesse et souvent la turpitude de leurs actes, les hommes sont moins coupables pour les avoir accomplis que pour avoir embrassé les doctrines qui les inspirent naturellement... Et qu'on ne se fasse pas illusion. Tant que ces doctrines seront comme enracinées au cœur des peuples, ceux-ci ne cesseront de rouler de précipices en précipices.

C'est ce que devraient comprendre non seulement les hommes intelligents qui vivent au milieu des troubles et des désordres du régime parlementaire, mais aussi ceux qui, dans un gouvernement absolu, sont assez simples pour viser à se rendre indépendants de l'Eglise et à regarder l'intérêt ou le bien matériel comme le vrai bien social. L'indépendance vis-à-vis de l'Eglise amène l'indépendance vis-à-vis du pouvoir civil et l'intérêt engendre le communisme.

IV

CONSÉQUENCES PRATIQUES

Un gouvernement fondé sur l'indépendance de la raison privée et sur l'intérêt est toujours chancelant et ne peut contribuer qu'au malheur d'un peuple.

Quelles conséquences tirerons-nous de cette vérité et des preuves que nous en avons données?

Il y a d'abord une conséquence générale, celle-ci : Faisons tout pour ruiner les deux principes hétérodoxes et par là préparer la voie à la félicité publique... Mais, d'ailleurs, il n'y a que le catholicisme qui puisse abolir ces deux principes en soumettant les intelligences à la foi et en immolant l'idole de l'intérêt sur l'autel de la charité... D'où la résolution pratique qui sort évidente de notre doctrine : « Tout faire pour que la Société, dont nous sommes membres, soit éclairée par la foi, animée par la charité et guidée par l'Eglise catholique. C'est là le chemin sûr, mais unique du bonheur social; la voie contraire mène à l'abîme. Cette résolution, on s'en souvient, est le but même que nous nous proposions d'atteindre dans cet ouvrage et que nous signalions dans notre introduction.

Cette première conséquence en engendre d'autres. Et d'abord, qui ne voit que, loin d'avoir réprouvé d'avance tout gouvernement représentatif juste et honnête, nous avons bien plutôt débusqué le vieux serpent caché qui le ronge.

Les libéraux déchaînés contre la presse cléricale répètent à grands cris que nous sommes en guerre contre
les constitutions des Etats modernes, que nous ne rêvons
que chaînes et despotisme... Nous leur répondons, la
tête haute : les ennemis des Etats constitutionnels sont
ceux qui en faussent l'esprit par l'apostasie et les désho-
norent en persécutant l'Eglise. Et ici nous sommes d'accord avec « la Patrie », journal qui tient la forme constitutionnelle comme l'unique forme des gouvernements
à venir et qui néanmoins déclare hautement que la chute
de ce régime à Rome, en Toscane, à Naples, n'est due
qu'aux excès des constitutionnels eux-mêmes... N'est-ce
pas ce que nous avons mis en évidence et démontré par
les raisons les plus claires? — Les ennemis des Etats
modernes sont donc ceux qui les empoisonnent par leurs
doctrines funestes, et ils n'ont pas de meilleurs amis
que ceux qui veulent les guérir en leur présentant l'an-
tidote de la vérité... Que ces Etats embrassent cette
vérité : — ils pourront alors être acceptés par les bons
catholiques, parce qu'ils ne feront plus la guerre à l'Eglise
et ne chasseront plus ni les évêques, ni les religieux.

Cela ne veut pas dire que tout monarque non-constitu-
tionnel est un despote et que tout prince est obligé de
publier une charte et d'en jurer l'observation. Non; les
régimes constitutionnels peuvent être légitimes; mais ils
ne sont pas nécessaires...

Employer la ruse ou la conspiration pour changer un
gouvernement de constitutionnel en monarchique serait
une félonie contre la patrie..., oui; mais la réciproque
n'est pas moins vraie.

Telle est la doctrine que nous avons soutenue. Elle n'a rien de ce fanatisme des libéraux qui proclament que le seul gouvernement juste et possible, c'est le gouvernement constitutionnel... Elle est la seule au contraire qui donne à tout régime légitime le solide appui de la conscience catholique, — appui d'autant plus ferme qu'elle est plus déférente à l'égard de toute autorité.

Le mal des sociétés modernes n'est donc pas dans leurs constitutions, mais dans l'esprit que leur a infusé la Réforme.

A quelles conditions pourront-elles se guérir? — La réponse est claire : A la condition qu'on extirpe et des âmes et des institutions l'esprit d'indépendance individuelle et d'utilitarisme et qu'on le remplace par l'esprit d'obéissance et de sacrifice. Pourquoi, dit Donoso Cortès, les sociétés contemporaines sont-elles encore préservées de la ruine par le sacerdoce et par l'armée? Parce que ces deux corps gardent l'esprit d'obéissance à la discipline et l'esprit de sacrifice au bien public... Que tous les organes de la société modernisée reprennent de nouveau, grâce à l'action du catholicisme, ce double esprit, et bientôt elle respirera, revivra et deviendra prospère et puissante.

Roman ! répliquent les incrédules. — Non; ce sera une histoire réelle et vécue, l'histoire de la paix et du bonheur social. — Qu'arrivera-t-il, en effet, s'il en est ainsi ? — Dans la famille il y aura la subordination des enfants aux parents, des serviteurs aux maîtres et le dévouement des parents et des maîtres qui se serviront de leurs droits pour accomplir leurs devoirs dans la commune gouvernée gratuitement par les pères de famille ; il y aura chez ceux-ci l'amour et le soin du bien public et dans leurs concitoyens l'esprit d'obéissance parce qu'ils sentiront que l'autorité de ces administrateurs est légitime et dévouée. — Dites-en autant de la province, de ses gouvernants et de ses gouvernés, autant des assemblées législatives, à la condition que les membres en soient élus raisonnablement et en dehors des intérêts de parti. Alors les lois seront faites selon la justice, pour le bien commun et l'intérêt général. — Enfin, dites-en autant du pouvoir suprême lui-même : qu'il soit juste, désintéressé, impartial ; que, loin de tendre à absorber les pouvoirs subalternes de l'organisme social, il les respecte et les défende ; qu'il leur laisse la pleine et et entière liberté d'agir selon leurs droits dans leur sphère respective... Alors en réalité la société refera son organisme naturel, et cet organisme, animé par l'esprit catholique, développera dans l'ordre et dans la paix ses facultés et ses puissances.

Cher lecteur, si vous avez compris cette vérité, à savoir qu'il est impossible de fonder une société sans la foi à une autorité qui vient du ciel et sans le dévouement de la charité catholique..., faites-vous-en l'apôtre. Vous travaillerez ainsi très efficacement au bien de l'Église, de la société, de la patrie.

APPENDICE

**Examen de l'Opuscule de M. de Montalembert : Des inté-
rêts catholiques au XIXe siècle.**

NOTE PRÉLIMINAIRE

L'opuscule de M. le comte de Montalembert : Des intérêts
catholiques au XIXe siècle (Paris, Lecoffre, 1852), détermina
le P. Taparelli à joindre l'appendice suivant à son ouvrage.
Voici comment : la publication de l'Examen critique... se
faisait par fascicules dans la « Civilta catholica »... Des doutes
surgissaient de temps en temps dans l'esprit des lecteurs ;
ils les communiquaient au grand publiciste. Mais la solution
s'en faisait souvent attendre, car elle dépendait non des
doctrines déjà élucidées, mais d'explications subséquentes...
A la fin le nombre des lettres se trouva considérable et beaucoup d'entre elles contenaient les mêmes difficultés.

Taparelli remarqua que les principales de ces difficultés
se lisaient dans la brochure de Montalembert. Il résolut donc
de l'examiner spécialement et de répondre ainsi du même
coup à la plupart des doutes qui lui avaient été soumis.

Du reste il ne publia point cet examen sans l'agrément
de l'auteur, dont il commença par faire le plus bel éloge.
« Au moyen âge, dit-il, des héros immortels suscités de Dieu
ont délivré la chrétienté des Goths et des Lombards... A
notre époque, Jésus-Christ n'a pas davantage abandonné
son Eglise. Attaquée de toutes parts et comme envahie par
des philosophes et des sectaires démolisseurs, elle a été no-
blement défendue par des héros qui ne combattent plus avec

l'épée, mais par la plume et par la parole, et l'un des plus illustres est, sans contredit, le comte de Montalembert, dont l'éloquence, le courage et le désintéressement sont connus et admirés de toute l'Europe. »

Cependant, après le 2 décembre 1852 et l'avènement de Napoléon III au pouvoir, le chef du parti catholique fut pris de crainte, non pour lui-même, disait-il, mais pour ses compagnons d'armes. « N'allaient-ils point concevoir une trop grande confiance dans la nouvelle forme du gouvernement? N'allaient-ils pas oublier que les catholiques devaient leurs triomphes de 1848 et de 1850 aux luttes soutenues par eux dans les Chambres et dans la Presse depuis 1830, c'est-à-dire à la liberté politique et au régime parlementaire? Ne devaient-ils pas redouter que le gouvernement monarchique ne devînt, du moins avec le temps, et absolu et despotique? Alors où serait la liberté? où seraient les luttes pour la défense du droit et de l'Église? Toujours un pouvoir monarchique a besoin d'être tempéré, c'est-à-dire contenu par d'autres forces capables de lui résister. Au moyen âge, ces forces naturelles ou traditionnelles se trouvaient dans les institutions sociales.. communes, provinces, corporations... Elles se trouvaient dans ces parlements où le clergé, la noblesse, le tiers-état étaient représentés. Ajourd'hui toutes ces institutions ont été détruites. Et pour faire contre-poids au pouvoir absolu — bien plus, pour défendre les intérêts de l'Eglise contre l'absolutisme, il n'y a plus de possible que la liberté politique et le régime parlementaire!

Telle était la thèse générale de Montalembert dans son opuscule. Elle manquait de précision. Car qu'est-ce que la liberté tant réclamée par l'auteur? Est-ce la liberté illimitée? Il dit, mais sans les désigner, qu'il y a des libertés dangereuses et inutiles. — « Qu'est-ce que la liberté politique ou parlementaire? C'est, répond-il, le gouvernement de discussion, le gouvernement de tribune, le gouvernement des assemblées ; ce gouvernement, qui fait que plus ou moins,

depuis 34 ans, l'on vient à la tribune y disputer les grands
intérêts de son pays, avec indépendance, avec fierté, avec
éloquence quand on le peut ! » C'est là la définition la plus
nette de la liberté politique et du régime parlementaire
donnée par le grand écrivain... Mais est-il possible, en la
lisant, de ne pas se rappeler le mot de Bossuet : « Quand
une fois on a trouvé le moyen de prendre la multitude par
l'appât de la liberté, elle suit en aveugle, pourvu qu'elle en
entende seulement le nom. » Et l'histoire la plus impartiale
ne constate-t-elle pas que ce mot a souvent été, depuis cent
ans, très justement applicable aux assemblées parlementaires? — Du reste, dans les preuves que l'auteur apporte en
faveur du régime constitutionnel, l'on sent que « tout l'entrave, tout l'arrête », dit L. Veuillot. « L'encyclique de 1832
« bourdonne à ses oreilles, les souvenirs du passé l'embar-
« rassent, l'avenir qu'il espère est loin de le rassurer (1) :
« les explications, les réserves, les rélicences accourent en
« foule. Il y a partout des mais, des si, des « ce n'est pas
« que », des « est-ce à dire » ; la phrase se dégage incer-
taine et fatiguée du labyrinthe, des surcharges et des
ratures (2) !

« Hâtons-nous de le dire, ajoute L. Veuillot, *l. c.*, cette
séduction [du régime représentatif] si naturelle et si puissante n'a jamais eu sur l'esprit de M. de Montalembert
une influence capable de lui faire oublier ce qu'un bon
citoyen doit à la patrie, ce qu'un bon catholique doit à
la vérité ! » En d'autres termes, dit Taparelli, tout en
restant fidèle à l'esprit catholique, le noble comte, dont la
chevaleresque éloquence avait remporté jusque-là de si
beaux succès, a pris, dans l'explication de ses succès
l'instrument pour la cause : la cause avait été le catholicisme pur et ardent de Montalembert et de ses compagnons ;

____

(1) Voir en particulier : Des intérêts catholiques... p. 185, ce que
Montalembert dit du suffrage universel.
(2) L. Veuillot, Mélanges (1852-1856), page 54.

l'instrument avait été, dans les Chambres et dans la Presse, la libre discussion adaptée au régime politique du moment. De là le contraste saillant qui court dans l'opuscule : Des intérêts catholiques au XIXᵉ siècle. « On dirait que l'auteur y oscille sans cesse entre deux forces opposées, l'esprit catholique et les préoccupations constitutionnelles, comme un pendule entre deux électricités contraires. »

Il est donc nécessaire, dit Taparelli, d'analyser cet ouvrage: on verra qu'il est, au fond, conforme à nos doctrines, mais que la vérité doit y être parfois dégagée de l'obscurité qui l'enveloppe dans des propositions ou incomplètes, ou exagérées, ou équivoques.

Après ces remarques préliminaires, nous reprenons la traduction de Taparelli.

Tout l'ouvrage de Montalembert peut se réduire aux propositions suivantes que nous présenterons dans leur ordre logique, afin que l'on voie mieux la force du raisonnement.

I. Un pouvoir sans frein, sans contrôle c'est-à-dire un pouvoir omnipotent est nécessairement redoutable à l'Eglise par cela seul qu'il peut tout; parce que l'omnipotence constitue une tentation trop forte pour l'humanité. (Cf. page 91 et pages 131-132.) La théorie de ceux qui disent qu'un gouvernement n'a pas besoin d'un contrôle légalement formulé répugne à la nature de la société, à la dignité humaine, à toute la tradition catholique jusqu'à l'époque de Philippe II et de Louis XIV.

II. Les tempéraments naturels du pouvoir public seraient les communes, les provinces, les corporations, etc... Ç'a été un crime de détruire les provinces en 1789 et une faute de ne les avoir pas rétablies en 1800 et en 1814. (Cf. p. 144.) Personne ne le regrette plus amèrement que moi.

III. Mais ces tempéraments ne sont plus possibles en France. Les moins insensés des adversaires du régime parlementaire nous assurent que les institutions provinciales sont le contrepoids naturel du pouvoir politique ; que le

moyen d'occuper les esprits est ainsi trouvé... Il ne manque
à cette belle recette que deux choses : des provinces et des
libertés... Et ces provinces avec leurs libertés, minées sous
Louis XIV, détruites en 1789, ne peuvent plus être ressusci-
tées. (Cf. pages 143-148.)

IV. Pour contrebalancer le pouvoir absolu, on est donc
condamné à n'avoir que des assemblées de députés électifs.
(Cf. p. 116.) Je défie qu'on trouve dans l'Europe moderne
d'autre combinaison pour garantir la liberté.

V. Ces assemblées de députés ne pourront jamais rien en
faveur de l'Eglise, sans la liberté de la lutte. On ne vaincra
pas la révolution et le rationalisme dans l'ordre politique
seulement : il faut bien lui opposer les forces libres et spon-
tanées du bien ; et le bien ne peut être émancipé, sans
entraîner à sa suite une certaine émancipation du mal.

VI. Or cette liberté, l'Eglise ne peut en jouir si on ne
l'accorde pas à tous : croire que l'on pourra, dans l'état actuel
de nos mœurs et de nos lois, conserver la liberté de l'Eglise
en dehors d'une liberté générale sagement contenue et
réglée, c'est une déplorable illusion.

VII. Donc, en France, le meilleur gouvernement est
aujourd'hui le gouvernement constitutionnel et la liberté
pour tous... Si l'on peut trouver une autre forme de gouvernement, rien de mieux. Mais en attendant cette découverte,
etc...

VIII. Ce gouvernement constitutionnel promet à l'Eglise
toute prospérité, maintenant que nous sommes entrés dans
le siècle de la renaissance du catholicisme, qui nous conso-
lera de tous les outrages et de toutes les défections qu'il a
dû subir depuis la renaissance du paganisme, il a quatre
cents ans (page 193).

La série de ces propositions suffirait à prouver, comme
nous l'avons dit, que l'opuscule de Montalembert est la confirmation de nos doctrines. Car elles visent, en substance, à
démontrer que tout pouvoir politique a des tempéraments

naturels. Or les tempéraments du régime constitutionnel pourraient n'être point inutiles, mais à la condition qu'il fussent purgés du virus hétérodoxe.

Telle est, nous le répétons, l'idée générale de l'opuscule : mais les propositions qu'il contient sont-elles toutes et chacune la confirmation de cette thèse? Nous ne le croyons pas. Et l'illustre auteur nous permettra de noter les équivoques et les illusions qui pourraient rendre le développement de ses idées plus ou moins incohérent et par là même dangereux, malgré ses bonnes intentions.

Nous ferons remarquer, dans les principes sur lesquels il s'appuie, certains sens équivoques et dans les faits qu'il relate certaines explications inexactes. — Les principes dont nous parlons sont au nombre de quatre : I. La définition du régime constitutionnel ; II. La nature des tempéraments ; III. La nécessité de la liberté ; IV. L'intérêt de l'Église. — Examinons-les successivement. — Qu'est-ce que l'auteur entend par gouvernement parlementaire ou constitutionnel? C'est, dit-il page 15, un gouvernement contrôlé et contenu, c'est-à-dire soumis à la surveillance et à la résistance des sujets. Il consiste essentiellement dans la division des pouvoirs et dans leur contrôle réciproque (*ibid.*). Là où ce contrôle est sérieux et respecté, là où cette intervention est active et disciplinée, le gouvernement parlementaire existe réellement. Et il existe dans les meilleures conditions là où une nation possède encore des traditions et des corporations et où toutes ses forces collectives et individuelles sont représentées au sein des pouvoirs publics, comme en Angleterre. (Cf. page 116.) Cette description nous donne bien en effet l'idée courante aujourd'hui du gouvernement parlementaire avec sa division des pouvoirs, la législature et le vote de l'impôt aux mains de la nation, avec sa résistance efficace et sa représentation publique. Et, afin de ne nous laisser aucun doute sur son idée, Montalembert nous donne l'Angleterre comme type de ce régime. Cette idée dominante, nous la retrouvons encore au chapitre 6°, où l'on nous dit « que de tous les gouvernements celui qui a toujours exposé l'Église aux plus grands dangers a été le gouvernement absolu ; parce que tôt ou tard il est nécessairement conduit à envahir le domaine spirituel ». (Cf. page 92.) D'où la conclusion que jamais l'absolutisme ne devrait plaire aux catholiques, et que ce qui leur convient, c'est un gouvernement analogue à celui de l'Église, c'est-à-dire un gouvernement tempéré. (Cf. page 92.)

Nous pourrions démontrer que la preuve tirée de cette analogie est malheureusement ruineuse, en raison de deux grandes différences entre le gouvernement ecclésiastique et le gouvernement temporel. Car, d'un côté le Pape n'a point d'armée pour contraindre l'Église ; et, de l'autre, les princes temporels ne sont point assistés du Saint-Esprit : ils ne peuvent assurer à leur nation ni une existence indéfectible, ni dans leur manière de gouverner une ligne de conduite toujours digne d'approbation.

Mais, faisons abstraction de ces différences et supposons vraie l'analogie proposée. — Dans cette hypothèse, la conclusion de l'auteur sera-t-elle juste ? Oui, si, par tempéraments naturels, l'on entend ceux qui n'ont jamais fait défaut à un gouvernement bien ordonné, même absolu. Mais elle sera fausse, si l'auteur veut parler de tempéraments à l'anglaise, puisque le gouvernement de l'Eglise n'est point tempéré de même façon que celui de l'Angleterre. Le Pape gouverne avec le conseil des cardinaux ; rien de plus sûr : il maintient l'autorité des évêques ; il respecte les droits du clergé et des fidèles. Mais il fait tout cela par l'impulsion de sa conscience : son pouvoir est plein et entier ; une loi qu'il fait seul doit être obéie comme les autres, et tous les droits inférieurs sont protégés par le Pape lui-même, il le doit, et non point par les sujets organisés pour cette fonction. Un pareil gouvernement a donc beaucoup de ressemblance avec une monarchie bien ordonnée qui respecte les pouvoirs infé-

rieurs et les droits des sujets par devoir de conscience ; mais
il ne ressemble point à une monarchie où la résistance serait
organisée de façon à être invincible et dans laquelle les
sujets participeraient à la confection des lois. Il est vrai, la
constitution divine de l'Eglise est inviolable par le Souverain
Pontife, de même pour un monarque la constitution naturelle de la société. Et c'est là précisément ce qui rend le
gouvernement de l'Eglise plus semblable à celui d'une monarchie bien ordonnée. Pour la même raison, Montalembert
redit, page 160, et il avait soutenu à la Chambre le 20 octobre 1849, qu'un gouvernement représentatif est impossible
à Rome. Et pourtant si ce régime avait plus d'analogie que
tout autre avec le gouvernement de l'Eglise, la conclusion
serait qu'il conviendrait mieux dans les Etats pontificaux
que chez tout autre peuple. Mais non : l'auteur affirme
l'analogie, et cependant il conclut qu'à Rome ce régime ne
convient pas, si on l'entend au sens rigoureux qu'il a lui-
même expliqué (page 115). Il y a donc équivoque dans la
définition même du gouvernement parlementaire : elle consiste à prendre le mot tempéraments tantôt dans un sens
plus large, c'est-à-dire pour signifier les tempéraments
naturels ; tantôt dans un sens plus étroit, c'est-à-dire pour
désigner la division des pouvoirs et le mécanisme constitutionnel. Même équivoque sur le mot parlement, puisque
l'auteur appelle parfois parlementaire un gouvernement
monarchique qui respecte les droits des inférieurs.

Le second principe équivoque est celui qu'on trouve
répété tant de fois dans l'opuscule et qui sert de titre au
chapitre 6ᵉ : *La religion a besoin de liberté.* Oh ! que d'équivoques peuvent se nicher sous une formule aussi générale ! —
Voulez-vous dire que la religion a besoin de parler librement
aux fidèles ? — C'est très vrai. Voulez-vous dire qu'elle a
besoin que les impies soient également libres de blasphémer
et de séduire les gens ? C'est très faux.

Voulez-vous dire que l'Eglise approuve pareille concession

faite aux impies, parce que tout homme a le droit de bavar-
der mal à propos et même déraisonnablement ? Cette théorie est très fausse ; et l'Eglise ne peut pas l'approuver.

Voulez-vous dire que les hommes sont moralement
libres de ne pas admettre comme vrai l'enseignement de
l'Eglise, ou bien que, tout en croyant à la parole de Dieu, ils
ne sont pas obligés de s'y soumettre, quand ils forment une
société ? L'Eglise ne pourra jamais approuver une pareille
doctrine.

Finalement, voulez-vous dire que lorsqu'elle est tombée
dans les serres des voltairiens et des terroristes, elle est joyeuse
de s'en dégager, même en laissant la liberté au mensonge
et au blasphème ? Vous avez raison. Mais c'est mal s'exprimer que d'appeler ce motif un besoin de liberté. Vous deviez
dire que c'est un pis-aller, une ombre de compensation au
milieu de beaucoup d'injustices. Car il est moins injuste de
laisser également libres l'erreur et la vérité que de bâillonner la vérité et de déchaîner l'erreur. — Vous le voyez : elles
sont déjà nombreuses les équivoques cachées sous cet aphorisme : *La religion a besoin de la liberté !* Mais il en est
encore une autre plus importante pratiquement.

La religion a besoin de la liberté ? Soit. Mais ajoutez du
moins qu'elle a besoin d'une liberté dont elle puisse se servir. — Tout homme honnête a besoin de la liberté, mais si
vous donnez la liberté à tous, y compris les malandrins,
les communards, les voleurs et les vieux de la montagne,
etc., etc., quelle liberté restera aux honnêtes gens sinon la
liberté d'être assassinés non seulement sous les yeux, mais
même sous la direction de la police. — Dites-en autant de
l'Eglise. Vous lui donnez la liberté comme à tous, mais c'est
armés de cette liberté que les sectaires deviennent les maîtres des élections et par les élections les maîtres des Chambres et par les Chambres les maîtres des ministres, et qu'ils
contraignent ceux-ci de persécuter l'Eglise, de la dépouiller
et de la traîner dans la boue. — Et vous croiriez que l'Eglise a

besoin d'une pareille liberté ? — Or, remarquez-le bien, vous
ne pouvez pas le nier, telle fut la liberté pour l'Eglise pendant deux siècles sous le Parlement anglais, en Suisse jusqu'à
ces derniers temps, en France pendant la révolution de 1793,
puis en 1828 dans toute l'Italie, en 1848, et aussi, sans parler
d'événements dignes de la sauvagerie, à d'autres époques
sous les Cortès d'Espagne, du Portugal, du Brésil et du
Mexique.

D'ailleurs, il faut bien l'avouer, rien ne provoque plus ces
funestes désordres que la liberté absolue. Il est naturel aux
scélérats de profiter de la liberté d'association pour conspi-
rer, de la liberté de la Presse pour calomnier, de la liberté de
la parole pour ameuter la populace contre les Évêques et les
prêtres, contre les magistrats et les fonctionnaires catholiques ; tandis que leur conscience interdit à ceux-ci et même
aux honnêtes gens de se défendre en opposant conspiration
à conspiration, calomnie à calomnie, tumulte à tumulte.

Celui donc qui proclame qu'en fait et en droit la religion
a besoin de la liberté devait en même temps prescrire une
recette pour empêcher cette liberté de tomber aux mains des
sectaires.

Et remarquons-le bien : il ne suffirait point ici de répondre que des désordres pareils ne datent point du jour où la
France a été dotée de la liberté : car si cette liberté suit les
mêmes errements que l'absolutisme, il est clair que l'Eglise
n'a besoin ni de l'absolutisme, ni d'une telle liberté, et que
le catholique doit être indifférent à l'un et à l'autre régime.
C'est précisément la conclusion vraie et principale de Montalembert, bien qu'elle soit voilée sous les réminiscences
parlementaires ; par exemple, lorsqu'il reproche aux catholiques de crier : le pouvoir comme en Russie ! après avoir
crié : la liberté comme en Belgique ! (Cf. pag. 107.) Il voudrait au contraire qu'ils reprennent cet ancien mot d'ordre,
afin qu'on ne puisse les accuser d'avoir joué la comédie,
quand ils demandaient la liberté pour tous (pages 105 et 190).

Pour nous, voici plutôt le conseil que nous donnons en toute franchise aux catholiques : renoncer à ce vain désir d'une liberté absolue ; et tant qu'ils vivront sous un gouvernement constitutionnel, comprendre et mettre en pratique les sages avis de Mgr Parisis, dans ses Cas de conscience, 1re série. Ils y verront avec quelle sollicitude et avec quelle sagesse ce grand Evêque précise les diverses conditions qui rendent ou légitime ou déraisonnable, sur les lèvres d'un catholique, le cri de liberté. Plût à Dieu qu'en France les catholiques eussent parlé avec autant de circonspection! Ils ne seraient pas aujourd'hui dans l'alternative ou de renier leur ancien mot d'ordre, ou de demander la liberté pour les impies,— puisqu'aujourd'hui le gouvernement veut enchaîner le blasphème et l'impiété (1852). Mais, quoi qu'il en soit de ces excès d'autrefois, les catholiques sincères ne peuvent, ni par courtoisie ni par condescendance, changer la doctrine de leur mère la sainte Eglise. Ils doivent répéter sous un gouvernement absolu ce qu'ils auraient dû dire, avec Mgr Parisis, sous le régime constitutionnel, à savoir : « Si tous ont le droit de parler, il est injuste d'imposer le silence à une Eglise infaillible. Mais si le gouvernement reconnaît le mal que l'erreur a fait même à la société temporelle et s'il veut opposer une digue à ce torrent dévastateur, il est très juste que la parole publique, de même que toute action extérieure. soit soumise aux lois de l'ordre. Or l'ordre qui régit la parole, c'est la vérité et la justice, et la maîtresse infaillible de la vérité et de la justice, c'est uniquement l'Eglise. Que le gouvernement laisse donc à l'Eglise la liberté de refréner efficacement l'erreur, mais qu'il ne mette pas l'erreur sur le même pied que la vérité, ni ne veuille imposer lui-même aux intelligences des doctrines et des lois. »

Tel est le vrai sens de cet aphorisme : « L'Eglise a besoin de la liberté . » Tel est aussi, nous nous empressons de le constater, le désir intime du grand publiciste français, quand se taisent, dans son esprit, les idées constitutionnelles.

« Sans doute, dit-il (pages 97 et 90), il ne faut jamais approuver ni permettre, si on peut l'empêcher, que l'esprit de désordre, la révolte contre toute autorité, viennent envahir le cœur des peuples. — Sans doute, il serait insensé de proclamer le principe de la liberté de conscience, là où il n'existe pas et dans les pays où il n'est réclamé par personne. » — On le voit ; le comte de Montalembert réprouve d'une façon positive les libertés hétérodoxes, en tant qu'elles excluent la soumission à l'Eglise : et s'il en est réduit à réclamer, comme une planche de salut, la liberté pour tous, il ne regarde point semblable liberté comme l'état normal d'une société catholique, mais seulement comme une nécessité actuelle pour la France.

Le 4° principe équivoque se trouve dans le titre même de l'ouvrage, sous ce nom : « des intérêts catholiques, » et par suite toute la substance même du livre en est pénétrée. — Deux points feront l'objet de nos remarques : 1° l'intérêt, même très saint, est-il pour les catholiques la norme vraie et juste de toute leur conduite ? Oui certainement, s'il s'agissait pour eux d'établir à leurs propres dépens un nouveau gouvernement. Et la condition du peuple français après le 2 décembre peut être regardée comme telle. Aussi nous ne ferons pas un crime à l'auteur d'avoir principalement envisagé, dans son écrit, l'intérêt catholique. Mais les circonstances passent, et les livres durent, surtout quand ils sont écrits par un Montalembert. Afin d'éviter toute équivoque, il eût donc fallu expliquer clairement cette doctrine ; il eût fallu dire aux vrais amis de la religion qu'il y a une grande différence entre ces deux conditions : pouvoir choisir un gouvernement, si on est libre, et devoir obéir à un gouvernement qui existe et a déjà le droit de commander. Tant que vous êtes libres, faites tout pour établir de préférence un gouvernement qui soit en harmonie avec l'esprit catholique ; faites en sorte qu'il soit utile à l'Eglise ; entourez-le, s'il est possible, de conditions et de garanties qui le préservent de tout écart. Mais si un gouvernement est déjà constitué, s'il a le droit de commander, le chrétien, pour travailler au triomphe de la religion, ne peut alors recourir qu'aux forces contenues dans l'organisation de la société ; il ne peut pas, du moins tant que l'Eglise n'en a pas jugé autrement, mettre des conditions à son obéissance. Du reste cet usage, tout le monde le suit, en pareille circonstance : le négociant, pour s'associer un homme honnête : le serviteur, pour trouver un bon maître ; la jeune fille, pour rencontrer un mari vertueux. Et ces différentes associations une fois formées, on ne les brise pas ou parce que le mari s'est perverti, ou parce que le bon maître a eu pour successeur un fils capricieux et le négociant honnête un héritier déloyal. — Que l'on cherche donc l'intérêt des catholiques, lorsqu'on établit un gouvernement nouveau. Mais, de grâce, qu'on n'admette point comme principe que l'intérêt est la raison de l'obéissance chez les catholiques . — Au xixe siècle comme dans tous les siècles, le grand intérêt des catholiques est toujours que toute âme soit soumise aux puissances supérieures, c'est-à-dire aux autorités légitimes.

Nous avons dit en quelles circonstances les catholiques peuvent viser à leur intérêt en secondant un gouvernement. Il resterait à examiner en quoi consiste leur intérêt, et ici nous devons noter une autre équivoque. M. de Montalembert prétend que l'intérêt de l'Eglise serait d'être libre pour lutter. Nous verrons bientôt les erreurs que peut voiler cette sorte d'intérêt : pour le moment nous n'en disons qu'un mot. La gloire de Dieu, le salut des âmes, voilà le seul intérêt de l'Eglise. D'où il suit que la gloire en ce monde, l'influence politique, la liberté, la richesse et tout ce qu'il nous plaira d'appeler ici-bas un intérêt, n'est avantageux pour l'Eglise qu'autant que ce bien secondaire peut lui être utile pour son but suprême.

Telles sont les équivoques contenues dans les principes signalés plus haut; telle est aussi notre interprétation. Nous avons confiance que l'auteur est, en substance, pleinement d'accord avec nous ; mais on doit aussi en convenir, sa manière de présenter ces principes peut engendrer plus d'une perplexité dans l'esprit de lecteurs ou moins perspicaces, ou moins bienveillants.

De la considération des principes passons à l'explication des faits. Rien de plus fort, de plus vigoureux, de plus brûlant d'un zèle véritable que les pages où l'auteur a décrit les excès dans lesquels sont tombés, à la fin du dernier siècle, les gouvernements fébroniens ou voltairiens. Et nous les recommandons chaudement non seulement aux lecteurs ordinaires, mais surtout à tous ceux qui participent au gouvernement des peuples. Ils comprendront quels malheurs ils attirent sur leurs princes, lorsqu'ils s'avisent, pour leur bien, disent-ils, d'opprimer l'Eglise.

A ces monstruosités commises au xviii° siècle, Montalembert oppose les triomphes de l'Eglise au xix° sous des gouvernements de liberté. Il regarde l'oppression de l'âge précédent comme un effet des régimes absolus et les triomphes contemporains comme un effet des gouvernements représentatifs. Il est vrai, l'illustre écrivain se défend de vouloir attribuer cette résurrection chrétienne à la liberté comme à sa cause : il ne veut pas qu'on lui reproche d'être tombé dans le paralogisme bien connu : « Cum hoc ergo propter hoc » (page 68). Mais cette protestation est en désaccord avec tout son livre ; en désaccord même avec les paroles qui précèdent immédiatement celles-ci : « La même cause a « produit partout le même effet » (*ibid.*). Elle n'apparaît donc plus que comme une précaution oratoire, ou tout au plus que comme l'écho du sentiment intime, mais inconscient, que l'auteur avait de la faiblesse de son raisonnement. Car il ne laisse point de poursuivre sa démonstration avec toute la magie de son éloquence ; de sorte que beaucoup de lecteurs, à moins de tenir compte de nos observations, s'écrieront en terminant ces pages toutes vibrantes des énergies de la foi : « Oui ! c'est le régime constitutionnel qui a été le salut de l'Eglise. »

Très bien, chers lecteurs : Oui, parcourez ce livre, dans lequel un fils saintement passionné nous a dépeint les abaissements de sa mère, l'Eglise catholique, foulée aux pieds par des cabinets de mécréants. Ils sont allés si loin que de bons catholiques, à la vue d'une telle oppression, n'ont pas craint de réclamer une liberté si funeste comme un moindre mal. — Mais avant d'admettre la conséquence de l'auteur, veuillez nous suivre dans l'examen des faits et du raisonnement. Vous comprendrez peut-être qu'il attribue au parlementarisme ce qu'il devrait attribuer à l'esprit catholique dont lui-même et ses compagnons d'armes étaient remplis.

En effet, supposons que le régime parlementaire et la liberté fussent le grand moyen de défense pour l'Eglise : il s'ensuivrait que la condition de l'Eglise doit être d'autant meilleure que le régime constitutionnel est plus pur et la liberté plus grande... Cependant le grand orateur reconnaît lui-même qu'il en est tout autrement et que l'État constitutionnel et l'Eglise vont souvent au rebours l'un de l'autre.

On connaît trop les fruits de ce premier arbre de la liberté planté en France en 1789. Montalembert les signale (page 3) : « L'épiscopat tout entier dans l'exil, le clergé décimé par « la guillotine et la déportation, les fidèles traqués et har- « celés, longtemps condamnés à choisir entre l'apostasie ou « la mort, l'Eglise sans ressources matérielles ni morales, « dépouillée de tout et trop heureuse de se contenter de la « tolérance du mépris... » Laissons de côté ce régime de destruction et de sang : l'on pourrait dire qu'il ne faut pas juger d'une chose par ses excès.

Mais voici le règne de la nouvelle liberté octroyée par la constitution de Louis XVIII. Combien dura-t-il? Quinze ans; et que produisit-il? Ecoutons Montalembert : «Au sortir de la Restauration, dit-il (pages 77 et 68), l'Eglise était en France au ban de l'opinion et de la popularité, et peu s'en fallut

qu'elle ne fut entraînée, comme en 1792, dans la chute de
la royauté. » — Et quand l'État de la religion va-t-il se relever sérieusement ? Nous devrions dire que c'est sous les princes d'Orléans, selon la pensée de l'auteur : « Que l'on compare
dit-il, sa situation en 1830 avec celle qu'elle a prise sans effort
en 1848, au sortir d'un règne, pendant lequel elle avait été
presque toujours condamnée à résister ; qu'on la compare
avec celle qu'elle a gardée en 1852, après quatre années de
lutte continuelle contre les périls de l'anarchie (*ibid.*, 68). —
Mais si la prospérité de la religion dépend du gouvernement
représentatif et de la liberté, le gouvernement de Louis-Phi-
lippe, qui l'a rendue si florissante, devrait être un gouvernement modèle et la liberté de ce régime une liberté modèle. Et
pourtant, après avoir dit que les 34 années écoulées de 1814 à
1848 ont été pour la France les plus libres et les plus heureuses
de son histoire, il ajoute : « Je me fais un devoir de proclamer
que la révolution de juillet (1830) en a troublé le cours… ;
elle a porté atteinte au principe d'autorité et par conséquent
à la vraie liberté » (pages 122, 123). — C'est dire implicitement que le règne des d'Orléans a été une époque de déca-
dence pour le régime parlementaire et pour la liberté. —
Or, voyez maintenant l'étrange contradiction : « Quinze années
de gouvernement parlementaire, pendant lesquelles l'Église
a joui d'une pleine liberté, l'ont jetée dans un profond discrédit, » et dix-huit années, pendant lesquelles le régime
parlementaire a été faux, la liberté malmenée, ont produit
tous ces avantages qui sont aujourd'hui la consolation des
catholiques ! Comment l'auteur n'a-t-il pas vu cette contradiction ? Il a été emporté par son cœur, il n'a considéré que
la générosité de la lutte des catholiques, sous les d'Orléans,
sans songer qu'ils avaient été favorisés sous la branche
aînée. Par suite, il attribue l'effet de cette lutte généreuse
à la forme du gouvernement ; et pourtant la liberté avait été
plus grande sous la première dynastie que sous la seconde.
Du reste, les paroles mêmes de l'auteur en font foi. Dans son

livre, pages 66 à 69, il semble vouloir nous prouver que l'avantage de l'Eglise est le fruit de la liberté, tandis qu'il nous mène à cette conclusion « que la nouvelle renaissance du catholicisme est le fruit de la lutte ». Pourtant la lutte a profité à l'Eglise (p. 69).

Vous l'entendez : la lutte est ce qui a profité à l'Eglise. Et rien de plus vrai : de même qu'au temps de Tertullien le sang des martyrs était une semence de nouveaux chrétiens, ainsi de tout temps les flammes de la charité et du zèle ont réveillé les colères de la persécution. Mais cela démontre-t-il que l'Eglise a besoin de la forme parlementaire et de la liberté constitutionnelle? Oui, certainement, répond l'auteur. Et c'est ici que se concentre toute la force du son argument : « Oui, l'Eglise n'aurait pas pu lutter sans la liberté constitutionnelle, ni sans le parlement. Donc l'ardeur qui naît de la lutte est le fruit du gouvernement parlementaire. » Qu'est-ce donc qui a valu à l'Eglise la force qu'elle possède aujourd'hui? Il faut le dire : c'est la liberté, rien que la liberté, et la lutte rendue possible par la liberté. (Cf. p. 68.)

C'est là, nous en convenons, une réponse qui n'est point sans fierté. — Mais elle a le malheur de prêter le flanc à deux répliques décisives. Premièrement, est-il vrai que, sans l'aide du régime parlementaire, la lutte serait impossible à l'Eglise? — Un vaillant catholique, comme Montalembert, ne voudrait jamais soutenir cette proposition. Car à quelle époque de son existence l'Eglise catholique a-t-elle vécu sans combattre pour triompher ? Etait-elle soutenue par le parlement, lorsqu'elle luttait contre les Néron et les Dioclétien, contre les Julien et les Valens, contre les Barberousse et les Henri VIII ? Où étaient les parlements de la Chine, du Tonquin, du Japon, de la Corée et de tant d'autres royaumes où l'Eglise a combattu pendant un si grand nombre d'années ? Nous le confessons : dans les deux derniers siècles, les luttes de l'Eglise peuvent, pour plusieurs, ressembler plutôt à un asservissement qu'à une bataille ? Et pourquoi ? Parce

qu'alors l'Eglise a lutté surtout dans le silence et dans le
secret, par la prière, par la vigilance sur ses dogmes, par
l'enseignement, enfin par une longanimité qui attendait, sans
défaillance, le moment de parler et d'agir. — Mais ce silence
et ce secret sont-ils dus à l'absence d'un gouvernement parlementaire? Non: l'Angleterre, l'Irlande, la Suisse, la Sicile,
la Hongrie avaient leur Parlement; et l'Église n'y était pas
mieux armée que partout ailleurs. — En un seul pays, en
Belgique, les catholiques ont combattu pour la religion :
c'était sous l'absolutisme d'un Joseph II, dont le frère et
successeur eut le bon esprit de cesser une pareille lutte...
D'autres luttes du même genre peuvent se représenter.
Mais dans l'hypothèse même d'un silence général, que
voudrez-vous en conclure ? — Est-il étonnant que les fidèles
et les évêques se taisent, lorsque les Souverains Pontifes
éclairés par la Providence pour discerner les temps et les
moments..., et obligés par office de défendre les droits de
l'Eglise, ont pendant ces deux siècles souvent courbé la tête
et gardé le silence? N'avaient-ils pas, ces Pontifes, appris du
Saint Esprit, qu'il y a le temps de se taire et de souffrir et
aussi le temps de parler et de combattre? qu'il y a un temps
où le Verbe de Dieu parle seulement en paraboles aux cœurs
endurcis, tandis que, dans des temps où les esprits sont
autrement disposés, il fait éclater sa voix comme une trompette et s'arme de sa verge? — Quant à nous, jamais nous ne
considérerons avec d'autres yeux l'attitude de nos Pontifes;
et si mystérieux que soit leur silence, nous ne le respec-
terons pas moins que leur parole.

Mais une fois passé ce temps de silence et de lutte dans
la patience et la prière, la trompette guerrière appela de
nouveau les catholiques à la bataille. Et le comte de Montalembert sait très bien quand elle recommença et qui fut
le premier à en donner le signal contre un monarque absolu,
l'Europe entière était courbée sous le joug despotique de
Napoléon Ier. Tout à coup un pasteur, doux comme un

agneau et qui, au Vatican, avait supporté cent et cent injures, jugea qu'il avait atteint les limites de la patience chrétienne et que le moment était venu de résister. Alors le tonnerre formidable d'une excommunication fit retentir ses éclats aux oreilles de toute l'Europe et rappela aux sentinelles d'Israël que l'heure du combat avait sonné. Eh bien ! est-ce que l'Eglise alors manqua de soldats ? Et la France ne vit-elle pas toutes les légions sacerdotales suivre le vicaire de J.-C. dans la mêlée, et combattre avec un zèle admirable ? N'ont-ils pas lutté vaillamment presque tous ces évêques de l'Empire, et n'ont-ils pas contraint le prince à dissoudre le concile qu'il avait lui-même rassemblé ? Et ces cardinaux rouges et noirs, et ces prisons de Vincennes et de Fenestrelle, et ces déportés et ces bannis, quelques-uns encore vivants, ne sont-ils pas des témoins irrécusables de la sagesse et du courage que l'Eglise sait montrer dans la lutte, même en l'absence de tout Parlement ?

Mais qu'ai-je dit, en l'absence de tout Parlement ? Il y avait alors en France un Sénat et une Chambre législative, constitués d'après l'idée parlementaire, avec cette seule différence qu'en 1848 les députés eurent la liberté de parler, tandis que le Sénat et la Chambre législative n'en avaient, sous Napoléon, que le droit et le devoir. Ce qui veut dire, si je ne me trompe, qu'il peut y avoir servitude avec un parlement et liberté sans parlement. — De grâce ! Si nous voulons savoir ce que peuvent les parlements pour la défense de l'Eglise, n'allons pas le demander à une liberté de fraîche date, comme celle de la Belgique en 1830, à une liberté très désireuse de se montrer impartiale et modérée et très aimée de certains catholiques, ses parrains et ses tuteurs. Au début d'un régime libéral les souvenirs de l'ordre social précédent sont encore très vifs : les conspirateurs n'ont point eu le temps d'ourdir leur trame et d'en compléter le réseau. Mais laissez-les faire, et vous verrez bientôt comment, sous le couvert de cette liberté, ils sauront enchaîner et bâillonner l'Eglise. En France, c'est la liberté qui ouvrait en 1789 la bouche à un Maury, mais pour combien de temps ? Quatre années après, en 1793, elle égorgeait, aux Carmes, les prêtres non jureurs. En 1814, la liberté renaissait en France, et en 1828 le gouvernement fermait plusieurs séminaires et expulsait des religieux. En Belgique, en 1830, libéraux et catholiques s'unissaient en chœur pour chanter l'hymne d'une liberté devenue proverbiale : « La liberté comme en Belgique ! » — Mais aujourd'hui (en 1850) qu'est-elle devenue et que promet-elle pour l'avenir? En Hollande, en Prusse, l'Eglise aura-t-elle un meilleur sort ? Nos neveux répondront à cette question.

Mais quels que soient les décrets de la divine Providence, nous croyons avoir démontré, d'après les faits même cités souvent par Montalembert, que la vraie cause d'où dépendent, pour l'Eglise, ses victoires et ses épreuves et la possibilité de la lutte ne se trouve point dans la forme du gouvernement, mais bien dans l'esprit catholique. — Transportez-vous en France, et, à la place d'un Parisis et d'un Montalembert, mettez un Cranmer et un Dudley ; puis, à la place d'un corps courageux de députés catholiques, le Parlement d'Henri VIII, et dites si l'Eglise sera en bonne posture pour lutter. — Oui, elle luttera, mais en instruisant dans le secret ou en prêchant du haut de la potence, comme en Angleterre ; oui, elle luttera, mais comme en France sous le couperet de la guillotine ou sous le poignard des assassins. — Ce fut ainsi que lutta Pie VII, soit en l'absence de tout Parlement, soit sous des parlements esclaves de l'adulation et de la terreur. Sa force, dans le combat, lui venait d'une source céleste, comme celle d'un autre Hercule et non point de la terre, comme celle d'Antée… La lutte universelle cessa avec le triomphe du Pontife. Mais combien d'années s'écoulèrent jusqu'aux nouveaux combats inaugurés en Prusse, comme le remarque Montalembert, sous un gouvernement absolu, par l'archevêque de Cologne, Auguste Clément de

Droste, d'immortelle mémoire ? Car ce fut lui, dit-il, qui, en sacrifiant dans la question des mariages mixtes son repos et sa liberté aux intérêts les plus sacrés de la conscience et de la famille, ébranla d'un bout de l'Allemagne à l'autre la fibre sacerdotale. A partir de ce moment, tout change de de face : l'Eglise d'Allemagne est sauvée. A l'autre extrémité de la monarchie prussienne, l'archevêque polonais de Posen, émule de son frère de Cologne, devient comme lui confesseur et prisonnier pour la foi. Un homme de génie, Görrès, reconnaît et signale le nouvel Athanase. Le rugissement de ce vieux lion ne demeure pas sans écho. Dès lors, amis et ennemis comprennent que l'Eglise n'est pas morte en Allemagne. La Presse catholique commence à se montrer, à s'aguerrir, à résumer et à discipliner les efforts des catholiques. La révolution de 1848 arrive, et, à l'insu de tous, elle devient l'occasion du triomphe le plus inespéré pour l'Eglise. Au milieu de ces constitutions écloses chaque matin à Vienne, à Berlin, à Franfort, à Erfurt, le principe que réclamaient les catholiques est consacré : le principe de la liberté de conscience. » (Montalembert, pages 17 et 18.)

Oui, continue Taparelli, après avoir résumé ce passage que nous avons donné tout au long ; oui, ces institutions ont certainement augmenté la publicité de la lutte et des victoires, et la publicité du bien est elle-même un bien, de même que la publicité du mal est un vrai mal. Il y a donc pour l'Eglise un bien dans le gouvernement parlementaire, comme il y a un mal. Nous ne plaidons ici ni pour l'absolutisme, ni pour des régimes plus libres. Nous saisissons même l'occasion d'adresser à la tribune et à la Presse françaises de sincères éloges pour avoir imprimé au catholicisme, en Europe, une telle impulsion et lui avoir suscité de nombreux et si valeureux champions qu'il paraît entreprendre à nouveau la conquête de l'Occident. Oui, l'illustre comte de Montalembert, l'ami de la religion, *l'Univers* et nombre d'autres combattants ont préparé les triomphes dont nous nous réjouissons aujourd'hui. — Mais gardons-nous d'une conclusion qui dépasserait les prémisses. Car la lutte est le caractère propre de l'Eglise dans tous les temps et sous tous les gouvernements ; et s'il est vrai que pour l'Eglise la lutte est le principe de son progrès et de sa perfection, il faut dire qu'elle a su se perfectionner sous la tyrannie des despotes, comme sous la tyrannie des parlements. — Par conséquent, l'argument tiré de la lutte par Montalembert, au lieu de justifier sa préférence pour les gouvernements représentatifs, confirme seulement, mais d'ailleurs avec une parfaite raison, l'avis qu'il donne aux catholiques d'accepter toute forme de gouvernement.

Mais accordons davantage, et supposons vrai que l'Eglise ne puisse combattre sans la liberté constitutionnelle : s'ensuivra-t-il que la cause de l'auteur est gagnée et pourra-t-il conclure : « Donc le meilleur régime pour les catholiques est le régime constitutionnel ? » Pas le moins du monde. Et nous allons le montrer dans une seconde réplique. Nous pourrions en effet lui rappeler la fameuse réponse de Pyrrhus, vainqueur des Romains. Ses généraux le félicitaient d'une victoire qui avait été très meurtrière pour ses soldats. « Oui, dit-il, encore deux ou trois victoires pareilles et nous serons ruinés. » Afin de savoir ce qu'il y a de meilleur pour l'Eglise, il ne suffit pas de considérer quel honneur, quelle influence ses combats lui ont acquis ; quelle auréole a ceint son front, ni comment les orateurs et les poètes ont célébré ses victoires. Certes, ces gloires esthétiques sont très propres à enflammer des cœurs nobles et généreux, mais ce ne sont point là les vrais éléments d'après lesquels l'Eglise apprécie ses luttes. Pour bien juger de ses gains ou de ses pertes, il faut entrer dans ses sentiments, envisager la fin de sa mission, interroger son cœur maternel. Oui, c'est seulement dans ce sanctuaire intime que l'on peut calculer et ses gains et ses pertes. Or quel est le grand objet des luttes et des souffrances de l'Eglise ? Celui-là même qu'exprimait l'apôtre en ces termes rappelés par Montalembert : « Je supporte tout pour les élus, afin qu'eux-mêmes soient sauvés. » Beaucoup d'hommes sont-ils sauvés ? l'Eglise triomphe... Beaucoup d'hommes se perdent-ils ? l'Eglise est dans les pleurs. Or, qui peut en douter, au sein de toutes ces passions politiques débridées par le régime parlementaire, petit est le nombre des hommes courageux qui combattent et se sauvent, mais très nombreux au contraire sont les caractères faibles qui tombent et se perdent éternellement. Si d'un côté la Presse catholique éclaire et désabuse beaucoup d'esprits sincères, la Presse incrédule et perverse séduit un grand nombre d'âmes faibles. La liberté d'association donne du cœur au catholique fervent pour la défense de l'ordre, mais elle arme aussi des millions d'individus contre la société et la religion. En somme, l'Eglise remporte des victoires ; oui, mais des victoires à la Pyrrhus qui la contraignent à verser des pleurs.

L'Eglise peut donc appeler le temps de pareilles luttes un temps de gémissements et de larmes. Aussi, est-elle éclairée par la plus haute sagesse, quand elle demande si souvent dans sa liturgie que ces jours soient abrégés. — Aucun catholique n'a donc le droit de les prolonger, en achetant, pour ainsi dire, le triomphe de quelques-uns par la perte du plus grand nombre. Et quel est le mortel assez instruit des jugements impénétrables du Très-Haut pour oser dire à l'Eglise que l'heure est venue d'abandonner les petits et les faibles à leur perdition pour ne penser qu'au salut de ceux qui sont forts ? Et qui jamais pourrait souhaiter que l'esprit d'impiété et de blasphème soit déchaîné, afin d'avoir la gloire de le combattre ?

Il est vrai, la sagesse infinie de la Providence sait tirer le bien de la lutte contre l'impiété des persécuteurs. Mais il ne suit pas de là que l'intérêt des catholiques soit de provoquer cette lutte, ni par conséquent de soutenir la liberté constitutionnelle. Leur devoir est de s'en servir, quand elle est établie, afin de défendre la vérité et l'Eglise. C'est ainsi que, sous deux constitutions, a combattu le comte de Montalembert et qu'il a remporté de nobles victoires. Mais ces victoires sont-elles à ce point le fruit du régime parlementaire qu'elles doivent lui faire préférer cette forme de gouvernement à toutes les autres?

Déjà nous avons vu que cette conclusion avait conduit l'auteur à une fausse interprétation des faits, puisqu'il avait attribué l'abaissement de l'Eglise à une Chambre et à une liberté régulière et ses triomphes à une liberté viciée. — Mais, pouvez-vous nier, répliquera-t-il, qu'en 1848, en passant du régime constitutionnel au régime républicain, le peuple s'est montré tout autre qu'en 1830 et que l'éclat de son triomphe n'a pas été assombri par ces brigandages qui ont marqué l'avènement des princes d'Orléans au pouvoir? (Cf. page 68.)

Nous ne nions pas le fait : ce que nous nions, c'est la cause au moins réduite à cette proportion. Car, si la liberté, grâce à l'usage qu'en ont fait de généreux catholiques, a influé sur ce résultat, beaucoup d'autres causes y ont aussi concouru puissamment. Nous laissons de côté cet esprit d'opposition toujours plus partisan des victimes que des persécuteurs et qui anime aujourd'hui les peuples contre leurs chefs. Mais quel homme de sens, en Europe, ne sait que l'esprit catholique de la France s'est retrempé dans le sang de ses fils en 1793. L'Empire n'a pas donné la liberté parlementaire, mais il a laissé le clergé raviver par son apostolat les étincelles de la foi; les conférences célèbres d'un Fraissinous, les pastorales de l'évêque de Troyes, les ouvrages de Chateaubriand, les méditations de Bonald ont préludé pendant le second lustre de ce siècle à l'entraînement de la jeunesse parisienne qui est venue, si longtemps, se presser autour de la chaire des Lacordaire et des Ravignan. Sous Louis XVIII les missions de France, personne ne l'ignore, ont eu un succès si retentissant que l'impiété persécutrice en a fait le point de mire de toutes ses attaques. Prétendre que ces mouvements n'ont pas contribué au relèvement moral de la France serait méconnaître la marche de la nature. Elle prépare toujours de longue main les transformations des peuples. L'argument qu'on veut tirer des dispositions de l'esprit public en 1848, en faveur du régime parlementaire, est donc bien faible. Que ces dispositions aient été le prélude immédiat de notre époque, nous le voulons bien. Mais cette race de généreux catholiques qui ont combattu pendant 30 ans, l'aurait-on jamais trouvée si elle n'eût germé dans le sang de ses pères en 1793 et n'eût pas été nourrie, sous l'Empire et la Restauration, de la sève divine du catholicisme?

Ce n'est pas tout. Si l'illustre panégyriste du régime parlementaire lui décerne l'honneur d'avoir relevé le catholicisme en France, comment pourra-t-il ne pas lui attribuer aussi le progrès du socialisme? (Cf. p. 118.) Certes, nous sommes de son avis, le socialisme a pris racine, même sous des gouvernements absolus, du jour où l'idée protestante a enfanté ce Dieu-Etat qui absorbe tout, personnes et choses, en raison même du contrat social. Mais l'élément hétérodoxe continue d'être l'âme des gouvernements représentatifs qui ont succédé aux monarchies. Et comment, en bonne justice, jeter tout le blâme sur ces derniers et disculper en même temps les premiers? Le triomphe de la bonne cause suffit-il pour légitimer ce jugement? Nous ne le croyons pas. En effet, qu'on veuille bien réfléchir que l'alternative entre le triomphe de l'Eglise et le bouleversement de la société n'a tenu qu'à un fil — et que si Napoléon avait tardé de deux jours à dissoudre la Chambre, l'Eglise de France recueillerait peut-être les fruits du gouvernement parlementaire en exil, sur l'échafaud et dans les angoisses d'un terrorisme pire mille fois que celui de Robespierre et de Marat.

Que l'on considère bien les faits, et l'on comprendra que le relèvement heureux de la France a pour cause l'esprit catholique, ranimé dans son sein, avant une constitution qui déjà se meurt ; que cette constitution a pu contribuer au bien, parce que l'esprit catholique avait enfanté à l'Eglise de vaillants défenseurs ; que le bien persévère, parce que la divine Providence, après avoir béni ces hommes courageux, préserve la France, par des événements extraordinaires, de la suprême ruine ; l'on comprendra du même coup que ce fait ne contient d'autre conséquence que celle qui était publiée par Montalembert lui-même en 1843 : « Le christianisme se prête à toutes les formes du gouvernement humain sans s'identifier avec aucune ; et il est assez fort et assez beau pour ne jamais se faire le courtisan d'aucun gouvernement, en même temps qu'il offre à tous une main secourable. » (Cf. p. 202.) — Soit, nous dira peut-être l'auteur : « Au point de vue abstrait les formes de gouvernement sont indifférentes pour le catholique. Mais descendez dans le monde réel et considérez la France : vous verrez que seul le gouvernement parlementaire peut donner à l'Eglise des garanties de liberté. En Autriche et ailleurs, il y a encore pour défendre la liberté des remparts qui n'ont point été abattus par la révolution, ce sont les provinces, les patriciats, les corporations, etc... Mais chez nous la société broyée, tout entière, par l'esprit moderne, en est réduite à n'être plus qu'un agrégat de purs individus ; et, en dehors des assemblées parlementaires, elle ne peut élever aucune digue contre les envahissements du despotisme.

Nous n'examinerons point ici les conditions actuelles de la France. Etranger à ce grand pays et tout à fait éloigné des discussions purement politiques, nous acceptons le jugement de l'illustre publiciste sur sa patrie. — Seulement nous eussions voulu que la question fût exclusivement circonscrite dans les limites de la France : nous aurions voulu que le livre de M. de Montalembert ne fût pas capable d'engendrer dans les esprits cette idée universelle *que tout bon catholique* doit être, coûte que coûte, partisan des gouvernements représentatifs. Ce gouvernement, y est-il dit

(Cf. p. 110),est aujourd'hui, dans l'état actuel des mœurs et des institutions de l'Europe, « la seule forme possible de la liberté politique. Je soutiens que le gouvernement représentatif, s'il a des défauts et des torts, n'en a pas plus que n'importe quel autre gouvernement d'ici-bas. J'ajoute que, quand il en aurait plus, encore faudrait-il les supporter, *sous peine de renoncer à la liberté.* Car je défie qu'on trouve dans l'Europe moderne une autre combinaison pour la garantir. » (Cf. p. 118.) — Une pareille idée, fausse en elle-même et d'ailleurs, nous l'avons vu, rejetée par l'auteur, pourrait être funeste aux catholiques en leur faisant désirer un régime nouveau quand ils vivent sous des monarchies légitimes.

L'auteur nous permettra donc, dans cette question politique, de nous élever de l'ordre concret à l'ordre théorique et universel. Et sur ce terrain, nous le disons franchement, nous sommes absolument persuadés que certaines garanties de liberté ne manquent jamais dans les gouvernements même monarchiques. Nous en avons parlé longuement et plusieurs fois dans notre Examen critique ; tels sont : le sentiment de l'honnêteté naturelle, les intérêts dynastiques, la crainte, la gloire, l'intervention amicale de puissance alliées, etc. Ces garanties sont analogues à celles du gouvernement ecclésiastique : Montalembert le reconnaît. — Mais en dehors de ces tempéraments naturels, il y a deux garanties très puissantes que la religion fournit à toute nation catholique. — La première est l'esprit catholique lui-même vivant dans les gouvernants et dans les sujets. Il produit une opinion publique très juste, parce qu'elle s'appuie sur la foi ; très puissante, parce qu'elle est générale et d'accord avec la conscience... C'est elle qui, à tous les degrés du pouvoir social, donne aux chefs subalternes le courage de résister invinciblement à des commandements injustes. C'est elle qui constitue de la sorte un contrepoids au moins égal à la résistance de certaines assemblées nationales que les

ministres responsables achètent parfois si facilement. Si ce
contrepoids eût existé dans le xviiie siècle, par exemple,
n'eût-il pas fermé la porte aux décevantes idées d'un Fébro-
nius et d'un Jean-Jacques Rousseau qui ont tout sacrifié aux
privilèges exorbitants de l'Etat ? Voilà pourquoi, si l'esprit
catholique reprenait en France cette vigueur que les dispositions actuelles semblent nous promettre, un gouvernement absolu trouverait ses nécessaires tempéraments dans
des autorités inférieures aussi promptes à accomplir des
ordres légitimes qu'à résister à des commandements injustes. Et sous ce rapport le comte de Montalembert a voulu
donner l'exemple à ces hommes courageux qui se sont
opposés à la confiscation des biens de la famille d'Orléans.
Car, jugeant cette confiscation illicite, il a d'abord refusé
de siéger au Conseil pour se faire ensuite à l'Assemblée le
défenseur des opposants. Eh bien ! supposez ceux qui participent au pouvoir remplis d'un semblable courage : un
gouvernement pourrait-il facilement commettre des injustices volontaires et manifestes?

La seconde garantie de la liberté pour toute nation catholique se trouverait dans l'épiscopat. C'est lui qui, depuis tant
d'années, soutient, avec une admirable sagesse, le peuple
irlandais, sans le laisser ni s'abattre sous le joug d'une oppres-
tion désastreuse, ni s'emporter aux fureurs de la rébellion.
C'est à lui principalement que la France est redevable des
avantages qu'elle a obtenus dans la lutte parlementaire. Car,
où en serait-elle aujourd'hui si le monopole de l'enseignement, réclamé par des chambres voltairiennes, n'avait trouvé
dans ses évêques une digue inébranlable ? Si les assemblées,
réduites à leur mécanisme d'opposition, n'avaient rencontré
dans l'organisme de la hiérarchie ecclésiastique un frein à
leur tyrannie, un remède à l'extravagance de leurs délires ?
Certes, nous le reconnaissons, la liberté, et l'usage qu'en ont
fait les hommes comme Montalembert, a été d'un grand
secours pour l'épiscopat si courageux. Mais ce serait faire

injure à ces évêques que de les supposer incapables, sans ce secours, de parler aux monarques les plus absolus et de leur tenir, même en ce xixᵉ siècle, le langage des Ambroise, des Thomas Becket, des Fénélon, des Beaumont et des Pacca.

Mais pour fortifier et développer, dans la société, l'influence du sentiment catholique et de l'autorité épiscopale, qui pourrait dire combien serait puissante l'union dans la charité entre tous les écrivains, tous les journalistes, tous les citoyens catholiques? Cette union, on le sait, est le caractère propre et distinctif du vrai christianisme. Il est aussi, croyons-nous, le grand intérêt de l'Eglise au xixᵉ siècle. Grâce à cette union dans la charité, point de régime gouvernemental qui ne fût dans la nécessité de seconder le sentiment catholique dirigé par l'épiscopat uni à son chef. La Presse orthodoxe consacrerait alors son immense force à répandre dans les multitudes la vérité puisée à sa source et parviendrait promptement à cette perfection d'unité que jamais aucune secte hérétique ou rationaliste ne saurait atteindre ni même espérer. — En Italie, cette union de la Presse catholique existe encore, malgré quelques divergences secondaires. Elle nous donne de sérieuses espérances, contre les attaques violentes des sectes protestantes ou libérales. Elle a pour causes : « la soumission à l'épiscopat, le respect de toute autorité légitime et la légitimité bien connue des gouvernements de la Péninsule. » Ces trois causes, on le comprend, sont peu favorables aux idées subversives de la souveraineté du Peuple (1).

Malheureusement, ces trois éléments d'unité manquent à la France. Nombre de bons catholiques ne voient point clairement où sont les droits de la légitimité; chez d'autres, cette incertitude a tellement affaibli l'habitude de l'obéissance chrétienne qu'il n'est pas rare de les voir remplacer le respect par des reproches ou des menaces aigres-douces, non

____

(1) Depuis 1852, l'état de l'Italie, hélas ! a bien changé.

seulement à l'égard des pouvoirs temporels, mais encore à l'égard de l'autorité épiscopale. Quant à la presse, la conséquence est manifeste : elle s'est divisée le plus facilement du monde... Et combien de fois ces divisions n'ont-elles pas attristé les nations voisines qui avaient fondé sur ce peuple généreux de si belles espérances pour l'Eglise ! Ne dirait-on pas que l'homme ennemi, « inimicus homo, » a soufflé tous ces dissentiments dans le cœur des Français et que la fourberie des sectaires épie toutes les occasions pour semer la zizanie dans le champ du père de famille ? Les évêques entrent au conseil de l'Université ; l'opposition s'agite. Puis viennent les querelles sur le traditionalisme ; puis la question des classiques ; aujourd'hui celle de la liberté et des intérêts catholiques. Et dans la lutte l'ardeur devient parfois si vive qu'elle prend alors les accents de la passion. Mon Dieu ! Pourquoi ne pas réserver les traits de l'ironie et du ridicule, afin de s'en servir uniquement contre une impiété rebelle et un modérantisme hypocrite? Pourquoi ne pas mettre en tête de toute discussion sincère entre catholiques, cette maxime d'un grand docteur : « In necessariis unitas, in dubiis libertas, in omnibus caritas ! »

Que nos frères d'au delà des monts nous pardonnent d'avoir osé leur rappeler ce conseil. Comme le comte de Maistre, nous sommes de ces croyants qui espèrent beaucoup du prosélytisme irrésistible d'une France redevenue chrétienne. Mais, ne l'oublions pas : le prosélytisme n'est désirable que s'il est catholique et il n'est catholique que dans la charité et par la charité !

Mais revenons à la garantie que la liberté trouve dans l'épiscopat, sous quelque régime catholique que ce soit. Le comte de Montalembert en doute, lorsqu'il dit, page 162 : On vante beaucoup les excellents changements introduits par le grand-duc de Toscane dans l'instruction publique; il a soumis tous les établissements d'éducation à l'épiscopat. Mais si les évêques demeurent en tout soumis au gouvernement, où est la garantie de la liberté du bien et de sa durée ?

— Sans aucun doute : le moyen de garantir la liberté des sujets n'est pas de prôner exclusivement la prérogative du chef de l'Etat. Mais à quelle cause attribuer cet excès? A la forme monarchique où à l'esprit de la Réforme protestante? Voyez plutôt : pendant que le prédicateur de Philippe II rappelait à ce puissant monarque qu'il n'avait point le privilège de malmener ses sujets, la sérénissime République de Venise payait un Paul Sarpi, parce qu'il lui accordait tout droit de dépouiller l'Eglise. — Oui, nous le reconnaissons : dans les XVIIe et XVIIIe siècles, ça été une grande faute de prôner uniquement la prérogative royale, jusqu'à la placer au dessus de l'autorité spirituelle. Mais c'est là un des effets des idées protestantes introduites dans les gouvernements absolus, de même que la théorie de la séparation de l'Eglise et de l'Etat, demandée aujourd'hui sous des régimes constitutionnels, appliquée dans les bureaux de la diplomatie et de l'administration, et répandue dans les foules. — Et voilà précisément pourquoi nous avons dit et ne cesserons de répéter que, pour guérir les peuples, il n'est point nécessaire de changer les formes de leur gouvernement — car toutes ces formes diverses ne sont que des moyens — mais qu'il fallait en changer l'esprit, puisque c'est l'esprit d'un gouvernement qui est son vrai principe d'action. Donnez-nous un gouvernement catholique; quelle que soit sa forme, il respectera l'Eglise; donnez-nous un gouvernement protestant : qu'il soit monarchique ou démocratique, il opprimera l'Eglise : si bien que dans un pays la liberté ou la servitude du peuple vont toujours de pair avec la liberté ou l'oppression de l'Eglise.

— On objecte que l'épiscopat peut être opprimé — c'est vrai : mais s'ensuit-il qu'il ne peut, malgré cela, fournir aucune garantie à l'Eglise et à la société? Si oui ; alors il faut conclure également que chambres et parlements n'offrent pas plus de garantie... Car combien de fois ont-ils été opprimés depuis le 18 Brumaire jusqu'au 2 Décembre? Qui donc n'a pas entendu cent fois l'opposition condamner la loi électorale, parce qu'elle mettait les députés dans la main du gouvernement? Qui n'a pas été le témoin des fraudes qui les ont fait échouer, des factions qui les ont divisés, des ambitions qui les ont séduits, des violences qui les ont chassés du parlement, des menaces qui les ont intimidés? Si donc nous nions que l'épiscopat soit pour un peuple une garantie de liberté, parce qu'il peut être dominé, nous devons, en raison de la même possibilité, nier aussi qu'il y ait aucune garantie dans des chambres; mais avec une immense différence : car la garantie présentée par l'épiscopat s'appuie et sur la toute-puissance indéfectible de Dieu et sur la sainteté même d'une dignité qui promet que les évêques auront toujours, du moins en général, une volonté droite —, tandis que la rectitude et la justice des députés s'appuie, dans les constitutions à la moderne, sur ce suffrage universel que Montalembert nous présente comme le danger suprême de la liberté (p. 186) et dont néanmoins il dit en gémissant : « Toutefois, il faut s'y résigner et s'y habituer. »

Mais, qu'on nous permette de le dire, il est plus facile à un catholique de se résigner et de s'habituer à être garanti, dans sa liberté, par un épiscopat même exposé parfois à l'oppression que de se résigner et de s'habituer à avoir pour défenseurs des avocats souvent voltairiens, élus, on le concède, par un suffrage aveugle, qui constitue le suprême péril de la société et qu'il est aussi facile d'acheter moyennant quelques centimes additionnels que de renvoyer dans leurs foyers par un coup d'Etat. Nous attribuons sans crainte ces sentiments aux catholiques, parce que le système des élections populaires dans les gouvernements modernes, avec tous ses inconvénients politiques, renferme encore un inconvénient moral de la plus haute gravité, fondé qu'il est sur ce principe hétérodoxe, à savoir : « que l'homme est naturellement indépendant de toute autorité à laquelle il n'a pas consenti de se soumettre. Cet inconvénient, les catholiques l'ont-ils bien pesé, lorsqu'ils défendent les gouvernements représentatifs, tels qu'ils ont été établis dans la société moderne? Qu'on veuille bien y réfléchir; et l'on comprendra qu'un gouvernement établi sur ce principe hétérodoxe, comme sur un dogme social, constitue, pour les intérêts catholiques, au XIXᵉ siècle, un mal bien autrement grave que ne serait le danger d'un épiscopat opprimé par la tyrannie et même réduit au silence. Et pourquoi? Parce que la propagation de l'erreur est plus funeste que l'oppression.

Faisons là-dessus une remarque importante. La force des évêques pour garantir leurs sujets n'est pas une force matérielle; c'est une force morale. Elle doit, pour avoir son efficacité, non seulement éclairer l'esprit, mais gagner le cœur. Si les évêques devaient résister au gouvernement comme la défunte assemblée de 1851 se préparait à résister au Président, ils devraient avoir à leurs ordres des Changarnier, des Lamoricière, un corps d'armée, une garde nationale, etc., etc. Et alors ils n'auraient pas à s'inquiéter d'entretenir des rapports d'amitié avec les ministres ou le chef de l'Etat... Mais afin de préserver le peuple de la tyrannie, ils doivent d'abord agir sur la volonté de ceux qui sont revêtus du pouvoir souverain. Par conséquent, avant d'enchaîner les bras, ils doivent travailler à établir la concorde entre le sacerdoce et l'empire... C'est ce qu'ils ont fait dans tous les temps... Et voilà justement pourquoi Grégoire XVI, de sainte mémoire, condamne, dans les partisans d'une liberté illimitée, cette frénésie qui les pousse à réclamer, à grands cris, la séparation de l'Eglise et de l'état. Car ce serait, dit-il, la rupture d'une concorde qui n'est pas moins salutaire à la société civile qu'à l'Eglise. (Encycl... 15 août 1832.)

Montalembert n'a sans doute pas expliqué suffisamment sa pensée, quand il a dit (page 73) : « L'étroite alliance de l'Eglise avec le pouvoir absolu dont Bossuet et ses successeurs avaient fait en quelque sorte un article de foi parmi nous, a été une nouveauté du XVIIᵉ siècle. « En effet, par étroite alliance, l'auteur entend-il la complaisance de ces prélats courtisans qui, pour flatter Louis XIV, ont signé, contrairement à la perfection de l'unité catholique, les fameuses propositions de 1682 ? Ou bien veut-il indiquer, chez certains catholiques, cet amour excessif de la monarchie qui les portait à déclarer mauvais tout autre régime ? Alors nous serons de son avis : et nous dirons aussi qu'une alliance trop étroite avec le pouvoir civil n'est pas conforme à l'esprit catholique et que c'est une nouveauté dans l'Église. — Ainsi, du reste, doit-on interpréter le texte de l'auteur, puisqu'il le fait suivre de ces belles paroles : « Telle est ma foi politique : et hors qu'un commandement du Pape exprès ne vienne... j'y compte persévérer. »

Toutefois après les déclarations si nettes de Grégoire XVI, les expressions françaises citées plus haut ont quelque chose de dur pour des oreilles catholiques. Aussi ne cesserons-nous pas de supplier nos frères de France de se mettre continuellement en garde contre cet esprit hétérodoxe, fruit de l'indépendance protestante et qui a envahi l'âme de beaucoup de catholiques. C'est en effet cette indépendance de la raison qui, après avoir réduit en poussière l'organisme de la société (Montal., p. 143), a poussé l'individu à chercher en lui-même, dans des associations éphémères et factices, dans des unions produites par l'intérêt des personnes ou des partis, ces forces auxiliaires que la sagesse du Créateur avait placées dans la subordination hiérarchique de toutes les sociétés secondaires dont la société publique est composée. Sous le souffle de cet esprit malheureux, chacun a dû considérer ses supérieurs comme des envahisseurs menaçants, par suite se tenir toujours en éveil contre eux, toujours l'arme au bras, et toujours prêt à appeler à son secours des associés. » De là, dans la société ecclésiastique, ce gallicanisme de certains évêques alliés au pouvoir civil, afin, disaient-ils, de n'être pas opprimés par la cour de Rome ; de là ces remontrances du Clergé contre l'orgueil des évêques, ces révoltes de couvents et de monastères contre leurs abbés et leurs supérieurs à l'instigation d'artificieux philanthropes, enfin ces réclamations des laïques contre l'ingérance du clergé ; de là, dans les relations internationales, cet espionnage de diplomates toujours inquiets, cette paix armée toujours plus puissante ; cet équilibre européen qui assigne, pour ainsi dire, à toute nation, quels doivent être ses alliés, si elle veut se mettre en garde contre ses ennemis naturels ; de là dans la société publique la manie de la division des pouvoirs qui se supectent les uns les autres, des partis toujours en lutte afin de se préserver de l'oppression, enfin jusqu'au sein de la famille l'esprit de suspicion contre l'autorité paternelle et parfois une protection accordée à des enfants dans de telles conditions qu'elle n'est propre qu'à augmenter leur indiscipline en rabaissant l'autorité des parents.

Tout contraire est l'esprit catholique. D'abord il dit clairement à l'homme : « Ta nature est corrompue ; guéris ton intelligence par l'unité de la foi ; fortifie ton cœur par les secours de la grâce ; dirige tes actions par l'autorité de l'Eglise. » Ainsi renouvelée dans les eaux du baptême, cette nature persuade à l'homme que l'honnêteté, la charité, le désintéressement sont non seulement des vertus nobles et justes, mais encore des vertus possibles au courage du chrétien régénéré dans J.-C. Le sentiment du devoir s'affermit dans les esprits ; on se convainc de plus en plus que l'unité de pensée est possible ; on suppose dans les autres des dispositions semblables à celles qu'on éprouve soi-même : on se pénètre ainsi de l'esprit de sacrifice ; et au lieu de blesser l'honnêteté, la justice, l'équité, l'on croit facilement que telles sont aussi les idées et les intentions des autres. D'où il suit qu'à moins d'avoir des raisons positives de soupçonner le prochain, l'on incline à la confiance envers lui ; l'on

regarde les abus comme une exception et la justice comme
le chemin où les autres ont coutume de marcher.

A de tels croyants, l'Église peut enseigner dans son caté-
chisme que le 4e précepte du Décalogue renferme explicite-
ment les devoirs des enfants envers leurs parents — mais
qu'il renferme aussi implicitement tous les devoirs réciproques qui regardent et les supérieurs et les sujets, à quelque
degré qu'ils soient de l'échelle sociale et à quelque genre
d'association qu'ils appartiennent. De fait et en réalité, les
sujets n'ont-ils pas été, dans les âges catholiques, remplis
d'amour pour leurs supérieurs, comme ils sont aujourd'hui,
du moins en général, pénétrés de sentiments contraires.

Tel est l'esprit chrétien dans les fidèles. A plus forte raison doit-il régner dans les Evêques alors qu'ils s'adressent,
comme à leur supérieur dans l'ordre civil, à ceux qui exercent le pouvoir. Il est donc inadmissible qu'un évêque catholique puisse jamais user, en pareil cas, de ce langage irré-
vérencieux et emporté qui rend les catilinaires de l'opposition parlementaire parfois redoutables, si elles sont vraiment
fortes, ridicules si elles sont faibles, mais toujours funestes
à l'esprit et à la paix publique. La mansuétude et la discrétion, dans les remontrances épiscopales, pourront, pour ce
motif, les faire taxer d'inutilité et de timidité par ceux qui
ne connaissent dans la société d'autre activité que les con-
vulsions de la fièvre, d'autres espérances que les victoires
de la force. Mais si l'on comprend bien l'efficacité non point
d'une prudence humaine ou politique, mais d'une prudence
appuyée sur la grâce toute puissante de Dieu, et si l'on
admet qu'une conscience catholique n'est pas impossible
dans les rois et les chefs d'État, loin de maudire l'étroite
alliance de l'épiscopat avec les princes comme funeste à
l'Église, l'on verra au contraire une garantie de salut public
dans la concorde du sacerdoce et de l'empire, et l'on reconnaîtra que, dans ces conditions, il n'y a rien de plus puissant pour défendre la liberté du peuple que les remontran-

ces épiscopales. — Admirable institution du divin fondateur de l'Église ! A la société civile et à la puissance irrésistible des monarques il n'a point opposé un principe de division qui fait briser leur sceptre, il l'a unie à une autre société distincte, assez courageuse pour faire entendre aux Rois le « nòn licet » parce qu'elle est indépendante, remplie de charité, parce que c'est une compagne, puissante parce qu'elle est indéfectible.

Concluons donc que toute société catholique possède, outre les tempéraments naturels, deux puissantes garanties de la liberté, l'opinion ou mieux la conscience publique et l'épiscopat ; deux forces plus que suffisantes pour remplir le rôle qu'on veut attribuer au régime parlementaire et à la liberté de la Presse. En effet, si, par certains côtés, elles peuvent être moins efficaces, par tous les autres, elles ont d'immenses avantages : ce sont la vérité divine de leur principe ; la sainteté de caractère en ceux qui font entendre leurs voix ; et leur modération qui éloigne tout péril de révolte. Par-dessus tout, c'est l'avantage de ne jamais mettre un gouvernement dans la nécessité logique d'accorder aux impies la liberté de l'erreur et de la conspiration, afin d'avoir, comme l'on dit, le droit de laisser à l'Église la liberté de prêcher et de se gouverner. Car quoi de plus lamentable pour un peuple que d'avoir perdu la notion des droits imprescriptibles du vrai et du juste et de regarder comme inique tout pouvoir qui laisserait à ces deux puissances morales le droit souverain de gouverner et les actions et la parole publiques !

Après ce que nous venons de dire, les lecteurs bienveillants ne nous prêteront point l'idée de condamner cette sage prévoyance qui porte tout catholique à agir en bon citoyen et à empêcher un gouvernement quelconque de devenir tyrannique. Loin de là : ils verront même qu'en déclarant invincible à la tyrannie l'opposition des pouvoirs catholiques subordonnés au pouvoir suprême, nous leur

avons implicitement rappelé le devoir de résister par tous
les moyens légitimes à quiconque voudrait abuser de l'autorité. Ils doivent donc non seulement condamner les faits
accomplis par des abus de pouvoir, mais encore prendre
des précautions afin d'en prévenir le retour. C'est ainsi que
les bons catholiques étudieront davantage et connaîtront
mieux les multiples tempéraments naturels ou religieux que
la divine Providence a établis pour la défense de l'ordre
social et dont la conservation est, pour ainsi dire, confiée
au courage des hommes honnêtes et vraiment chrétiens. Ils
comprendront la grande vérité que nous avons souvent
exposée, à savoir « que, dans toute société catholique, la
liberté est défendue par les garanties dont nous avons parlé,
comme par des remparts inexpugnables, tandis que le contrepoids opposé au despotisme par l'erreur protestante est
souverainement léger et inefficace. Pénétrés de cette vérité,
ils agiront et ils mettront à appliquer le principe catholique
autant de zèle qu'en déploient les novateurs pour assurer le
triomphe du principe protestant.

Ils comprendront qu'en examinant l'opuscule du comte de
Montalembert et en dissipant les équivoques qu'il renferme,
soit dans l'énoncé des principes, soit dans l'application des
faits, nous n'avons eu, comme l'illustre publiciste, qu'un
seul but, « le triomphe de l'Eglise d'abord et ensuite la soumission respectueuse des sujets à tout pouvoir légitime,
quelle qu'en soit la forme. Enfin ils n'oublieront pas, surtout
s'ils veulent étudier notre « Examen des gouvernements représentatifs », que tout régime, aussitôt qu'il s'allie à l'individualisme hétérodoxe, perd sa qualité native d'institution
bienfaisante et devient le fléau des peuples et de l'Eglise.
Or, ce fléau, sous le nom de suffrage universel, continue
de menacer la société d'une ruine suprême — voilà pourquoi les catholiques de France en particulier doivent être
bien convaincus que les sociétés peuvent en fait se plier au
joug de la nécessité et à certaines institutions ou lois péné-

trées d'un principe erroné — mais qu'ils ne doivent jamais se résigner ni s'habituer à l'erreur elle-même, sous peine d'être sans cesse ballottés entre toutes les doctrines, tous les systèmes, tous les partis contraires comme un vaisseau sans boussole et sans gouvernail au sein d'une mer bouleversée par tous les vents.

TABLE ALPHABÉTIQUE DES AUTEURS

CITÉS DANS LE QUATRIÈME VOLUME

TABLE ALPHABÉTIQUE DES IDÉES

(1) **Epilogue de tout l'ouvrage** : 1º principes modernes : pour la raison, indépendance ; pour la volonté, plaisir, donc intérêt, richesses ; 2º d'où, *dans l'ordre matériel*, abolition des droits antérieurs de l'Église, de la royauté, de la noblesse ; des droits naturels de la famille, commune, province ; puis *reconstitution*

F

J

M

TABLE GÉNÉRALE DES MATIÈRES

TOME IV

CHAPITRE PREMIER
L'Administration dans la pratique.

§ Ier
Economie sociale à la moderne.

§ II
Economie dans la démolition sociale ou spolation universelle.

CHAPITRE II

La force armée dans les gouvernements modernes.

§ Ier

Préliminaires.

§ II

Despotisme coûteux créé par la liberté.

§ III

La garde nationale.

§ IV

Conclusion.

CHAPITRE III

Le pouvoir judiciaire dans les constitutions modernes.

§ Ier

Considérations générales.

§ II

Indépendance : inamovibilité de la magistrature.

§ III

Le Jury. — Son origine.

RAISONS DE LA FAVEUR DONT JOUIT LE JURY.

§ IV

Publicité de la discussion devant les tribunaux.

§ V

De la douceur et de la mitigation des peines. — De la douceur en général.

Poitiers. — Imp. Blais et Roy, 7, rue Victor-Hugo, 7.